河北省社会科学基金项目“幼儿园名师工作室运行机制和发展趋势研究”
项目编号：HB18JY015

幼儿园教育活动案例评析

赵娟　沈永霞　王玉　著

河北大学出版社
·保定·

YOU'ERYUAN JIAOYU HUODONG ANLI PINGXI

幼儿园教育活动案例评析

出 版 人：耿金龙
责任编辑：王殊宁
装帧设计：张彦琪
责任校对：杜启昌
责任印制：靳云飞

图书在版编目（CIP）数据

幼儿园教育活动案例评析 / 赵娟，沈永霞，王玉著. -- 保定：河北大学出版社，2019.6
ISBN 978-7-5666-1494-0

Ⅰ. ①幼… Ⅱ. ①赵… ②沈… ③王… Ⅲ. ①幼儿园-教学活动-教案（教育）Ⅳ. ①G612

中国版本图书馆 CIP 数据核字 (2019) 第 123884 号

出版发行：河北大学出版社
地址：河北省保定市七一东路 2666 号 邮编：071000
电话：0312-5073033 0312-5073029
邮箱：hbdxcbs818@163.com 网址：www.hbdxcbs.com
经 销：全国新华书店
印 刷：河北纪元数字印刷有限公司
幅面尺寸：170 mm × 240 mm
印 张：17.5
字 数：269 千字
版 次：2019 年 6 月第 1 版
印 次：2019 年 6 月第 1 次印刷
书 号：ISBN 978-7-5666-1494-0
定 价：39.00 元

前　言

随着人们对案例教学重要作用认识的逐步加深，案例教学法作为一种有效的教学方法的理念已经深入人心，它对培养学生的理解能力、实践操作能力具有极大的辅助作用。在教学实践中，我们发现，学生理论学习往往比较扎实，但运用理论去分析问题、解决问题，却往往与实践脱节。同时，幼儿园的教师每天在组织各种活动中也会遇到形形色色的问题，是否能通过这些问题去产生深入的思考，也是考核教师专业发展能力的一个重要标准。

针对上述情况，本书以案例分析的方式展开讨论，针对不同问题，提供不同的具体解决策略，具有极强的操作性。本书主要特点是：

第一，厘清课程案例的具体撰写和分类标准。

首先，本书案例按照不同年龄阶段中涉及的幼儿园五大领域（语言、科学、艺术、社会和健康）分别撰写。其次，案例撰写规范以及案例教学指导，从课前准备、课堂组织、课后资源等方面对案例教学撰写进行了具体的展示。最后，教学案例的评判标准，把所选案例的典型性、真实性以及理论和实践联系的紧密性等作为案例评选的标准。

第二，能够帮助学习者主动学习。

不同领域的案例分析，能够激发学习者的兴趣，把他们带入一个与学习内容相适应的问题情境中；从案例解读中了解学前教育的原理和方法，帮助其更好地理解和掌握相关的基础知识，而不是单纯地死记硬背，这样能够培养学习者的自主学习能力和创新能力。案例是完整真实的，生动形象，贴近现实，能够给学习者留下深刻的印象，有助于学习者的学习和记忆。

第三，能够培养学习者多角度思考问题的能力。

案例教学是以学生为中心，以案例为基础，通过呈现案例情境，将理论与实践紧密结合，引导学生发现问题、分析问题、解决问题，从而掌握理论、形成观点、提高能力的一种教学方式。这就有利于培养学习者多角度思考问题的能力，同时为师生的互动搭建桥梁。

因此，本书在一定程度上可以使幼儿教师更加轻松地掌握幼儿园常见问题的解决策略，丰富师幼互动策略，在教育管理能力和个人素质得到提高的同时，专业化水平也得到提升，逐步走上教师专业化的道路。

本书由赵娟、沈永霞、王玉合著。以下人员参与写作或做出贡献，包括：耿超、刘蕊、郭捷、赵文雅、贺振蓉、周艳丽、苏梦琦、毕欣欣、赵亚楠、陈妍、武元元、单红丽、单德侠。全书由赵娟统稿并定稿。（本书为作者承担的2018年河北省社会科学基金项目，项目编号：HB18JY015）

在此需要说明的是，幼儿园各个领域中不同年龄阶段出现的问题是层出不穷的，也是无法预估的，书中列举的37个案例只是一些个案，并不能涵盖幼儿园教学中的所有问题。笔者只是借助这些案例，为广大读者提供一些解决方案，希望能起到抛砖引玉的作用。

限于作者水平，谬误之处在所难免，诚请读者朋友们批评指正。

赵娟

2019年6月

目　　录

第一章 小班五大领域案例

一、 健康领域

案例 小班健康活动：保护蚕宝宝

摘要：以下记录了一项小班幼儿挑食矫正的案例。本案例描述了教师在幼儿园小班开展一次健康领域的教学活动，通过想象米饭为蚕宝宝鼓励3—4岁儿童改掉爱挑食的坏习惯，目的在于引导儿童通过调整饮食习惯获得稳定情绪以及健康的心情，养成勤俭节约、珍惜食物的好品质，体验到食物带给人类的喜悦、拥有健康的身体才能更好地学习与生活。该案例充分说明了在挑食矫正问题上充分尊重每个幼儿年龄特征的重要性。

关键词：小班　健康活动　蚕宝宝　饮食习惯　挑食矫正

引言：3—6岁是儿童良好习惯养成和优秀品质形成和发展的重要时期。在这个关键时期，儿童的认知总体上呈快速发展的态势，但个别差异也相当显著，并受到家庭、幼儿园、同伴等多方面的影响。作为幼儿园教师，有责任给幼儿积极的影响，帮助幼儿形成良好的生活习惯和优秀的品质，促进幼儿心理的健康发展。在幼儿挑食问题普遍存在的今天，解决幼儿挑食的方法也多种多样。在设计幼儿挑食矫正方案时，幼儿园教师应充分考虑幼儿年龄特征，对于不同年龄的幼儿，教师可以根据其心理年龄特征思考有针对性的矫正方案。

（一）提取健康教学中的片段进行分析

【教学片段一】

活动描述：教师在活动之前进行细微观察。

西西是班里挑食最为严重的一名幼儿。入园一个多月以来，他只愿意吃馒头、小花卷和面饼一类的面食，偶尔愿意喝一点儿稀饭，大米饭绝对不肯尝一口。李老师一直在针对西西这类幼儿存在的挑食问题进行认真思考，也一直在寻求最有效的方案，但是两个月过去了，收效甚微。

李老师曾多次跟西西的妈妈沟通，询问西西在家里吃饭的情况，根据西西妈妈的回复：西西在家只有跟大人一起围坐在桌子旁边才肯吃一点稀饭，从来不吃大米饭；最喜欢吃一家饭店做的鸭胸卷饼。西西妈妈还告诉李老师西西小时候被米饭粒儿卡住过喉咙。西西吃饭很不规律，常常半夜要吃的；有时候西西妈妈一大早起来给他做丰盛的早餐，他却一口都不尝。因此，吃饭问题也是西西妈妈最头疼的问题之一。西西妈妈多次与李老师沟通孩子的挑食问题，希望李老师帮助她改掉西西挑食的毛病。李老师也表示自己正在积极地寻找合适的办法。

分析：《幼儿园教育指导纲要》（以下简称《纲要》）指出，家长是幼儿园教师的重要合作伙伴。幼儿园教师应本着尊重、平等的原则，了解幼儿的特点和家庭的需要，及时发现幼儿存在的问题并与家长沟通，有针对性地开展教育工作。

案例中的教师经过一段时间的观察之后，发现了西西进食存在挑食严重的问题。这体现了该教师敬业的职业道德和细致的观察能力。为了找到西西挑食的原因，该教师积极主动地与家长沟通，不仅发现了西西不吃米饭的原因，而且了解到西西的日常饮食存在很不规律问题，这有利于后续提出具有针对性的解决问题的方法。该教师用实际行动遵循了《纲要》中的指导要求。

【教学片段二】

活动描述：在一次午饭中，教师关注到了西西喜欢蚕宝宝，决定以此鼓励西西多吃饭。

星期一，中午吃炖排骨、炒青菜和大米饭。李老师观察幼儿们进食的情况，发现西西还是一如既往地不肯吃大米饭。于是，李老师来到西西身边，帮助他吃饭，想方设法让他吃几口米饭。办法用尽，西西还是很排斥。忽然间李老师对西西说："西西，你看这白白的米饭像什么？像不像白色的蚕宝宝呢？"西西顿时好奇地看着碗里的米饭，说："是呀，是蚕宝宝，李老师的碗里好多蚕宝宝。"李老师继续说："你喜欢你的蚕宝宝吗？"西西一边拿勺子随意捣着碗里的米饭一边回答说："李老师喜欢李老师的蚕宝宝，李老师喜欢李老师的蚕宝宝！"抓住西西的兴趣，李老师皱起眉头，做出一副非常可怜的表情对西西说："李老师听见你的蚕宝宝说外面好冷啊，碗里面太冷了。西西，你的蚕宝宝都快冻死了，可怎么办啊？"西西一听，脸上的表情瞬间凝重起来了，嘀咕了一句："蚕宝宝喜欢住在肚子里，肚子里暖暖的，蚕宝宝就不冷了。"李老师继续蚕宝宝的话题："那赶快把这些蚕宝宝放进肚子里暖和暖和吧，快快地，再晚蚕宝宝就要冻死了。""——好！蚕宝宝不要冻死，蚕宝宝不要冻死，蚕宝宝快到肚子里来。"说着西西拿起勺子就往嘴里送米饭。

分析：顾荣芳、薛菁华指出，幼儿园教师应尊重幼儿在发展水平、能力、经验、学习方式、生活习惯等方面的个体差异，因人施教，努力使每一个幼儿都能获得满足和成功①。案例中教师把握西西的特殊性，了解到西西平日是个特别有同情心甚至仗义的孩子，合理利用西西的性格特征，使西西对吃米饭产生兴趣，再运用鼓励的方式使西西终于吃了平时排斥的米饭，解决了西西挑食的问题。

《纲要》指出，幼儿园教师应善于发现幼儿感兴趣的事物和偶发事件中所隐含的教育价值，尊重幼儿的个体差异，把握教育的时机，用适当的方式给予帮助和引导。案例中的教师充分利用幼儿西西喜欢蚕宝宝的兴趣点，

---

① 顾荣芳，薛菁华. 幼儿园健康教育［D］. 北京：人民教育出版社，2004.

引导西西不再排斥碗中的米饭，顺势促使西西将米饭想象成自己最喜欢的蚕宝宝，将不爱吃的米饭吃了进去。这体现了该教师积极思考、细心观察的职业素养，同时体现了该教师具备幼儿园教师应具备的丰富的想象力，值得老师们学习。

【教学片段三】

活动描述：进食过程中教师引导儿童吃蔬菜和肉，改掉挑食的坏习惯。

“拯救蚕宝宝”的活动告一段落。

李老师发现西西还是不肯吃碗里的菜和肉，于是李老师指着碗里的土豆块儿说：“这是蚕宝宝的床，快把它们也放进肚子里，这样的话，蚕宝宝在肚子里才有床住哦!”李老师又指着碗里的玉米粒儿说：“这是蚕宝宝的午餐，快把蚕宝宝的午餐给他们送过去，不然蚕宝宝在肚子里会很饿的，可能会饿死!”没想到西西都乖乖地吃下了。李老师原本还担心西西怕“咬疼”蚕宝宝或咬碎了蚕宝宝的床而不肯咀嚼直接吞咽，但李老师担心的问题并没有发生，看来是李老师多想了。

李老师继续留在西西身边，不断地说，西西真棒，蚕宝宝在说，谢谢西西小哥哥。直到看着西西把满满一碗米饭吃得干干净净之后，李老师给了西西一个大大的拥抱，并表扬他救了蚕宝宝。西西脸上也露出了满足的笑，时不时摸摸自己的肚子，拍一拍，得意地笑笑，好像自己拯救了地球。晚饭时间，李老师继续延续蚕宝宝的故事，劝西西给他的蚕宝宝喂点米饭，蚕宝宝饿了。引导西西自己请蚕宝宝将嘴巴张开接着，西西很认真地拿起勺子将米饭送到嘴里，并时不时地说：蚕宝宝快张开嘴巴，西西要给你们吃米饭啦。就这样，一碗炒米饭也吃得干干净净。接下来的两天，李老师用同样的方法引导西西吃饭，效果都很好。

分析：庞建萍、柳倩认为幼儿园教师与保育员应让幼儿保持有规律的生活，养成良好的按时进餐的习惯①。案例中的教师发现幼儿西西有不爱吃米饭的坏习惯，为了践行《纲要》的教育性指导要求，该教师在把握幼儿西西的个人特点的基础之上，积极引导幼儿西西摆脱饮食不规律、不均衡

---

① 庞建萍，柳倩. 学前儿童健康教育［D］. 上海：华东师范大学出版社，2008.

的坏习惯，促进西西身体健康发展。

《3—6 岁儿童学习与发展指南》（以下简称《指南》）中同时指出，幼儿园教师与保育员应帮助幼儿养成良好的饮食习惯。如合理安排餐点，帮助幼儿养成定点、定时、定量进餐的习惯；引导幼儿不偏食、不挑食、少吃或不吃不利于健康的食品。案例中的教师很好地践行了《指南》的规定，协同保育员安排了排骨、青菜和米饭，达到荤素搭配、均衡膳食的标准，并且没有因个别幼儿不爱吃某一种饭而改变，如，幼儿西西不爱吃米饭，午餐仍坚持做米饭。这体现了该教师专业的素养和合理安排膳食的能力。教师的做法不仅有利于幼儿改掉挑食的坏毛病，而且有利于幼儿养成健康良好的饮食习惯，促进身体健康发展。

总而言之，该教师尊重幼儿的个体差异和性格特点，以幼儿为本，切实从幼儿角度思考问题并成功地解决问题，是我们学习的好榜样。

（二）对教学活动片段的总体反思

健康是指人在身体、心理和社会适应方面的良好状态。幼儿阶段是儿童身体发育和机能发展极为迅速的时期，也是形成安全感和乐观态度的重要阶段。发育良好的身体、愉快的情绪、强健的体质、协调的动作、良好的生活习惯和基本生活能力是幼儿身心健康的重要标志，也是其他领域学习与发展的基础。

为有效促进幼儿身心健康发展，成人应为幼儿提供合理均衡的营养，保证其充足的睡眠和适宜的锻炼，满足幼儿生长发育的需要；创设温馨的人际环境，让幼儿充分感受到亲情和关爱，形成积极稳定的情绪情感；帮助幼儿养成良好的生活与卫生习惯，提高自我保护能力，形成使其终身受益的生活能力和文明生活方式。

本次健康活动中，教师先观察到小班幼儿西西不爱吃饭，经常挑食，然后利用西西对蚕宝宝的兴趣，引导西西把米饭想象成蚕宝宝，从而鼓励西西吃米饭。最终，西西改掉了不爱吃米饭的坏习惯。当然，本次活动存在诸多问题，如，教师只顾关注西西一个孩子，使得其他幼儿得不到关注。此外，教师运用想象的方式鼓励西西吃饭虽然有效，但是难以持续，日后西西见到其他不爱吃的食物还需要更多的引导与鼓励。因此，对于解决小班幼儿爱挑食的问题还应继续思考与努力。

（三）本次教学活动中值得肯定的地方

在幼儿进食过程中，细致的观察是了解幼儿饮食习惯的最直接的方式。此案例中，经过细微观察，教师发现了西西挑食的问题，为了矫正西西不良的饮食习惯，教师利用西西最喜欢蚕宝宝的爱好，鼓励西西把米饭粒儿想象成西西最爱的蚕宝宝，这样一来，西西就很高兴地吃完一碗米饭了。这种想象的方式最适合小班幼儿，因为 3 岁以上 4 岁以下的儿童正处于想象力萌芽和快速发展的阶段，教师正是利用了这一点。

幼儿身心发育尚未成熟，需要成人的精心呵护和照顾，但不宜过度保护和包办代替，以免剥夺幼儿自主学习的机会，养成过度依赖的不良习惯，影响其主动性、独立性的发展。教师也充分关注到这一点，对于爱挑食的西西没有一味地娇惯或保护，而是让西西主动吃米饭，改掉坏习惯。

最后，教师看到西西大口吃饭，不仅口头鼓励，而且给予一个温暖的拥抱。这对西西的进步是巨大的肯定与奖励。

（四）本次活动需要注意和改进的地方

如前所述，此案例中教师的做法也有值得讨论的地方，如，教师的关注只局限于西西一人，没有关注到更多的幼儿，这使得教育出现单一性和偏袒性的问题。此外，教师利用西西喜爱蚕宝宝进行想象鼓励其吃饭的方式存在短暂性，并非长久之计等。

附：教学案例使用说明

小班健康活动：保护蚕宝宝

（一）教学目的与用途

1. 本案例主要适用于幼儿园健康教育活动设计课程，也适用于幼儿园教育评价课程。

2. 本案例的教学目的：在儿童挑食问题普遍存在的今天，解决幼儿挑食的方法也多种多样。本案例旨在引导教师设计幼儿挑食矫正方案，同时充分考虑幼儿年龄特征及尊重个别差异。对于不同年龄的幼儿，教师可以根据其心理年龄特征思考有针对性的矫正方案。

（二）启发思考题

1. 你如何看待小班幼儿养成健康的饮食习惯？

2. 幼儿改掉挑食习惯的方法是什么？

3. 教师的鼓励策略在这次活动中是如何体现的？

4. 如何有效避免教师在组织活动中的高控性？

（三）分析思路

教师可以根据自己的教学目的来灵活使用本案例。这里提出本案例的分析思路，仅供参考。

1. 在使用这个案例时，要考虑到本次健康教育活动目标的制定。具体来说，要注意两点：首先，关注目标，淡化知识技能。具体指关注幼儿表现技能的提升，关注幼儿能否运用在以往活动中积累的已有经验，关注活动中幼儿的情感体验，关注幼儿的和谐发展。其次，关注过程，淡化结果。目标注重幼儿在过程中的体验，是一个过程性目标。制定目标时要改变以往以学科需求为主线的做法，要更关注分析幼儿的兴趣点、现有经验与能力。

2. 寻找内在的原因。小班幼儿健康学习发展的特点是什么？其健康学习受到的影响因素是什么？教师在其中承担的作用是什么？教师要在探寻这些问题的基础上进行深层思考。

3. 从《3—6 岁儿童学习与发展指南》和《幼儿园教育指导纲要》的角度解读这则案例。虽然《指南》和《纲要》中的社会领域目标在表述上不完全一样，但对其内涵进行细致的比较就会发现两者的一致性程度很高，即注意观察幼儿在新环境中的饮食、睡眠、游戏等方面的情况，采取相应的措施帮助他们尽快适应新环境。因此，在分析这则案例时，要注意幼儿健康教育的总目标，也即实施学前健康教育，进行身体素质的早期培养，使幼儿养成良好的饮食习惯，最终拥有健康的身体，促进幼儿德、智、体、美全面发展。

（四）理论依据及分析

1. 健康观的普遍理论。教师应参照《中国孕期、哺乳期妇女和0—6岁儿童膳食指南》，为幼儿提供谷物、蔬菜、水果、肉、奶、蛋、豆制品等多样化的食物，均衡搭配。幼儿健康教育以优秀生活习惯的早期培养作为基本价值取向。健康教育是为了培养儿童的健康体魄，更是为了培养适应科技社会的具有基本健康素养的公民：能够了解基本的健康知识及其应用，能够用健康的方法思考问题、解决问题、做出决定。

2.《纲要》中健康领域的“内容与要求”。它提出，让幼儿保持有规律的生活，养成良好的作息习惯，如，早睡早起、每天午睡、按时进餐、吃好早餐等。教师应帮助幼儿养成良好的饮食习惯，如，合理安排餐点，帮助幼儿养成定点、定时、定量进餐的习惯。帮助幼儿了解食物的营养价值，引导他们不偏食、不挑食，少吃或不吃不利于健康的食品；多喝白开水，少喝饮料。吃饭时不过分催促，提醒幼儿细嚼慢咽，不要边吃边玩等。

（五）背景信息

1. 关于本班幼儿的年龄特点和健康素养测查。幼儿良好饮食习惯是随着年龄的增长而逐渐形成的，并且在每次进食的过程中逐步完善，习惯养成年龄越早越好；同时幼儿挑食矫正问题存在较为明显的个体差异。

2. 教师个人的专业化水平分析。在教学活动中，儿童是主体，教师是主导，教学水平高的教师能根据本班幼儿的特点组织适宜的教学。

（六）关键要点

1. 了解小班幼儿健康的良好习惯的特点，根据其个体差异进行适宜的鼓励与引导是解决问题的根本。在案例分析中，这是一个要特别需要注意的问题。

2. 除了关注幼儿的健康发展特点，还应关注教师的鼓励策略。良好的鼓励和支持能够激发幼儿主动寻求进步，养成良好生活习惯，提升健康发展的积极性，同时为教学的高质量提供保证。

案例　小班健康活动：变废为宝

摘要：本案例描述了教师在幼儿园小班开展健康活动，教师鼓励幼儿参加自制体育器械比赛，引导幼儿动手学习制作体育器械等。目的在于引导儿童通过动手操作获得亲身体验以及创造能力，体验到亲手制作器具的乐趣，并且最终主动动脑筋，主动学习，攻克难题，为更好地学习与生活提供支持。

关键词：小班　健康活动　体育器械　动手操作　亲身体验

引言：3—6 岁是儿童创造力发展的重要时期。在这个特殊时期，儿童的动手能力的发展总体上处于萌芽与迅速进步的阶段。幼儿园教师有责任为幼儿提供动手学习的机会与场地，帮助幼儿提高独立思考的能力，培养创造能力的发展，从而促进幼儿学习能力的发展与进步。

（一）提取健康教学中的片段进行分析

【教学片段一】

活动描述：教师在教学活动准备阶段提出制作体育器械的要求。

星期三，幼儿园园长组织了一次自制体育器械比赛动员大会，园长要求每名幼儿都要参加，并且至少和一位家长一起参加，家长和幼儿可以利用任何材料动手设计体育器械，在下周三将作品带到幼儿园参加自制体育器械大赛。

大会结束，艾老师组织小三班的幼儿们回到座位，向孩子们提出要求：务必由家长协作完成作品；务必是亲手所做；务必可以应用到日常活动中。艾老师怕幼儿们听不清、记不住，于是在家长微信群里发布这个消息。家长纷纷表示想参加，只有七七的爷爷回复艾老师："小艾老师，七七的父母外出打工，实在没时间回家陪七七做这个作品，我也有老花眼，看不清东西，更别提做东西了。"艾老师对七七的爷爷说："七七爷爷，没关系，我来帮助七七，我来和她一起完成，您放心吧!"

分析：《幼儿园教育指导纲要》指出，幼儿园应为幼儿提供健康、丰富的生活和活动环境，满足他们多方面发展的需要，使他们在快乐的童年生活中获得有益于身心发展的经验。案例中的幼儿园园长组织自制体育器械比赛，这不仅促进了幼儿园与幼儿家庭之间的亲密合作，而且促进了幼儿园教师与家长的密切交往，在实现家园共育的道路上迈出了重要一步，也为幼儿增强动手能力创造了有利条件。而家长与幼儿园教师建立的微信群使得家长可以及时了解幼儿在园情况，避免相关信息失去准确性和时效性。

顾荣芳、薛菁华指出，幼儿园教师应建立良好的师生关系，让幼儿在集体生活和学习中感到温暖，心情愉快，形成安全感①。案例中的幼儿园教师在得知班内幼儿七七因家里原因无法参加自制体育器械大赛后，主动提出帮助七七完成作品。这使幼儿在集体活动中不会因父母不在身边而感到孤独。该教师的做法充分体现了以幼儿为本、以幼儿的发展为本的爱孩子的敬业精神和乐于奉献的优秀品质。

【教学片段二】

活动描述：在制作器械准备的过程中，教师关注到七七无人帮忙，于是给予帮助。

很快就到了比赛的前一天，幼儿们纷纷带来不同的作品。艾老师来到教室发现作品的原材料都是废品，比如大纸箱、废旧报纸、旧布、旧玩具、废旧易拉罐、饮料瓶、塑料绳子等，艾老师经过清点发现还有一部分幼儿没有交上作品。于是，艾老师询问他们，幼儿们七嘴八舌地说道：我的废报纸已经有人做了东西！我的旧纸箱有人做了一个球！我的饮料瓶也有人做了，我没办法了，我不想参加了。说着说着，这些幼儿的小嘴都嘟起来了。艾老师不慌不忙地拿出她和七七的饮料瓶做成的小陀螺。青青说："我就是用这种瓶子做的运动鞋，你们的和我的一样，不行！"一边说一边怒气冲冲地指着艾老师和七七同样用饮料瓶做的小陀螺。艾老师没有理会青青，而是让其他的幼儿讨论到底这两个作品是不是一样的。经过一番讨论，大家都认为这两个材料相同的作品是不同的，都可以参加比赛。没有交上作品的幼儿好像明白了什么。

---

① 顾荣芳，薛菁华. 幼儿园健康教育［D］. 北京：人民教育出版社，2004.

分析：《3—6 岁儿童学习与发展指南》指出，幼儿园教师应创造条件和机会，促使幼儿手的动作灵活协调。如，充分利用各种自然、废旧材料和常见物品，让幼儿进行画、剪、折、粘等美工动作。案例中的教师利用园内举办自制体育器械大赛的机会，要求每名幼儿务必和家长一起参加比赛。一方面，幼儿可以学习废物利用的方法，另一方面，幼儿拥有一次动手操作材料的机会。这不仅促进幼儿动作协调发展，而且切实地传承中华民族勤俭节约的优秀品质。

李君认为幼儿园教师鼓励幼儿做力所能及的事情的同时，应遵循以下原则：既要适合幼儿的现有水平，又要有一定的挑战性；既要符合幼儿的现实需要，又要有利于其长远发展①。案例中的教师发现小班幼儿不能理解材料相同作品不同的道理，于是采用支架式的指导方式，拿出自己和七七的作品允许幼儿自发讨论，让幼儿们通过自主思考和积极讨论找到答案，在幼儿最近发展区促进幼儿成长。该教师的做法促进幼儿积极主动地思考，使幼儿形成乐于思考、快乐学习的态度，从而避免了幼儿消极懈怠、逃避活动的情绪。

【教学片段三】

活动描述：自制器械大赛上，教师引导儿童对器械进行分类并玩耍。

又是星期三，也就是自制体育器械大赛的这一天。

所有的幼儿都铆足了劲儿参赛，作品五花八门：纸箱做成的火车运动垫；废旧报纸团成的足球；各种各样的旧布缝合而成的跳跳袋、跳绳；漂亮的塑料小毽子；旧衣服制作的小尾巴；饮料瓶做成的小陀螺；易拉罐和木棍做成的高跷；塑料绳编织而成的运动方格；瓶子盖做的彩色魔立方；等等。最终，旧布缝合而成的跳跳袋获得了冠军。

艾老师按照自制体育器械的功用，在户外划分了五大区域：跳跃区、投掷区、平衡区、钻爬区及一物多玩区，并规划了室内三大器械区域。针对各类器械的使用特点，分别投放至五大区域。如，跳跳袋、跳舞毯、跳荷叶等符合跳跃特性的器械投放至跳跃区；报纸球、七彩飞碟、手榴弹等

---

① 李君. 学前儿童健康教育［D］. 北京：科学出版社，2008.

则以投掷的特点放至投掷区；高跷、梅花桩、赶小猪等具有平衡技巧的器械投放至平衡区；运动方格、魔立方、火车运动垫等适合钻爬的器械放至钻爬区。室内区域则选择投放小型、活动量较小、便于在室内游戏的轻便器械，如小陀螺、贪吃蛇、扣扣鱼等。

艾老师组织幼儿们玩耍器械，个别区域器械出现了班级幼儿扎堆玩、损坏性大等现象。艾老师与其他老师商量确定了每周每班幼儿单独玩耍区，并且规定玩坏了或玩旧了的器械由幼儿和教师一起补救或重新制作，难以修补好的器械可以由幼儿带回家与家长一起修复或重新制作。

分析：谭星认为，幼儿园教师应激发幼儿参加体育活动的兴趣，养成锻炼的习惯。如，为幼儿准备多种体育活动材料，鼓励幼儿选择自己喜欢的材料开展活动。幼儿园教师应经常和幼儿一起在户外运动和游戏①。案例中的教师通过组织家长与幼儿一起参加比赛的方式，为幼儿带来各种体育活动器械，方便幼儿们多种选择。该教师将不同种类的器械分类，鼓励每个幼儿根据自己的兴趣尝试不同的体育器械。该教师将器械多放于户外，践行了《指南》的指导总要求，促进幼儿在游戏的过程中具有一定平衡能力，使其动作协调而灵敏。

家园合作是幼儿园特殊的教育组成部分。《纲要》指出：家园配合，使幼儿在园获得的学习经验能够在家庭中得到延伸、巩固和发展；同时，使幼儿在家庭中获得的经验能够在幼儿园的学习活动中得到应用。案例中的教师发现有的器械因为幼儿扎堆玩耍而变得破旧之后，决定幼儿、教师、家长动手修补，这不仅锻炼了幼儿的动手能力，而且真正地实现了家园共育的理念。

总之，该教师通过鼓励家长与幼儿参加自制体育器械比赛，不仅促进了幼儿动手能力的发展，而且切实地将实现家园共育的理念带到了幼儿的实际生活中。

---

① 谭星. 幼儿园体育 [D]. 北京：北京师范大学出版社，2001.

（二）对教学活动片段的总体反思

健康是指人在身体、心理和社会适应方面的良好状态。幼儿阶段是儿童身体发育和机能发展极为迅速的时期，也是形成安全感和乐观态度的重要阶段。发育良好的身体、愉快的情绪、强健的体质、协调的动作、良好的生活习惯和基本生活能力是幼儿身心健康的重要标志，也是其他领域学习与发展的基础。《3—6 岁儿童学习与发展指南》中提出几点教育建议：

1. 保证幼儿的户外活动时间，提高幼儿适应季节变化的能力。幼儿每天的户外活动时间一般不少于 2 小时，其中体育活动时间不少于 1 小时，季节交替时要坚持。气温过热或过冷的季节或地区应因地制宜，选择温度适当的时间段开展户外活动，也可根据气温的变化和幼儿的个体差异，适当减少活动的时间。

2. 经常与幼儿玩拉手转圈、秋千、转椅等游戏活动，让幼儿适应轻微的摆动、颠簸、旋转，促进其平衡机能的发展。

3. 锻炼幼儿适应生活环境变化的能力。如，注意观察幼儿在新环境中的饮食、睡眠、游戏等方面的情况，采取相应的措施帮助他们尽快适应新环境。经常带幼儿接触不同的人际环境，例如参加亲戚朋友聚会，多和不熟悉的小朋友玩，使幼儿较快适应新的人际关系。

（三）本次教学活动中值得肯定的地方

1. 在活动材料选择上符合小班儿童的年龄特征，在制作上采用了亲子互动形式。整个活动中，教师能够围绕目标进行，结构层次清晰，教师教态自然。

2. 利用亲子互动的形式拉近家长与孩子的关系。教师要求儿童务必亲自动手制作体育器械，提高幼儿动手操作能力。教师能够关注整体，照顾个别。此外，鼓励幼儿展示作品，分享自己的做法，在幼儿展示之后积极给予鼓励与赞赏，努力使每个幼儿获得满足，促进其自信心的建立与提高。

（四）本次活动需要注意和改进的地方

1. 从材料选择上看，应该增加材料的类型，提高器械制作的整体质量。材料主要是来自各个家庭，难免单一，缺乏多样性。材料的多样化可以增加器械制作的多元化，为幼儿提供更多的机会主动探索与创新；同样，材料的复杂性也可以激起幼儿的学习热情和探究欲望。

2. 从活动的总体控制上看，存在教师的高控制性。在活动开始前，教师要求幼儿好好表现，积极举手发言，在无形中给幼儿造成了较大的心理压力。整个活动都由教师主导，教师对整个活动的控制程度较高，难以最大限度发挥幼儿的主动性和积极性。

附：教学案例使用说明

小班健康活动：变废为宝

（一）教学目的与用途

1. 本案例主要适用于幼儿园健康教学法课程，也适用于幼儿园教育评价课程。

2. 本案例的教学目的：在了解5—6岁幼儿健康发展特点的基础上，利用动手制作体育器械的比赛形式对幼儿进行适宜的教育活动。在组织活动的过程中，既要考虑儿童的年龄特点，也要关注儿童的个体差异，同时要发挥教师的引导作用。

（二）启发思考题

1. 你如何看待小班幼儿健康领域发展的特点？

2. 教师的鼓励策略在这次活动中是如何体现的？

3. 教师如何引导亲子互动？

4. 如何有效避免教师在组织活动中的高控性？

（三）分析思路

教师可以根据自己的教学目的来灵活使用本案例。这里提出本案例的

分析思路，仅供参考。

1. 在使用这个案例时，要考虑到本次健康教育活动目标的制定。具体要求有四个：要依据健康活动目标的原则，制定具体的健康教学活动目标；要根据幼儿健康教育的内容，制定完整的健康教学活动目标；要依据幼儿健康发展的特点，制定健康教学活动目标；要依据幼儿健康能力的发展，制定健康教学活动目标。

2. 寻找内在的原因。小班幼儿健康发展的特点是什么？其健康发展受到的影响因素是什么？教师在其中承担的作用是什么？教师要在探寻这些问题的基础上进行深层思考。

3. 从《3—6 岁儿童学习与发展指南》和《幼儿园教育指导纲要》的角度解读这则案例。《指南》指出："幼儿身心发育尚未成熟，需要成人的精心呵护和照顾，但不宜过度保护和包办代替，以免剥夺幼儿自主学习的机会，养成过于依赖的不良习惯，影响其主动性、独立性的发展。"这段话告诉我们：幼儿健康发展是身心发展的基础。可以说，幼儿身体健康与心理健康的培养关系到孩子今后的可持续发展。

（四）理论依据及分析

1. 幼儿身体发展规律的理论。幼儿身体发展的规律表明：在 3—6 岁这个阶段，儿童的身高每年增长 4—7 厘米，体重每年增加 4 千克左右。幼儿的发育速度很快，因此新陈代谢比较旺盛，但是由于身体的生物机能发育还不成熟，对外界环境的适应能力和对疾病的抵抗能力都比较弱。肌肉的发育还处于不平衡阶段，大肌肉群发育早，小肌肉群发育还不完善，而且肌肉的力量差，特别容易受损伤。这个阶段肌肉发育的特点为：跑、跳已经很熟练，但是手的动作还很笨拙，一些比较精细的动作还不能成功完成。因此需要我们成人在关键期重视幼儿动手能力的培养，充分发挥幼儿想象力与创造力发展的优势。

2.《纲要》中语言领域的"内容与要求"。它提出，为有效促进幼儿身心健康发展，成人应为幼儿提供合理均衡的营养，保证充足的睡眠和适宜的锻炼，满足幼儿生长发育的需要；创设温馨的人际环境，让幼儿充分感受到亲情和关爱，形成积极稳定的情绪情感；帮助幼儿养成良好的生活与卫生习惯，提高自我保护能力，形成使其终身受益的生活能力和文明生活方式。

（五）背景信息

1. 关于本班幼儿的年龄特点和身心发展能力测查。幼儿身心发育尚未成熟，需要成人的精心呵护和照顾，但不应过度保护和包办代替，以免剥夺幼儿自主学习的机会，养成过于依赖的不良习惯，影响其主动性、独立性的发展。

2. 教师个人的专业化水平分析。在教学活动中，儿童是主体，教师是主导，教学水平高的教师能根据本班幼儿的特点组织适宜的教学。

（六）关键要点

1. 了解小班幼儿的身心发展特点，根据其特点组织适宜的教学活动是解决问题的根本。在该案例分析中，这是一个要特别需要注意的问题。

2. 除了关注幼儿的身体发展特点，还要注意教师的观察能力。较高的观察水平能够及时发现幼儿学习与操作的问题，及时对幼儿进行引导与支持，为实现教学的高质量提供保证。

案例　小班健康活动：拍来拍去惹的祸——笑容传递来支招儿

摘要：此案例发生在幼儿分组游戏活动中。因为小班幼儿不能合理地控制自己的情绪导致矛盾的发生，教师采用游戏互动的方式，为幼儿提供模仿的环境，有效地促进小班幼儿学会合理控制情绪，从而使幼儿在园产生积极健康的心态和正确的情绪表达。最终，幼儿获得健康心理环境及和谐的社交关系。

关键词：小班　健康活动　身心状况　健康心理　不良心态

引言：健康是指人在身体、心理和社会适应方面的良好状态。幼儿阶段是儿童身体发育和机能发展极为迅速的时期，也是形成安全感和乐观态度的重要阶段。作为教师，有责任营造温暖、轻松的心理环境，让幼儿形成安全感和信赖感。如，保持良好的情绪状态，以积极、愉快的情绪影响幼儿；以欣赏的态度对待幼儿；注意发现幼儿的优点，接纳他们的个体差异，不简单地与同伴做横向比较。

（一）提取健康教学中的片段进行分析

【教学片段一】

活动描述：教师组织集体活动时，班上幼儿发生矛盾，教师了解情况。

小班开学第二周，张老师组织幼儿们进行集体游戏活动之后，允许幼儿们找到自己喜欢的小朋友结伴游戏。每个幼儿都非常高兴，纷纷寻找自己喜欢的小朋友。

这时，小依忽然哭了起来，张老师站在一旁观察情况。在询问其他小朋友之后，张老师想要更清楚地明白事情的经过，于是组织幼儿们回到座位。张老师轻声安抚小依："怎么回事，发生了什么事，你愿意告诉老师吗？"小依在张老师的安抚下慢慢地停止了哭泣。随后小依嘟着嘴用手指着毛毛埋怨："老师，他打我！"毛毛瞪大眼睛，委屈地看着张老师，小声地嘀咕："老师，我没有打小依，我很喜欢小依的，可是，小依怎么哭了？"在一旁的小娜告诉老师，毛毛平时很喜欢小依，毛毛几次送给小依礼物表达友好，两个人也很喜欢在一起玩。这次是因为在做游戏的时候，不知道怎么回事，毛毛朝着小依的腿上大力地拍打下去，小依被打疼了就大声哭了起来。张老师慢慢地走到毛毛身边，轻轻地对毛毛说："毛毛，你喜欢交朋友吗？那么你最喜欢的小朋友是谁呢？"毛毛害羞地指了指小依。

分析：在日常生活中，人们需要通过情绪表达来传递自己的情绪体验，然而，情绪表达很容易受各种影响，人们的情绪表达与人们的真实体验往往是不一致的。

《3—6岁儿童学习与发展指南》指出，幼儿园教师应与幼儿建立良好的师生关系、同伴关系，让幼儿体验到幼儿园生活的愉快，形成安全感、依赖感，使幼儿适应幼儿园生活，情绪稳定，学会正确表达情绪及情感。因此，幼儿园教师除了要教会幼儿一日生活常规，更要教会幼儿学会控制并正确地表达自己的情绪，避免误会与矛盾的产生。这要求幼儿园教师不仅具备敏锐的观察能力，更需要具备爱心与耐心。案例中，入园不久的小班幼儿毛毛因不会正确表达喜欢，造成了其他幼儿的误解。教师没有大声呵斥毛毛，而是在一旁静静地观察。这种冷处理的方式有利于小班幼儿慢慢冷静下来，减少更大矛盾出现的概率。随后为了弄清整个事件的来龙去脉，该教师集合所有幼儿一起解决。这不仅有利于建立团结和谐的班级气氛，而且有利于增强小班幼儿的集体意识、团队意识。该教师轻声安抚小依的情绪，体现了教师以儿童为本的师德和全心全意为幼儿服务的初心，完全践行了《指南》以幼儿为本的宗旨。同时，该教师的言谈举止温柔且谦和，适合刚进入幼儿园离开家庭并处于分离焦虑期的小班幼儿的身心特点，是幼儿园教师学习的好榜样。

【教学片段二】

活动描述：在询问中，教师发现其中有误会，于是引导幼儿正确处理，以调整不良心态。

原来毛毛不知道如何表达自己喜欢小依，以为拍打小依就是表达喜欢。张老师没有责怪毛毛，而是组织所有的幼儿进行一个游戏。张老师取名为“传递笑容”。

张老师组织幼儿们围成一个圈，首先让小依拍了一下自己的右肩，然后老师对着小依轻轻地笑，张老师看了一眼在队尾的毛毛，并要求幼儿们依次传递。每个幼儿都做得很好，终于轮到了毛毛，毛毛开始不知所措，张老师轻声地鼓励毛毛：“毛毛，你看到我们怎么做了吗？老师相信你一定行，加油!”听到老师的鼓励，毛毛慢慢地把小手抬到他前面的小朋友丽丽的肩膀上，抬高手臂用力地拍向丽丽的右肩，丽丽闪躲了身子，毛毛没有拍到丽丽。张老师走到毛毛身边，用手轻轻地拍了一下丽丽，丽丽对着老师笑了。毛毛困惑地看着张老师，老师拿起毛毛的小手轻轻地拍在丽丽的肩上，丽丽对着毛毛笑了起来。老师又拿着毛毛的小手拍打了小慈的肩膀，小慈冲着毛毛笑了起来。老师又拿着毛毛的小手拍打了木木的肩膀，木木也冲着毛毛和老师笑了起来。老师还拿着毛毛的小手拍打了班级的淘气大王达达的肩膀，达达没有生气，也冲着毛毛和老师笑了起来。

分析：首先，《幼儿园教育指导纲要》指出，教师应成为幼儿学习、活动的支持者、合作者、引导者。在学习《纲要》理念的同时，幼儿园教师要明确自己的角色定位。在面对幼儿间的冲突时，教师不能以高高在上的评判者的角色来给予他们对与错的评判，而是应该以引导者、鼓励者的角色出现，帮助幼儿自主去解决他们之间的冲突。案例中，该教师耐心地与发生矛盾的幼儿积极沟通，耐心询问事件经过。该教师践行了《纲要》的要求，值得我们学习。

其次，顾荣芳、薛菁华认为，幼儿园教师应该尝试蹲下来与幼儿交朋友。蹲下来不只是身体上简单的一个动作，更重要的是我们在身体蹲下来的同时，思想观念同样要蹲下来，改变以往居高临下的状态，与幼儿保持平等自然、融洽和谐的关系，形成同伴、朋友的新型师生关系①。案例中的教师选择和幼儿们一起玩游戏，使幼儿毛毛的紧张情绪逐渐放松，积极地参与到游戏中，让毛毛感受到老师是在和自己一起玩、一起成长的朋友，而不是一个高高在上的约束者和管理者。

最后，幼儿园教师应该多运用榜样示范原则教导幼儿。每个幼儿都有不同的闪光点，也都有不同的小缺点，同时每个幼儿都具备强大的模仿能力，因此，幼儿园教师应多运用榜样示范原则。案例中的教师在玩游戏的过程中，知道毛毛手劲儿把握不好，亲自示范游戏中拍打的过程和力道，最终毛毛基本掌握了拍打的力道，也找到了弥补错误的机会。

【教学片段三】

活动描述：教师通过“传递笑容”游戏引导儿童调整消极心态。

最后，老师让毛毛自己试一试“传递笑容”的小游戏。

毛毛开始还不敢尝试，在老师和小朋友的鼓励下，毛毛终于鼓起勇气，提起小手轻轻地拍了一下小依的肩膀，小依一改之前的委屈，对着毛毛笑了出来。毛毛看到小依露出了笑容，也开心地笑了起来。

之后在几次活动结束的几分钟里，张老师又和毛毛玩了几次“传递笑容”的游戏，时时地让小依也拍拍自己，并不时地说：“轻点儿才好玩。”玩了七八次，虽然毛毛拍下来的小手还是有点儿重，但是已经明显比开始的时候轻多了。张老师让毛毛和小依玩时，毛毛不是像拍老师一样拍小依，而是轻轻把手放在小依身上，再拿开。

---

① 顾荣芳，薛菁华. 幼儿园健康教育 [D]. 北京：人民教育出版社，2004.

分析：庞建萍、柳倩认为幼儿园教师应鼓励幼儿，使幼儿喜欢参加集体活动①。案例中的教师做到了这一点。当毛毛不敢尝试拍打游戏时，教师不仅亲自示范，而且多次鼓励毛毛进行游戏，该教师的鼓励语气也运用合理——温柔的语气比命令的语气更能使幼儿积极投入其中。

总而言之，首先，该教师善于观察，通过细致观察发现幼儿之间发生的矛盾。其次，该教师发现矛盾之后的处理方式很合理，没有大动干戈，而是冷静地找到原因。最后，该教师通过轻松快乐的游戏活动解决了问题，值得所有同仁学习。

（二）对教学活动片段的总体反思

为有效促进幼儿身心健康发展，成人应为幼儿提供合理均衡的营养，保证充足的睡眠和适宜的锻炼，满足幼儿生长发育的需要；创设温馨的人际环境，让幼儿充分感受到亲情和关爱，形成积极稳定的情绪情感；帮助幼儿养成良好的生活与卫生习惯，提高自我保护能力，形成使其终身受益的生活能力和文明生活方式。《3—6 岁儿童学习与发展指南》提出以下几点建议：

1. 营造温暖、轻松的心理环境。允许幼儿表达自己的情绪，并给予适当的引导。幼儿发脾气时不硬性压制，等其平静后告诉他什么行为是可以接受的。发现幼儿不高兴时，主动询问情况，帮助他们化解消极情绪。

2. 帮助幼儿学会恰当表达和调控情绪。成人用恰当的方式表达情绪，为幼儿做出榜样。如，生气时不乱发脾气，不迁怒于人。成人可以和幼儿一起谈论自己高兴或生气的事，鼓励幼儿与人分享自己的情绪。

（三）本次教学活动中值得肯定的地方

1. 处理方式符合小班儿童的年龄特征；在解决矛盾过程中采用了鼓励的交流方式使幼儿乐意接受。在处理事件的过程中，教师能够根据不同幼儿的性格差异做出合理的判断，幼儿心态由消极向积极逐渐转化。

---

① 庞建萍，柳倩. 学前儿童健康教育［D］. 上海：华东师范大学出版社，2008.

2. 利用互动游戏的形式改变幼儿之间的矛盾关系。教师利用“传递笑容”的互动游戏使幼儿心态得以调整。教师能够关注整体，照顾个别。此外，鼓励幼儿积极互动，表达自己内心真正的想法，在幼儿调整好心态后积极地给予幼儿鼓励与支持，努力使每个幼儿获得积极乐观的健康心态。

（四）本次活动需要注意和改进的地方

1. 从教师与幼儿互动方式上看，应该增加互动频次，提高互动有效性和回应的质量。在幼儿出现矛盾时，教师解决问题的及时性与高效性直接影响幼儿之间的交往。恰当、适宜的引导与互动可以促进幼儿积极主动地沟通，有效支持儿童缓解不良情绪；同样，积极、乐观的健康心态可以促使幼儿主动乐观学习。

2. 从活动的总体控制上看，存在教师的高控制性。在活动开始前，教师要求幼儿好好表现，积极举手发言，在无形中给幼儿造成了较大的心理压力。游戏开始是教师主导，教师对整个游戏的控制程度较高，难以最大限度发挥幼儿的主动性和积极性。

附：教学案例使用说明

小班健康活动：拍来拍去惹的祸——笑容传递来支招儿

（一）教学目的与用途

1. 本案例主要适用于幼儿园健康教学法课程，也适用于幼儿园教育评价课程。

2. 本案例的教学目的：在了解 5—6 岁幼儿身心健康发展特点的基础上，利用互动游戏形式对幼儿进行适宜的教育活动。在组织游戏活动的过程中，既要考虑儿童的年龄特点，也要关注儿童的个体差异，同时要发挥教师的引导和支持作用。

（二）启发思考题

1. 你如何看待小班幼儿身心发展的特点？

2. 教师的鼓励策略在这次矛盾解决的过程中是如何体现的?

3. 教师是如何引导儿童进行互动的?

4. 如何引导幼儿调整不良心态?

(三) 分析思路

教师可以根据自己的教学目的来灵活使用本案例。这里提出本案例的分析思路，仅供参考。

1. 在使用这个案例时，要考虑到本次教育活动目标的制定。具体要求：发育良好的身体、愉快的情绪、强健的体质、协调的动作、良好的生活习惯和基本生活能力是幼儿身心健康的重要标志，也是其他领域学习与发展的基础。

2. 寻找内在的原因。小班幼儿身心发展的特点是什么？其心理发展受到的影响因素是什么？教师在其中承担的作用是什么？教师要在探寻这些问题的基础上进行深层思考。

3. 从《3—6 岁儿童学习与发展指南》和《幼儿园教育指导纲要》的角度解读这则案例。《指南》指出，应营造温暖、轻松的心理环境，让幼儿形成安全感和信赖感，如，保持良好的情绪状态，以积极、愉快的情绪影响幼儿。帮助幼儿学会恰当表达和调控情绪，如，允许幼儿表达自己的情绪，并给予适当的引导。幼儿发脾气时不硬性压制，等其平静后告诉他什么行为是可以接受的；发现幼儿不高兴时，主动询问情况，帮助他们化解消极情绪。

(四) 理论依据及分析

1. 幼儿身心发展规律的理论。幼儿身心发展的规律表明，他们在生活、学习、劳动以及与人相处等方面，应有如下表现：情绪基本上是愉快、稳定的；求知欲较强；能合群；诚实而不说谎；有自尊心和一定的自信心。

2.《纲要》中语言领域的“内容与要求”。它提出：成人应为幼儿提供合理均衡的营养，保证充足的睡眠和适宜的锻炼，满足幼儿生长发育的需要；创设温馨的人际环境，让幼儿充分感受到亲情和关爱，形成积极稳定的情绪情感。

（五）背景信息

1. 关于本班幼儿的年龄特点和身心发展能力测查。幼儿身心是随着年龄的增长不断成熟与发展的，是在与人交往的过程中逐步实现发展的。

2. 教师个人的专业化水平分析。在教学活动中，儿童是主体，教师是主导，教学水平高的教师能根据本班幼儿的特点组织适宜的教学。

（六）关键要点

1. 了解小班幼儿的身心发展特点，根据其特点组织适宜的教学活动是解决问题的根本。在该案例分析中，这是一个要特别需要注意的问题。

2. 除了关注幼儿的身心发展特点，还要注意教师的鼓励策略。良好的鼓励和回应能够调整幼儿不良心态，同时为幼儿积极心态养成提供保证。

二、 语言领域

案例　小班语言活动：好饿的毛毛虫

摘要：本案例中，教师通过绘本故事《好饿的毛毛虫》，引导幼儿在观察、倾听、讲述的过程中理解内容，学习说“我吃了……”的句式，让幼儿了解到毛毛虫的生活习性，体会毛毛虫的生长过程，从而培养幼儿对绘本阅读的兴趣，发展幼儿的观察力和想象力。

关键词：小班　语言活动　毛毛虫的故事　理解内容　学习句式

引言：国家教育部颁布的《幼儿园教育指导纲要》明确指出幼儿在园的一日活动中，要“尊重幼儿身心发展的规律和学习的特点”“促进每个幼儿富有个性的发展”。在日常工作中，要实现这些教育要求，就必须正确处理好幼儿学习活动中师幼互动关系，使幼儿的学习更有价值，使幼儿的发展更有意义。幼儿每天做操经过树木旁边时，经常去看挂在树下的一个个小毛毛虫。那些小精灵靠着一根细细的丝挂在树枝上，任凭自己随风飘荡。教师们对孩子的这一兴趣并不加以阻止，而是和孩子一起观察，和孩子一起积累了毛毛虫从虫变成蝴蝶的知识。孩子们对毛毛虫由虫变为蝴蝶已十分熟悉，但幼儿对于毛毛虫爱吃哪些东西却知之甚少。如何在语言活动中渗透这些知识、在活动中产生强烈的师幼互动是我们在活动组织前反复思考的问题。

（一）提取绘本教学中的片段进行分析

【教学片段一】

活动描述：教师通过歌曲导入，营造欢快的氛围，激发幼儿兴趣。

教师：我们来做毛毛虫跟大树爷爷玩挠痒痒的游戏吧！

教师和幼儿一起边唱边表演歌曲进入活动室。

教师：刚才是谁在给大树爷爷挠痒痒？

幼儿集体：毛毛虫。

教师：我这里有一本关于毛毛虫的故事书，我们一起来看一看，听一听。

分析：《幼儿园教育指导纲要》指出，教师应成为幼儿学习活动的支持者、合作者、引导者。作为教师，要善于发现幼儿感兴趣的事物、游戏和偶发事件中所蕴含的教育价值，把握时机，积极引导。教师选择了幼儿上学期学过的歌曲《挠痒痒》作为活动的导入，这个歌曲小班幼儿颇为喜欢，幼儿在边唱边跳中将激情与积极性调动了起来，逐渐融入活动中。通过提问自然过渡到毛毛虫的话题，引起幼儿的兴趣，导入活动主题。

【教学片段二】

活动描述：教师引导幼儿欣赏故事，理解内容，学习说“我吃了……”句式，并进行提问。

教师：小朋友们，第一天毛毛虫吃了什么？

幼儿集体：苹果。

教师：什么样的苹果？

幼儿 A：甜甜的。

幼儿 B：香香的。

教师：很好，那吃了甜甜的红苹果，毛毛虫高兴得怎么说？你们也能像毛毛虫一样高兴地说一说吗？

幼儿集体：红苹果真好吃。

教师：说得很好。那毛毛虫又找到什么好吃的？

幼儿集体：黄香蕉。

教师：说得真棒！我们也来吃一个黄香蕉吧，告诉你旁边的好朋友，你吃了什么，好不好吃。

幼儿与同伴进行交流。

教师：哪位小朋友愿意完整地说一遍？

幼儿 C：我吃了黄香蕉，黄香蕉真好吃。

教师：很好。那第三天毛毛虫又吃了什么？

幼儿集体：绿树叶。

教师：我们也吃一片绿树叶吧。

教师做出吃东西的动作，并发出吃东西的声音。

幼儿 A：我吃了绿树叶，绿树叶真好吃。

幼儿模仿教师做动作。

分析：在学习短语的过程中教师采用了动静交替的安排，学着吃一吃再说一说，带领幼儿一起学做毛毛虫“啊呜啊呜”吃的动作。使孩子不觉得枯燥，并注重培养其同伴间互相交流的好习惯。孩子的兴致很高，参与积极性很大，在边学边玩中，学会了“我吃了……”这一句式。《幼儿园教育指导纲要》中强调，利用图书、绘画等多种方式，引发幼儿对书籍、阅读和书写的兴趣，培养前阅读和前书写技能。漂亮的图书是幼儿乐于接受的事物，能吸引幼儿的注意力。在该语言活动中，用色彩鲜艳的图画吸引幼儿，再配以教师生动的讲述，在讲述的过程中穿插提问，使幼儿的注意力始终保持在画面与教师讲述之间。这样既满足了幼儿观看图书的愿望，又使得原本单调的观看有了良好的互动效应。在这一互动中，教师主要运用的是指导、提问的方式。但对于幼儿的回答，教师过于注重孩子的个别交流，缺乏集体练习，因此，在这些提问中，孩子们并没有很好地掌握“我吃了……”的短句。对幼儿说出诸如“甜甜的”“香香的”形容词，教师过于注重与强调，反而目标中学说的短语没有进行巩固，给人本末倒置的感觉。教师对于幼儿的回应还不够，鼓励评价语言过于单调，只有“你说得真好听，真棒”；还可以说“谁也来学一学他那句好听的话?”等。

【教学片段三】

活动描述：教师创设情境，带领幼儿进行了游戏。

教师：原来毛毛虫吃了很多东西后慢慢长大，最后变成了美丽的蝴蝶。我们一起来玩一个毛毛虫变蝴蝶的游戏。我来做大毛毛虫，你们做小毛毛虫——毛毛虫们准备好了吗?

幼儿集体：准备好了。

教师：跟我慢慢地爬出去玩。

教师播放故事背景音乐。

教师：我们再来想一想，第一天，毛毛虫肚子饿了它爬到了哪儿?吃了什么?

幼儿A：红苹果。

教师：第二天呢?

幼儿集体：黄香蕉。

教师：那第三天呢?

幼儿集体：绿树叶。

教师：毛毛虫累了，要睡觉了。

音乐响起，教师和幼儿都“睡着了”。

教师：(醒过来）我的肚子还有点儿饿，想吃东西，毛毛虫们，你们还会吃什么?

教师播放茧的图片。

幼儿A：那个好像面包，吃面包。

幼儿集体：面包。

幼儿C：还有饺子、面条。

教师：把你还想吃的东西跟你边上的毛毛虫说一说吧。

幼儿们兴致勃勃地开始讨论。

教师：吃了那么多好吃的东西，可真饱呀，一起来美美地睡个觉吧!给自己造个房子，一动不动地睡着，过了很久很久，最后变成了一只美丽的蝴蝶。让我们一起飞到更远的地方去旅行吧!

分析：《3—6 岁儿童学习与发展指南》中指出，要在游戏中学习语言。游戏可以让幼儿更好地理解学习内容，帮助幼儿连接个人的经验与所学内容之间的联系，促进幼儿语言包括早期阅读和读写的发展，幼儿可以不断获得学习的快乐，加深对学习内容的理解。在该语言活动中，教师自己也变成毛毛虫与所有幼儿在地上爬，跟孩子拉近距离，师幼互动十分融洽。幼儿在游戏中参与性很高，比较投入。当幼儿说出很多食物名称时，教师就引导孩子跟身边同伴说，这样既没有马上生硬地打断他们，又培养了小班幼儿互相交流的好习惯。另外，提问是一门教学艺术，该教师的提问具有开放性，让幼儿结合自己的生活经验进行大胆的想象。这一互动行为是幼儿发表见解、表述情况的行为，是由幼儿开启的师幼互动的行为。但是孩子的回答却出乎教师的意料，本以为会朝着水果方面想，但有一个孩子因为看到图片中画的毛毛虫的茧子觉得像面包，所以一直大声喊："面包，面包。"而教师此时并没有发觉孩子是把茧子当成面包了，因此并没有马上理会，其他孩子一听见有人喊面包就自然而然地想到要吃饺子、面条，浪费了时间。其实，孩子发现茧子像面包时，只要教师及时接好幼儿抛过来的球，引导幼儿认识那是茧的话，孩子们想象的东西就不会偏离很远。比如教师可以加一句："可是，毛毛虫是喜欢吃水果的呀。"来将幼儿的思路引到教师预设的范围中来。

（二）对教学活动片段的总体反思

《纲要》指出，要善于发现幼儿感兴趣的事物、游戏和偶发事件中所蕴含的教育价值，把握时机，积极引导。我们知道，孩子的发展需要在个体发展的过程中会随时表现出来，一般来说，孩子突然热衷的事情，往往是符合该年龄孩子发展水平的新的需要，如新的兴趣倾向、新行为的出现、反复提问和追究特定事物、同伴争议等。这正是机会，应捕捉它们，并创造条件，提供刺激，诱发经验，在幼儿自身需要的基础上组织活动，满足其发展的需要。众所周知，语言能力是一种综合能力，幼儿语言的发展与其情感、思维、社会参与水平、交流技能、知识经验等方面的发展是分不开的，而绘本阅读是帮助儿童语言发展的有效形式之一。

（三）本次教学活动中值得肯定的地方

1. 绘本架起师幼互动的桥梁。

《3—6岁儿童学习与发展指南》中强调，在整个学前阶段，图画书都是幼儿阅读的主要材料。每天给幼儿留出看书的时间，养成阅读图书的兴趣与习惯，并注意让幼儿口述自己听到的或者看到的故事，让幼儿扮演讲故事人的角色来编和讲自己的故事，对幼儿而言是最重要的早期书面语言学习经验。《幼儿园教育指导纲要》多处提到要给幼儿创造安全愉快、宽松的氛围。在本次活动中，教师使用绘本进行教学，一方面是为了给活动营造一种轻松的氛围，让孩子们在最初就能感受到活动的轻松感，使他们能很快进入状态。另一方面，绘本能给予幼儿直观形象，使幼儿充分、准确地领悟教师的意图。

2. 教师给予幼儿充分表述的机会。

师幼互动主要有两种：一种是由教师开启的师幼互动形式，一般表现为教师的提问、教师直接指导教学活动或游戏等；另一种是由幼儿开启的师幼互动形式，一般表现为幼儿的主动表述、发表见解或在情绪焦虑、紧张及遇到疑惑时寻求教师的关注或辨别等。《幼儿园教育指导纲要》中也明确指出：“教师应成为幼儿学习活动的支持者、合作者、引导者。”在活动中，教师给予幼儿充分表述的机会，让幼儿想说、敢说、会说。

（四）本次活动需要注意和改进的地方

教师回应不够积极。教师要能抓住孩子抛来的球，以适当方式去接，并以适当的方式把球抛回给孩子。这就是我们常说的回应能力。教师要及时给予表扬和反馈。有些孩子的语言表达能力还很差，有些孩子的回答会偏离问题本身，甚至答非所问，作为教师就应该适当提示，把孩子的回答思路拉到问题中心来，并且要顺应孩子的思路，以帮助孩子顺利精彩地回答完问题，保护孩子的自信心。

附：教学案例使用说明

小班语言活动：好饿的毛毛虫

（一）教学目的与用途

1. 本案例主要适用于幼儿园语言教学法课程，也适用于幼儿园教育评价课程。

2. 本案例的教学目的：在了解3—4岁幼儿语言发展特点的基础上，利用绘本这种独特的文学形式对幼儿进行适宜的语言教育。在组织活动的过程中，既要考虑儿童的年龄特点，也要关注儿童的个别差异，同时要发挥教师的引导作用。

（二）启发思考题

1. 你如何看待小班幼儿语言发展的特点？

2. 教师的有效性提问在这次活动中是如何体现的？

3. 教师如何组织幼儿游戏？

4. 如何有效“接住幼儿抛过来的球”？

（三）分析思路

教师可以根据自己的教学目的来灵活使用本案例。这里提出本案例的分析思路，仅供参考。

1. 在使用这个案例时，要考虑到本次语言教育活动目标的制定。具体要求有四个：要依据语言活动目标的原则，制定具体的语言教学活动目标；要根据幼儿语言教育的内容，制定完整的语言教学活动目标；要依据幼儿语言发展的特点，制定语言教学活动的目标；要依据幼儿语言能力的发展，制定语言教学的活动目标。

2. 寻找内在的原因。小班幼儿语言发展的特点是什么？其语言发展受到的影响因素是什么？教师在其中承担的作用是什么？教师要在探寻这些问题的基础上进行深层思考。

3. 从《3—6岁儿童学习与发展指南》和《幼儿园教育指导纲要》的角度解读这则案例。《指南》指出：“语言是交流和思维的工具。幼儿期是语言发展，特别是口语发展的重要时期。幼儿语言的发展贯穿于各个领域，也对其他领域的学习与发展有着重要的影响；幼儿在运用语言进行交流的同时，也在发展着人际交往能力、理解他人和判断交往情境的能力、组织自己思想的能力。通过语言获取信息，幼儿的学习逐步超越个体的直接感知。”这段话告诉我们：语言发展是智力发展的基础。因此，幼儿语言的培养关系到孩子今后的可持续发展。

（四）理论依据及分析

1. 幼儿身心发展规律的理论。幼儿身心发展的规律表明，幼儿听觉和言语器官发育逐渐成熟，正确地发出全部语音的条件已具备，幼儿期是人掌握语言的关键期。我们成人要在关键期重视幼儿的语言表达能力的培养，充分发挥幼儿语言发展的优势。

2.《纲要》中语言领域的“内容与要求”。它提出：鼓励幼儿用清晰的语言表达自己的思想和感受，发展语言表达能力；创造一个自由、宽松的语言交往环境，支持、鼓励、吸引幼儿与教师、同伴交谈，体验语言交流的乐趣；提供普通话的语言环境，帮助幼儿熟悉、听懂并学说普通话。“指导要点”提出：语言能力是一种综合能力，幼儿语言的发展与其情感、思维、社会参与水平、交流技能、知识经验等方面的发展是不可分割地联系在一起的，语言教育应当渗透在所有的活动中。

（五）背景信息

1. 关于本班幼儿的年龄特点和语言发展能力测查。幼儿语言的发展是随着神经系统和发音器官的成熟，在与人交往的过程中逐步实现的。它既受年龄因素制约，又存在较为明显的个体差异。

2. 教师个人的专业化水平分析。在教学活动中，儿童是主体，教师是主导，教学水平高的教师能根据本班幼儿的特点组织适宜的教学。

（六）关键要点

1. 了解小班幼儿的语言发展特点，根据其特点组织适宜的语言教学活动是解决问题的根本。在该案例分析中，这是一个特别需要注意的问题。

2. 除了关注幼儿的语言发展特点，还要关注教师的有效提问。良好的提问和回应能激发幼儿学习语言的积极性，同时为教学的高质量提供保证。

三、 社会领域

案例　小班社会活动：亲亲热热抱一抱

摘要：小班幼儿需要学会交往的基本规则和技能，其中，愿意与人交往是基本的能力。本案例通过“嘟嘟的拥抱”的故事，让小班幼儿明白拥抱的含义及意义，并通过邀请家长到课堂中的活动，让小班幼儿体验幼儿和幼儿之间、幼儿和老师之间、幼儿和家长之间拥抱的不同含义，并帮助幼儿体会交往的乐趣，最终促进小班幼儿学会与人交往的能力。

关键词：小班　社会活动　亲亲热热抱一抱　社会人际交往

引言：《3—6 岁儿童学习与发展指南》的“社会领域目标”针对 3—4 岁的幼儿需要达到的年龄阶段目标提出，幼儿应“愿意和小朋友一起游戏，愿意与熟悉的长辈一起活动”。3—4 岁是幼儿交往发展的重要时期，对小班幼儿交往能力的培养能为幼儿终身发展奠定必要的基础。

（一）提取语言教学中的片段进行分析

【教学片段一】

活动描述：教师通过幻灯片讲“嘟嘟的拥抱”的故事。清晨，小熊嘟嘟刚睁开眼睛，妈妈就给了嘟嘟一个大大的拥抱——嘟嘟早上好。嘟嘟觉得好幸福。教师问：“小朋友们，妈妈抱你们吗?”幼儿同时回答：“抱。”几名幼儿分别回答教师的问题。A 幼儿说道：“睡觉的时候会抱。”B 幼儿说道：“起床的时候。”教师引导幼儿，说道：“还有没有其他的时候拥抱你们?”C 幼儿说道：“不睡觉的时候也抱。”教师追问：“不睡觉的时候，妈妈为什么抱你呀?”D 幼儿说：“玩玩具的时候。”教师问：“妈妈抱你的时候开心吗?”幼儿集体回答：“开心。”E 幼儿说：“爸爸也抱过我。”教师追问说：“爸爸都是怎么抱你们的呢?”幼儿纷纷回答，有的说是举高高抱的，有的是给一个大大的拥抱，有的是蹲下来抱的，有的是坐在肩膀上抱的，有的是爸爸抱起来转的……幼儿描述爸爸抱的样子，教师通过肢体表现出来，并将抱起来的样子与生活实际相联系。

分析：教师通过幻灯片展示唤起幼儿生活场景中有关“抱抱”的画面，而且有意识地引导幼儿进行语言表述，并进一步进行日常生活中有关“抱抱”的动作展现，从而将生活中的场景尽可能展现出来，促进幼儿的情绪唤起，激发幼儿与同伴和老师分享“抱抱”的交往意愿。

【教学片段二】

活动描述：教师继续讲故事：嘟嘟来到幼儿园，老师给了嘟嘟大大的拥抱，并说道：“嘟嘟，早上好。”嘟嘟觉得很快乐。教师提问：“老师抱过你们吗?”幼儿异口同声：“抱过。”教师追问：“老师抱你们的时候，你们什么感受呀?”

A 幼儿举起手来吞吞吐吐半天，他说的话教师听不懂，教师耐心地引导他，问道：“老师抱你高兴吗?”，A 幼儿回答：“高兴。”B 幼儿高高兴兴地说：“很开心。”C 幼儿说：“很伤心。”老师蹲下来抱她并问道：“老师在你很伤心的时候抱你了是吗?”，幼儿回答：“是的。”教师又问道：“那老师抱完你，你心里舒服了吗?”幼儿点点头。教师引导幼儿：“在你们伤心的时候，老师也会给你们拥抱。老师给你们拥抱的时候，你们心情怎么样?”D 幼儿回答：“高高兴兴的。”教师总结：“原来拥抱可以让我们很高兴、很快乐、很幸福。”

分析：教师通过讲故事，引出教师对幼儿的热爱，引导幼儿对教师的热爱，希望幼儿大胆表现自己的情感，通过幼儿之间的相互启发，促进不同性格不同能力的幼儿大胆表现自己，勇于表达自己的感情。

【教学片段三】

活动描述：教师继续讲故事：嘟嘟看到了咪咪，咪咪因为想妈妈就哭了，嘟嘟给了咪咪一个拥抱。教师提问：“小朋友们想一想，嘟嘟会对咪咪说什么?”有幼儿回答道：“咪咪，我抱抱你，别哭了。”教师引导说：“不要难过了，妈妈一会儿就来了。”接着说：“来，让我们张开手臂，试着拍一拍咪咪，咪咪别哭了。”幼儿争相模仿教师的样子。教师接着说：“那现在，这里有许多小朋友，我们看看谁找的好朋友最多最快。”教师播放儿歌，并喊了口令：“抱一抱自己的好朋友。”很多幼儿相互拥抱。幼儿逐渐了解规则后，教师逐渐增加难度，后面口令变成“抱一抱老师”“抱一抱A同学”等。教师继续讲故事：嘟嘟要放学回家了，嘟嘟给了爸爸一个大大的拥抱。教师问：“幼儿园放学了，看见爸爸妈妈要说什么呢?”有一个小朋友说：“爸爸妈妈，我爱你!”最后，父母登台，爸爸妈妈紧紧地抱着孩子。

分析：教师请幼儿思考、回答问题，让小朋友模仿学习，并邀请家长来到课堂中。本次活动教导幼儿善于表达自己的感情，循序渐进地增强难度，增强幼儿的听力和表现能力。教师通过故事展现幼儿熟悉的场景，从而唤醒儿童移情的情绪，继而让幼儿通过活动进行与同伴和老师的拥抱互动，进一步加强幼儿的亲社会行为。为了进一步激发幼儿这种情绪和行为，请父母登台与幼儿互动，夯实幼儿的人际交往能力和亲社会行为。

（二）对教学活动片段的总体反思

社会化是幼儿在学前期教育中面临的一个重要的任务，对于小班幼儿而言，需要掌握一定的人际交往技能，其中合作能力是最为重要的能力。

《3—6 岁儿童学习与发展指南》对于幼儿与人交往等方面做出了具体的要求，如，教师主动亲近和关心幼儿，经常和他一起游戏或活动，让幼儿感受到与成人交往的快乐，建立亲密的亲子关系和师生关系。从本案例看，教师的教学活动是基本符合这些要求的。

每个人从出生的那一刻起就处于一定的社会环境和社会关系中。社会是个体发展的广阔的舞台，社会化是个体学习与发展的基本过程。幼儿社会领域的学习与发展的实质在于促进儿童社会化，形成良好的社会性与个性。社会化是在社会关系系统中，通过人际交往和对社会生活的主动适应而进行的。拥抱正是幼儿社会生活的重要组成部分。

（三）本次教学活动中值得肯定的地方

1. 教师提供幻灯、音乐等，由易到难，循序渐进，符合小班幼儿的年龄特点。

在活动中，教师讲述嘟嘟的一天，让幼儿感受拥抱的力量，理解拥抱的含义。父母的拥抱、幼儿园老师的拥抱、同学之间的拥抱、人与动物的拥抱、放学回家的拥抱……高兴可以拥抱，不高兴也可以拥抱。通过教师的讲解，幼儿真切了解到，不同的拥抱有不同的意义。教师带领幼儿模仿和表达，进行深入思考，提出更深一步的问题，发散幼儿思维，提高幼儿语言表达能力。

2. 教师通过多种形式，对幼儿进行拥抱的讲解，促进幼儿社会性的发展。

教师在活动中运用多媒体，引入游戏和实际的动作讲解，增强幼儿的理解和学习能力。邀请家长参与，促进家长与幼儿园及教师的合作，使得家长了解幼儿园的活动，促进家园合作，从而增强小班幼儿对幼儿园的归属感。幼儿模仿、学习，拥抱同伴、教师及父母，增强幼儿爱的表达和社会性的发展。

（四）本次活动需要注意和改进的地方

本活动讲解方式过于单一，并且忽视了榜样的力量，从而忽略了培养幼儿交往能力过程的基础——模仿。这一活动中，教师对故事内容的展现是以图片和语言的讲解为主，但是幼儿的理解能力各不相同，为了让幼儿充分理解“抱抱”这种社会交往行为，应该采用视频展示、教师讲解和教师表现等直观性教学。另外，榜样的行为是影响幼儿社会行为的另一个重要因素，因为榜样就是幼儿通过观察模仿而学习的“行为模式”。该活动过程中教师忽略了在幼儿中挖掘“榜样”这一行为主体，从而影响了幼儿对社会交往行为学习的外部动机。因此，在以后的幼儿社会交往能力培养的活动中，应该注重运用直观性教学和“榜样”的挖掘。例如，可以通过视频的展示、教师的讲解、图片和音乐，充分地唤醒幼儿的情绪，通过对上述内容的理解加强幼儿亲社会的交往能力的培养。与此同时，应该找出一到两名平时和家长、教师、同伴主动“抱抱”的幼儿进行表扬，从外部唤起幼儿进行社会交往的动机，让幼儿的社会交往能力培养符合从模仿到同化再到强化，最终体验的社会行为培养模式。

附：教学案例使用说明

小班社会活动：亲亲热热抱一抱

（一）教学目的与用途

1. 本案例主要适用于幼儿园教育评价课程，也适用于儿童心理发展学课程。

2. 本案例的教学目的：小班是幼儿进行社会交往的重要时期，事实也证明幼儿之间能够友好交往。本案例通过引导幼儿学会拥抱，让幼儿从小就加强表达爱的意识和友好交往的社会性意识，培养他们主动交往、通过拥抱表达自己情感的社会能力。在组织活动的过程中，既要考虑儿童的年龄特点，也要关注儿童的个别差异，同时要发挥教师的引导作用。

（二）启发思考题

1. 你如何看待小班幼儿社会性发展的特点？

2. 教师的引导行为在这次活动中是如何体现的？

3. 当教学的预设与生成目标冲突时，教师该如何处理二者的关系？

4. 如何理解拥抱行为对幼儿发展的重要性？

（三）分析思路

教师可以根据自己的教学目的来灵活使用本案例。这里提出本案例的分析思路，仅供参考。

1. 在使用这个案例时，要考虑到社会领域的定义和内容。幼儿社会领域的学习和发展过程是其社会性不断完善并奠定健全人格基础的过程。本案例核心是逐步引导幼儿理解拥抱、学会拥抱、通过拥抱表达自己的情感，从而形成良好的社会性、个性品质。所以，人与人的交往和社会适应性是幼儿社会学习的主要内容，也是其社会性发展的基本途径。

2. 寻找内在的原因。小班幼儿社会性发展的特点是什么？其社会性发展受到的影响因素是什么？教师在其中承担的作用是什么？教师要在探寻这些问题的基础上进行深层思考。

3. 从《3—6 岁儿童学习与发展指南》和《幼儿园教育指导纲要》的角度解读这则案例。虽然《指南》和《纲要》中的社会领域目标在表述上不完全一样，但对其内涵进行细致的比较就会发现两者的一致性程度很高。《纲要》社会领域除了在“目标”部分提出了五个目标之外，还在“内容与要求”部分通过指出教师“应该做什么、怎样做、最终希望达到什么结果”的方式将一些比较具体的目标表述出来。而《指南》对目标进行了更高层次的分类概括，它将社会领域的所有目标归纳为人际交往与社会适应两部分，提纲挈领，条理更加清楚，重点更加突出，更好地反映了幼儿社会领域的学习与发展的实质，即在交往中学交往，在适应中学适应。

（四）理论依据及分析

1. 幼儿心理学的理论。从心理学的角度看，人际交往有如下基本功能：交流与沟通；组织共同活动；形成和发展人与人之间的关系；增进人们之间的相互了解。人际交往的这些功能对幼小儿童来说更具有特殊的发展意义。

2.《指南》中社会领域对小班幼儿的要求。“人际交往”中的“目标 1”指出：“愿意和小朋友一起游戏，愿意与熟悉的长辈一起活动。”幼儿社会领域的学习与发展过程是其社会性不断完善并奠定健全人格基础的过程。幼儿在与成人和同伴交往的过程中，不仅学习如何与人友好相处，也学习如何看待自己、对待他人，不断发展适应社会生活的能力。良好的社会性发展对幼儿身心健康和其他各方面的发展都具有重要影响。

（五）背景信息

1. 关于本班幼儿的年龄特点和社会性发展能力测查。幼儿社会性的发展是随着生理和心理的成熟，在与人交往的过程中逐步实现的，它既受年龄因素制约，又存在较为明显的个体差异。

2. 教师个人的专业化水平分析。在教学活动中，儿童是主体，教师是主导，教学水平高的教师能根据本班幼儿的特点组织适宜的教学。

（六）关键要点

1. 在幼儿的学习中，“社会”是一个综合的学习领域。社会学习往往融合在各种学习活动中，并渗透于幼儿一日生活的各个环节。并且，社会学习具有潜移默化的特点，尤其是社会态度和社会情感的学习，往往不是教师直接“教”的结果。幼儿主要是通过在实际生活和活动中积累有关的经验和体验来学习的。教师要注意通过环境影响和感染幼儿。

2. 除了关注幼儿的社会性情感发展特点，还要关注教师的有效提问。良好的提问和回应能够激发幼儿学习的积极性，同时为教学的高质量提供保证。

案例　小班社会活动：抱一抱

摘要：对于刚刚进入幼儿园这个新的环境中的小班幼儿，一个重要的任务就是入园适应。如何帮助小班幼儿克服入园焦虑，使之更好地适应幼儿园的生活，是幼儿园教师面临的一个重要问题。本案例开展的“抱一抱”活动和游戏目的在于帮助刚刚进入幼儿园的小班儿童更好地适应幼儿园生活，乐于与同伴和老师进行拥抱，体验拥抱过程中的喜悦的情绪，进而帮助幼儿懂得拥抱是表达爱的一种方式，加深幼儿对于拥抱的体验，最终可以较好地满足儿童安全和归属等需要。

关键词：小班　社会适应　抱一抱　归属需要　角色意识

引言：《3—6 岁儿童学习与发展指南》关于社会领域也明确地提出了“家庭和幼儿园教师应该为幼儿创造温馨和舒适的幼儿园集体活动环境”。并且对于 3—4 岁幼儿的人际交往提出：“小班幼儿乐于与小朋友交往以及乐于同长辈之间进行交往。”在与他人或者同伴交往过程中，幼儿获得关心和接纳的社会经验，进而获得对于爱的需要的自我满足；充分体验到自己被他人看重和重视的满足感，进而获得对于幼儿园生活的归属感，最终适应幼儿园生活。

（一）提取语言教学中的片段进行分析

【教学片段一】

活动描述：教师在集体教学活动中让幼儿感受爱的拥抱。

教师：（教学活动准备）看到这样多的老师，老师我都不免有一些紧张呢。今天啊，齐老师给你们准备了一些照片和视频片段，我们一起看看都有谁，他们在干什么。

教师（使用点触笔展示一张动画，随后发出了“宝宝，妈妈好爱你啊，希望可以永远这样抱着你”的声音）：小朋友们看看这里都有谁？他们在做什么？

幼儿A：妈妈和宝宝。（教师追问：“他们在干什么啊？”答：“抱抱。”）

教师：哎，小朋友回答得都很棒。妈妈和宝宝抱在一起，妈妈很爱宝宝，愿意永远抱着宝宝。这是妈妈爱的拥抱。

教师（展示两个小朋友抱在一起）：小朋友们喜欢相互抱在一起，他们彼此说着我喜欢你，这是同伴的拥抱。

教师（切换另一段视频：俄罗斯女子踢球，球进了，然后队员们拥抱在一起）：哎，你们这次又看到了什么？

幼儿B：（边回答，边离开凳子然后做出了踢球的动作。）踢球（教师随后追问：“球进了吗？”幼儿回答：“进了。”）

教师（做出胜利的手势）：那说明他们怎样啊？

幼儿G：他们赢了！（幼儿欢呼雀跃地举手。）

教师：赢了之后他们怎样啊？

幼儿们开始出现注意力分散情况，没人回答教师的提问。

教师（关注到这个问题，然后做出了双手拥抱的姿势）：小朋友们，他们怎么样啊？

幼儿F（看着老师，然后慢慢地说出了）：拥抱。

教师：他们紧紧抱在一起，这是胜利的拥抱。

分析：作为刚刚进入新环境的小班幼儿，对于外界事物都是充满焦虑和恐惧的，因此需要幼儿园教师学会用拥抱的方式缓解幼儿的入园焦虑。《3—6岁儿童学习与发展指南》关于社会领域也明确提出了：“家庭和幼儿园教师应该为幼儿创造温馨和舒适的幼儿园集体活动环境。”该教师在进行本教学活动的设计中也是考虑到此。《3—6岁儿童学习与发展指南》中将社会领域分为人际交往和社会适应两个方面，并且在社会适应中指出小班层面上：“幼儿喜欢并适应群体的生活，对幼儿园生活好奇，喜欢上幼儿园。”

在本次教学活动中，该名教师为让小班幼儿获得爱的体验和满足归属的需要，在具体的教学活动设计中展示了父母爱的拥抱、胜利的拥抱。爱的拥抱帮助小班幼儿更好地建构家庭、幼儿园以及同伴的归属感，这些是符合《指南》中的“能感受到家庭生活的温暖，爱父母，亲近与信赖长辈以及对于群体生活喜爱和乐于上幼儿园”的相关要求。

幼儿的社会性发展是一个潜移默化的过程，幼儿教师借助视频中所传递的爱的拥抱和朋友的拥抱等让小班幼儿进行模仿，可更好地促进小班幼儿与教师和同伴的互动，最终形成与教师和同伴的人际情感连接。

另外，该名教师的提问中使用最多的是封闭式提问——封闭式提问四次，开放式提问一次。封闭式提问主要有“小朋友们都看到了谁?”以及“图中有什么?”等。开放式提问为“赢了之后他们怎样啊?”这里提问中涉及因果逻辑关系，对于小班幼儿而言，他们的思维发展还难以达到，因而幼儿们保持了沉默，教师随后做出了拥抱姿态，这样，虽然小班幼儿思维处于形象思维阶段，但是借助于教师的支架式提问，小班幼儿获得推理的前概念和前经验。

【教学片段二】

活动描述：小班幼儿们进行“抱一抱”的游戏。

教师：小朋友们，我们这里知道了很多的拥抱，现在我们一起动起来，老师和小二班的小朋友们一起玩一个“抱一抱”的游戏，好吗?（很多幼儿相继举手。）

教师：小二班的小朋友都乐意跟老师玩游戏啊，那么老师把兔妈妈的头饰和宝宝的头饰给你们分配一下。（另一名老师协助分发头饰。）

教师（播放“抱一抱”的音乐）：我是兔妈妈，我的兔宝宝在哪里?

教师（做出拥抱的动作）：我的兔宝宝，妈妈很爱你，快和妈妈来拥抱。

幼儿们依次和教师进行了拥抱，之后音乐开始变化，教师说道：兔宝宝们和妈妈一起跳舞吧。教师们带领着幼儿开始进行一些身体的运动。

教师：一二三，甩甩头，扭扭腰（教师边唱，边做动作，幼儿们模仿动作）；一二三，摆摆尾，抱一抱（教师让兔宝宝去抱兔妈妈）；一二三，转转手，跳一跳。

教师重复游戏，并且尝试增加一些难度。

分析：游戏对于学前期儿童有着重要的价值和意义。我国学者刘焱曾指出："游戏对于儿童的发展有着重要的价值和意义，儿童游戏的价值和意义鲜明地体现在儿童的身体、认知、社会性以及情感的发展上。"① 《3—6岁儿童学习与发展指南》明确指出："儿童的学习是以直接经验为基础，在游戏和日常生活中进行的。要珍视游戏和生活的独特价值，创设丰富的教育环境，合理安排一日生活等要求。"可以看出，游戏对于儿童而言有着重要的地位和意义，并且游戏权是儿童的一项基本的权利。

该名教师将角色游戏和音乐教育结合，借助于儿童游戏这一载体，较好地发展了儿童的社会性水平。本次活动中采用角色游戏的扮演，可以让幼儿们更好地获得对于妈妈和宝宝的角色体验，进而帮助幼儿获得不同角色认知前经验。根据皮亚杰的相关理论，小班幼儿的角色游戏做到以人代人的阶段，标志着幼儿的思维发展到一个新的水平。

另外，《3—6岁儿童学习与发展指南》关于社会领域提及"幼儿的社会性主要是在日常生活和游戏中通过观察和模仿潜移默化地发展起来的"。该名教师在进行活动设计中充分考虑到了这一特点，借助于游戏促进儿童的社会化水平。具体看，在小班"抱一抱"的游戏中，幼儿们可以更好地进行同伴交往，掌握同伴交往的技能。

（二）对教学活动片段的总体反思

幼儿的社会化对于儿童的发展，尤其是健全人格的形成对于儿童的未来发展有着重要的价值和意义。在《3—6岁儿童学习与发展指南》中也提及"幼儿社会领域的学习与发展过程是其社会性不断完善并奠定健全人格基础的过程。人际交往和社会适应是幼儿社会学习的主要内容，也是其社会性发展的基本途径。"

在本次教学活动中，该名教师借助于照片以及视频首先让小班幼儿懂

---

① 刘焱. 儿童游戏通论［M］. 北京：北京师范大学出版社，2006：189.

得关于拥抱的各种含义，之后借助于“抱一抱”的游戏，进一步加深幼儿对于拥抱的体验。在这里涉及小班幼儿社会领域中的社会适应相关关键经验：归属感、角色意识以及群体生活等。

学者刘晶波等曾经指出：“对于个体的一生而言具有两重属性：个体性和社会性。其中对于儿童的未来发展而言，社会性显得更为重要。”① 个体的社会化发展主要涉及社会认知、社会情感和社会行为三个部分。其中社会认知中重要的便是社会角色、人际关系。在本次活动中，该名教师在进行第一部分“爱的拥抱”“胜利的拥抱”以及“同伴的拥抱”中较好地地融合了上述两点。其中，妈妈的拥抱可以更好地促进幼儿与母亲的社会关系，并且在这里已经潜在地融入了妈妈和宝宝的不同的角色认知和角色意识体验。之后开展的“抱一抱”的游戏，可以更好帮助小班幼儿获得群体生活的前经验和体验。此外，在游戏的活动中还渗透了亲社会行为，让不同角色的兔宝宝和兔妈妈之间拥抱，更好地帮助小班幼儿发展人际交往的技能和懂得合作的重要性。

（三）本次教学活动中值得肯定的地方

1. 从总体的活动进行中，该名教师较好把握了小班幼儿在社会领域中的关键经验，诸如归属感、角色意识和形成一定的规则意识等。总体教学活动基本上符合小班幼儿的心理发展特点。

2. 该教师的提问基本符合小班幼儿的思维发展特点，以封闭式提问为主，对于一些高于小班幼儿的已有经验水平的问题，及时采用了支架式教学并且适当借助于动作和姿态作为教学支架，帮助小班幼儿进一步获得拥抱的类属概念，最终促进儿童思维的发展。

（四）本次活动需要注意和改进的地方

1. 该教师在进行教学活动组织的能力上还存在不足，尤其是对于突发

① 刘晶波，张俊. 幼儿园社会领域教育精要——关键经验与活动指导［M］. 北京：教育科学出版社，2015：02-03.

事件的处理上，缺乏教育机智。

2. 在从认识不同的拥抱类型到进行“抱一抱”的游戏中，存在衔接的突兀性。可以采用手偶的方式引出之后在游戏中的兔宝宝和兔妈妈，也可以将第一个教学中的图片换成兔妈妈和兔宝宝的拥抱，这样可以使得总体衔接更加连贯。

附：教学案例使用说明

小班社会活动：抱一抱

（一）教学目的与用途

1. 本案例主要适用于幼儿园社会教育课程，也适用于儿童游戏教育课程。

2. 本案例的教学目的：在充分了解了3—4岁小班幼儿心理发展的基础上，利用多媒体展示出来不同类型的拥抱类型：友谊的拥抱、胜利的拥抱、亲情的拥抱。之后借助于“抱一抱”的角色游戏，帮助幼儿园小班儿童获得对于“角色”的初步体验。在活动中，该名教师还借助使用动作“抱一抱”以及其他姿态作为教学支架，进而帮助小班儿童获得“胜利的拥抱”这一概念和图片之间的联结。

（二）启发思考题

1. 你如何看待入园焦虑问题？如何解决入园焦虑问题？

2. 小班幼儿的社会性发展特征是什么？

3. 在本次教学中，体现了马斯洛的需要层面理论中的哪些需要？

4. 在本次活动中，该名教师是如何使用支架式教学的？一般支架教学的策略有哪些？

5. 小班幼儿阶段的主要游戏类型是什么？

（三）分析思路

教师可以根据自己的教学目的来灵活使用本案例。这里提出本案例的分析思路，仅供参考。

1. 在使用这个案例时，要考虑到本次社会教育活动目标的制定。具体要求有四个：要依据社会教育活动目标的原则，制定具体的教学活动目标；要根据小班幼儿社会教育的内容，制定完整的社会教学活动目标；要依据幼儿社会心理发展的特点，制定相应的教学活动目标；另外对于小班幼儿而言，获得幼儿园层面的归属感，是其得以接受幼儿园教育的一个重要基础，因而在日常的生活中要关注每一个儿童的入园焦虑所在，根据具体的问题，及时采取不同的措施。

2. 寻找内在原因。影响幼儿的社会性发展因素有内在因素和外在因素，其中，内在因素主要是小班幼儿的自身特点如性别、气质类型等，外在的因素主要包括家庭因素、同伴因素以及教师因素等。因而在使用本教学案例的时候，需要思考小班幼儿的社会发展处于什么样的水平。此外，在教学活动中，教师需要关注每一个幼儿的入园焦虑问题所在，以及有哪些教学支架策略。

3. 从《3—6 岁儿童学习与发展指南》和《幼儿园教育指导纲要》的角度解读这则案例。《指南》指出：“幼儿社会领域的学习与发展过程是其社会性不断完善并奠定健全人格基础的过程。”“家庭和幼儿园教师应该为幼儿创造温馨和舒适的幼儿园集体活动环境。”关于 3—4 岁小班幼儿，《指南》“社会适应目标”中要求是：“对群体活动有兴趣以及对幼儿园的生活好奇，喜欢上幼儿园。”因此从《指南》层面上看，在小班层面开展这样的社会活动是必要的。

（四）理论依据及分析

1. 幼儿的人际关系发展阶段理论。幼儿的人际关系发展上存在显著的差异，一般而言，幼儿的人际关系发展上呈现从表面关系到内部关系的发展、从单向关系到双向关系发展，从短暂关系向长期关系层面发展。处于小班阶段的人际交往主要还是单向关系和表面关系层面，

2. 皮亚杰游戏理论。皮亚杰认为在象征性游戏中，儿童可以摆脱客观现实，以表象代替实物进行想象，逐渐掌握基本的社会交往规则并学会用内部语言符号进行思考。同时，儿童在象征性游戏中，通过“假装”来按照自己的想法和愿望改造现实、转变情境，无拘无束地表现自己对于周围

世界的体验和认识，宣泄自己的各种情绪情感。

3.《纲要》中社会领域的“内容与要求”。它提出，人际交往和社会适应是幼儿社会学习的主要内容，也是其社会性发展的基本途径。在“喜欢和适应群体生活”中进一步提出“对群体活动有兴趣以及对幼儿园的生活好奇，喜欢上幼儿园”等要求，此外，在“指导要点”提出，教师要支持幼儿和不同群体的同伴一起游戏，丰富其群体活动的经验。

（五）背景信息

1. 关于小班幼儿的年龄特点和社会性发展能力测查。小班的幼儿在社会心理发展上，尤其关于人际关系和社会适应上有着不同的表征，因而存在明显的个体差异。

2. 教师个人的专业化水平分析。教师作为直接作用于儿童的影响因素，应坚持儿童为主体，教师为主导，并且不断提高自身的教师专业化水平，开展最适宜的教学活动，时刻关注儿童最近发展区，进行具体的教学活动指导和帮助，使自己真正成为一个学习的支持者。

（六）关键要点

1. 了解小班幼儿的社会性发展特点，根据其特点组织适宜的社会教学活动才是解决问题的根本。只有认识和了解小班儿童的心理发展水平才可以更好地进行教学活动设计，这也是在进行任何的教育活动中的“原点”所在。

2. 采用适宜的方式搭建教学支架。建构主义学者皮亚杰认为，教师在教学中所要发挥的作用应该是一个支架的作用。支架教学中的主要步骤是：搭建支架—进入情境—独立探索—协作学习—效果评价。在使用教学支架中，要懂得创设合理情境，并且借助于言语或者姿态以及其他非言语性方式，帮助儿童获得更高水平的认识。

四、 科学领域

案例　小班数学活动：骰子游戏

摘要：本案例描述了教师在幼儿园小班开展的数学活动。骰子是我国民间生活中百姓喜闻乐见的游戏玩具，幼儿园小朋友在日常生活中对骰子再熟悉不过了。教师将数学与骰子游戏结合，使教育活动更加有趣味性。幼儿使用骰子学习点数，教师根据骰子上的点让幼儿进行点数活动，幼儿得以认识 10 以内的数字，理解它们的意义。幼儿玩骰子时，还可比较点数的多少。通过一次次的游戏，让孩子们获得数数的经验，也体验到与同伴一起玩耍的乐趣。

关键词：小班　数学活动　骰子游戏　数学认知　探究意识

引言：《幼儿园教育指导纲要》中指出，幼儿园教育应尊重幼儿身心发展的规律和学习特点，以游戏为基本活动，保教并重，关注个别差异。本次活动通过骰子游戏让幼儿在数学游戏中获得数的概念、数数的能力。以游戏的形式来实施数学活动有利于促进幼儿思维的变换和理解力。在实施幼儿教学游戏时，既不能一味地强调教学而忽视自由游戏的价值，也不能对游戏放任自流。

（一）提取数学主题教学中的片段进行分析

【教学片段一】

活动描述：教师和孩子们围成一圈，教师让每个孩子开始报数：一、二、三……。每个孩子都模仿前一个孩子报数的样子，雄赳赳气昂昂的。偶尔出现不会报数的孩子，教师会引导他说出来，然后继续。

在报完数之后，教师问孩子们：我们刚刚在干吗？

幼儿们说：报数。

教师又问：报数的作用是什么呢？

孩子各自说自己的想法。有的说数数会让我们变聪明，有的说数数会让我们可以更清楚……最后，教师进行简单总结。

教师拿出一个骰子，让小朋友们上来投掷，数对点的小朋友可以得到一个雪花插片。孩子们一个接一个地上来投掷骰子并说数字，然后教师发给数对的小朋友雪花插片。一会儿，一个小女孩把刚刚得到的雪花插片扔到旁边说：我想要黄色的。另一个孩子说：老师给你什么你就要什么。女孩说：我不想要这个。

分析：首先，在每个孩子上来投掷骰子、数点子的过程中，教师可以引导孩子点数，注重过程性教学。其次，教师询问报数作用之后，孩子们说出多种多样的回答，教师可以回应丰富一些，并顺势引导，让孩子主动发挥自己的想象力，而不是只做简单总结，浪费了最佳的教育契机。最后，值得肯定的是教师在教学活动中运用奖励的方法激发孩子的参与欲望。但如果教师可以关注到孩子对颜色的喜好，就可以及时更改奖励政策，将给孩子雪花插片的奖励方式变为让孩子自主挑选自己喜欢的雪花插片。

【教学片段二】

活动描述：之后的教学环节中，教师在骰子的一面贴上一块空白的布。原来教师是想控制点子的个数不超过 10。

教师：投掷到布面的孩子，就是什么点子也没有转到，所以得不到奖励。

在教学活动中，有的孩子不经意地投掷到这一面。教师：哎哟，你是不幸运的，但是没有关系，下次再来。

什么都没有得到的孩子听到教师这样说，情绪明显低落了，对于活动的参与度也降低了。他们关注的是雪花插片，而不是点数。

分析：《纲要》中指出，要高度重视幼儿的心理健康。孩子的内心是极度敏感脆弱的，教师却在一次次的投掷中说：你真是太不幸运了。虽然孩子可能不太理解幸运的含义，但是伴随着大家有奖励而自己没有的情况，他就明白自己是不幸运的。有的孩子性格比较大大咧咧，也许会不放在心上，但是人是有差异的。所以教师的处理方法是不恰当的。教师可以试图从发现孩子的能力、赏识他们的角度出发，将投掷到布面看作是一件幸运的事情，可以多得一个雪花插片。这样既符合教学要求，又让每一个孩子积极参与其中。

【教学片段三】

活动描述：教学进入后半段，由点数活动发展到配对活动，教师让每一个孩子拿一个牌子，上面写有1到10。教师带着大家玩开火车的游戏。

一段时间后，有些孩子的兴趣点和注意点渐渐消失，他们开始不配合教师，面对这样的情况，教师开始主导孩子，安排他们做什么，怎么玩。开火车的游戏就这样进行了50分钟。有几个孩子总是跑到别处，然后被教师拉回来。

分析：本次活动时长为50分钟，属于超时完成。活动中的教师因为没有完成自己的教学任务，所以她一直坚持进行活动，尽力聚集孩子的注意力。但是，幼儿的心理发展的规律表明，小孩子的无意注意占绝对优势，只有感兴趣的事物或者颜色鲜艳的事物才会引起幼儿的注意。3岁后，孩子的有意注意初步形成，但还不是很稳定，可持续时间较短。如有的幼儿会表现出东张西望或摸摸旁边幼儿的衣服的行为。一般情况下，3—4岁幼儿可集中注意力3—5分钟，4—5岁孩子10分钟左右，5—6岁孩子15分钟左右。幼儿的有意控制很差就意味着幼儿在这个年龄段做事随意性强。所以，教师在幼儿做游戏前应该先讲清要求，这对幼儿的注意力的提高有良好的促进作用。活动中的教师过分注重形成性学习，忽视过程性的学习。幼儿教育强调的不只是教学结果，还有幼儿学习品质的养成。所以，出现活动时间远远超过孩子的注意力时间的情况，教师应尽快结束，而不是主导、控制幼儿继续活动。

（二）对教学活动片段的总体反思

《3—6岁儿童学习与发展指南》数学领域“数学认知的目标”明确提出，幼儿应该初步感知生活中数学的有用和有趣。此活动围绕着骰子对幼儿进行了10以内的数学教育，3—4岁的幼儿可以感知和发现周围的物体并且体验到生活中很多地方都用到数，并且可以手口一致进行点数并说出总数。活动开始教师采用骰子的游戏吸引孩子的注意力，有一个良好的开头。

但是在时间把握上出现了问题，说明教师没有足够了解小班幼儿注意力持续时间的心理学与教育学方面的知识。

（三）本次教学活动中值得肯定的地方

1. 本次活动的教师 50 岁左右，教学经验丰富。在和孩子说话时，能够很好地控制语速，并且耐心回答幼儿的问题。相比一般年轻教师，这位教师能够更好地控制课堂气氛。

2. 在做骰子游戏时，教师可以照顾到全班幼儿，保证每个幼儿都可以上来体验游戏的快乐。幼儿以具体形象思维为主，教师选择用具体的骰子进行点数教育符合幼儿的年龄特点，在游戏情景中，幼儿可以更好理解什么是数。

（四）本次活动需要注意和改进的地方

1. 这位教师的教学风格属于传统型，在过程中，教师完全控制教学，没有将主动权交还给幼儿，让幼儿自己控制游戏的进行。所谓游戏，只有幼儿感受到愉悦时才是真正的游戏，我们可以看到，整个过程幼儿的积极性不高，不利于幼儿在活动中自主学习、自主探究。

2. 在教学过程中，教师没有发现个体差异，只是为了教学而教学。教师没有事先了解幼儿的学习特点，而是一步一步主导幼儿去做、去玩，幼儿没有自己游戏的机会。在奖励环节时，教师也没有从幼儿自身出发，而是以自己的方式进行奖励。

3. 在教学活动中，教师过分关注教学结果而不是幼儿的学习过程。

附：教学案例使用说明

小班数学活动：骰子游戏

（一）教学目的与用途

1. 本案例主要适用于幼儿园数学教育活动设计课程，也适用于幼儿园教育评价课程。

2. 本案例的教学目的：本案例采用投骰子这个民间游戏展开数学教育活动，利用骰子引导幼儿学会点数、认识 10 以内的数字并理解数字的含义，让幼儿学会利用生活中常见的事物进行数学的学习与思维发展。

（二）启发思考题

1. 你如何看待小班幼儿 10 以内数字学习的特点？
2. 小班幼儿学习数学的核心是什么？
3. 教师的高控性在这次活动中是如何体现的？
4. 你如何看待教学活动设计的时长与幼儿注意力之间的关系？

（三）分析思路

教师可以根据自己的教学目的来灵活使用本案例。这里提出本案例的分析思路，仅供参考。

1. 在使用这个案例时，要考虑到本次数学教育活动目标的制定。具体来说，要注意以下两点。此案例骰子游戏适用于小、中、大三个年龄阶段的幼儿，需要注意的第一点是要结合班内幼儿年龄特点、认知特点来制定适宜的数学活动目标，不可以照搬照用。第二点就是活动目标要注重全面性，要为幼儿的发展打好基础。幼儿园数学教学的宗旨是让幼儿积极探索多种方法进行猜想、表现、交流、分享，发现生活和自然中的数学现象。所以教师在用此案例的时候应该结合班内幼儿的实际情况和年龄特点、兴趣需要设计活动。

2. 寻找内在的原因。小班幼儿学习 10 以内数字的特点是什么？其认知学习的影响因素是什么？教师在其中的作用是什么？教师要在探寻这些问题的基础上进行深层思考。

3. 从《3—6 岁儿童学习与发展指南》和《幼儿园教育指导纲要》的角度解读这则案例。《纲要》中“数学目标”明确提出，教师引导幼儿能从生活和游戏中感受事物的数量关系并体验到数学的重要和有趣。“内容与要求”也明确提出教师应该为幼儿提供丰富的多种多样的材料，让幼儿充分运用感官去与材料发生接触，从而发展其认知、思维等；还提出数学教育应密切联系幼儿的实际生活进行，把身边的事物与现象作为数学探索的对象。骰子是生活中常见的事物，幼儿可通过熟悉的事物发展其点数能力并理解数的含义。幼儿的思维以具体形象为主，只有具体的事物才能引发幼儿思考，促进幼儿的认知发展。

（四）理论依据及分析

1. 数学游戏的相关理论。数学与生活密切相关，数学观念和能力的形成存在于儿童成长的整个过程。学前数学教育的主要目标是培养幼儿对事物的数和数量关系的敏感性，使幼儿获得一些数的初级印象，培养幼儿初步的逻辑思维能力。数学游戏是数学启蒙的有效途径，它通过生动有趣、直观具体的操作活动，使幼儿获得相关经验。幼儿数概念的产生和发展与其思维发展的总趋势相吻合。在幼儿数概念的发展的第一个阶段——对数量的动作感知阶段，可以让他们通过反复接触实物，对“大小”“多少”这样的概念进行感知和理解；结合实物教幼儿按顺序进行 10 以内的数数；利用少量实物帮助幼儿进行手口一致的点数。

2.《指南》提出，幼儿的数学学习是在探究具体事物和解决实际问题中，尝试发现事物间的异同和联系的过程。幼儿在对自然事物的探究和运用数学解决实际生活问题的过程中，不仅获得丰富的感性经验，充分发展形象思维，而且初步尝试归类、排序、判断、推理，逐步发展逻辑思维能力，为其他领域的深入学习奠定基础。尤其是小班幼儿，他们的思维特点是以具体形象思维为主，教师应注重引导幼儿通过直接感知、亲身体验和实际操作进行数学学习，不应一味追求知识和技能的学习，对幼儿进行灌输和强化训练。

（五）背景信息

1. 关于本班幼儿的年龄特点和数学素养测查。幼儿数学素养的发展是随着神经系统和生理器官的成熟，在与人交往的过程中逐步实现的，它既受年龄因素制约，又存在明显的个体差异。

2. 教师个人的专业化水平分析。在教学活动中，儿童是主体，教师是主导，教学水平高的教师能根据本班幼儿的特点组织适宜的教学。

（六）关键要点

1. 了解小班幼儿的数学学习发展特点，清楚知道小班幼儿是通过游戏去学习的。在该案例中，这是一个特别需要注意的问题。

2. 除了关注幼儿的数学发展特点，还要关注教师的有效提问。良好的提问和回应能够激发幼儿学习兴趣，提升其发展数学能力的积极性。

3. 面对小班幼儿，应该明确幼儿的注意力持续时间短暂，不宜设计时间较长的教学活动。

案例 小班数学活动：小红点

摘要：本案例描述了教师在小班开展的数学活动。教师引导幼儿通过“小红点”这一主题开展一系列集体教学活动，引导幼儿说出10以内小红点的数量并能进行10以内的准确点数，以此来提高幼儿的数运算能力，使幼儿感受到数学探究的乐趣，激发幼儿探究的兴趣。

关键词：小班 数学活动 小红点 点数 数运算

引言：幼儿数学学习是在探究具体事物的基础之上进行的。幼儿在感兴趣的基础上对事物的特征及关系展开探究，因此激起幼儿的探究欲望尤为重要。小班幼儿的数学意识处于萌芽阶段，需要教师的引导，教师通过制作丰富的教具引导幼儿开展探究活动，帮助幼儿了解数量关系，提高幼儿数运算能力。

（一）提取数学主题教学中的片段进行分析

【教学片段一】

活动描述：教师手中有一个红纸做的小红点，她告诉幼儿要给他们变一个魔术。教师将手掌合上再伸开，手中的小红点没有了，教师问道：大家看，小红点没有了，你们知道它去哪儿了吗？有的孩子说它在教师背后，教师把它藏起来了。有的孩子说还在教师手上。

教师请一个幼儿揭开了黑板上盖着的白纸，原来小红点变成了海象头上的帽子（第一张图片）。教师拿出了第二张图片，上面画了一顶魔术帽，帽子上有两个小红点。教师请小A上前说出有几个小红点，小A答道：两个。教师又问：你是怎么知道的呢？小A回答：看出来的。

教师按顺序拿出了分别画有 3 个、4 个小红点的图片，请幼儿回答有几个小红点。小 B 和小 C 在看过图片后都回答小红点的数量是看出来的。紧接着教师出示了图片五，是由 5 个小红点穿成的糖葫芦，小 D 上来之后用手指一个一个点出了小红点的数量。

教师说：告诉大家，上面有几个小红点。

小 D 答道：5 个。

教师又问：能告诉大家你是怎么知道有 5 个的吗？

小 D 答道：数出来的。

教师说：你能带着小朋友们再数一遍吗？

小 D 指着小红点又数了一遍，其余幼儿也跟着一起数。每次数完过后，教师都请幼儿把数字卡片贴到对应小红点数量的图片上，幼儿都贴对了。

分析：教师在出示分别有 1、2、3、4 个小红点的图片时，幼儿直接说出了答案，没有用手指进行点数，可以看出幼儿对 4 以下的数已经掌握，4 以上的数需要通过点数来确定。

【教学片段二】

活动描述：教师出示了图片六，图片上有一棵树，画有 6 个小红点。

小 E 上前用手指点数出了 6 个点，并在图片上贴上了数字 6。

教师改变了图片出示的顺序，拿出了图片九，小 F 上前数了有 9 个小红点，教师问道：你是怎么数出来的呢？

小 F 答道：一个一个数出来的。

教师指着最左边的小红点问道：刚刚你是从这儿开始数的，还有别的方法吗？

小 F 指着右边的小红点说：从这儿开始数。

教师说道：来让大家看看你是怎么数的。

小 F 又从右边的小红点开始数了一次。

教师问道：有几个小红点？

小 F 答道：9 个。

教师说：所以说不管从哪边开始数，都是有 9 个小红点，那么请小 F 为图片贴上数字卡片吧。小 F 把数字 9 贴在了图片上。

接着教师出示了图片七，上面画了一只七星瓢虫，背上有 7 个小红点，教师请小 G 上前，小 G 数完后告诉教师：有 7 个小红点。教师请他把对应的数字贴在图片上，小 G 拿着数字 10 贴在了图片上。教师看完后问幼儿：大家看看这幅画，谁能告诉老师哪儿有问题。有个幼儿说道：数字贴错啦，应该是 7。教师请该幼儿上前重新贴了数字。

分析：教师让幼儿从不同的方向点数，有利于帮助幼儿掌握多种数数的方法。在发现按数字顺序出示图片幼儿都能点数正确并找到对应的数字后，教师调整了图片顺序，提前出示有 9 个小红点的图片，之后再出示有 7 个小红点的图片，以证实幼儿是否根据数字顺序才会正确点数。

【教学片段三】

活动描述：教师为每个幼儿准备了一张画有苹果树的图片，树上有数量不等（1—10）的苹果，教师请幼儿用手指蘸着印泥，将自己苹果树上的苹果涂红，涂完之后数出苹果的数量并将对应的数字贴在纸上。

小 A 的树上有 7 个苹果，她将苹果涂红后，将数字 7 贴在了纸上。小 B 的树上有 5 个苹果，他也将苹果涂红了，数了几次还是没有说出苹果的数量。

小 C 的树上有 9 个苹果，他没有只涂苹果，而是将整棵数上都涂满了红点。教师问小 C 有几个苹果，小 C 答道：20 个。教师又问：你数了吗？小 C 点了点头，并问教师数字 20 该怎么写。

分析：教师为幼儿提供动手操作的机会，让幼儿自己点数并找到对应数字，能发展幼儿认识数字、点数方面的能力。可以看出有的幼儿并未真正掌握数字的内涵，不具备点数的能力。

（二）对教学活动片段的总体反思

认识 10 以内的数字并能正确点数是小班数学教学的重点，这一时期数概念的掌握能为幼儿之后的数运算学习奠定基础。幼儿的数学学习是在探究具体事物和解决实际问题中尝试发现事物间的异同和联系的过程。幼儿在探究自然事物和运用数学解决实际生活问题的过程中，不仅获得丰富的感性经验，发展形象思维，而且初步尝试归类、排序、判断、推理，逐步发展逻辑思维能力，为其他领域深入学习奠定基础。

幼儿数学学习的核心是激发探究兴趣，体验探究过程，发展初步的探究能力。成人要善于发现和保护幼儿的好奇心，充分利用自然和实际生活机会，引导幼儿通过观察、比较、操作、实验等方法，学习发现问题、分析问题和解决问题；帮助幼儿不断积累经验，并运用于新的学习活动，形成受益终身的学习态度和能力。

《指南》提出，3—4 岁幼儿应手口一致地点数 5 个以内的物体，并能说出总数，且能按数取物。在教育建议中也提出成人应结合生活需要，和幼儿一起手口一致点数物体，得出物体的总数。通过点数的方式让幼儿体会物体的数量不会因排列形式、空间位置的不同而发生变化；还应结合日常生活，为幼儿提供按数取物的机会。本次教学活动中教师围绕活动目标开展了一系列活动，始终重视让幼儿在活动中自己点数，发展幼儿手口一致点数的能力，通过变换材料的位置形式、让幼儿变换点数的方向，帮助幼儿体会到数量的恒定性，同时注重数字与数量之间的对应性，让幼儿在点数的基础上找出对应的数字，理解数量的含义。

（三）本次教学活动中值得肯定的地方

1. 教具制作形象有趣，教学过程生动灵活，吸引了幼儿的注意力。小班幼儿认知发展水平较低，以无意注意为主，对课堂教学的有意注意相对较差。教师在课堂上出示了生动的教具，在每张纸上都画了形象的图画，如魔术帽、七星瓢虫、石榴等，将小红点与图画联系起来，使幼儿将注意力集中在图片上。相对于只是在纸上画红点，这种方式更能吸引幼儿的注意力。幼儿的有意注意需要成人的指引，教师在刚上课时就通过变魔术的方式吸引幼儿的注意力，向幼儿指出注意的任务，即数出图片上小红点的个数，使幼儿产生了注意的动机。在教学过程中，教师运用引导性的语言组织了幼儿的有意注意，如，你来告诉大家你是怎么数的，一共有几个小红点。整个教学过程生动流畅，幼儿的注意力比较集中，走神儿现象较少。

2. 教师恰当运用教学机智，便于了解幼儿学习的真实情况。教学机智是教师面临复杂教学情况所表现的一种敏感和迅速、准确的判断能力。刚开始，教师按从数字 1 到 6 的顺序出示图片，幼儿能正确点数并找到对应的数字，教师考虑到幼儿只具备唱数能力，熟悉数字的顺序，并没有真正掌握数概念，于是在之后的教学环节中调整图片顺序，先出示数字 9，再出示数字 7，这一调整打乱了幼儿心中的数字顺序，幼儿必须通过点数才能确定数字，不能只凭借唱数能力确定数字。小 G 把数字 10 贴在了有 7 个小红点的图片上，这一现象证明教师的推断是正确的，幼儿会点数并不意味着已经掌握了数概念，通过跟幼儿的交流得知，幼儿选择 10 是因为上一张图片上贴的是数字 9，所以他认为下一个数字应该是 10。教师正是因为教学机智，改变了数字顺序，才能了解幼儿数概念掌握的情况，并在之后的教学活动中进行有针对性的教育。

（四）本次活动需要注意和改进的地方

教学的第二环节，教师让幼儿用手指涂红苹果，数清苹果的数量并将对应的数字贴在纸上。教师画的苹果远远大于幼儿手指尖的面积，很多幼儿为了将苹果涂红，用手指蘸着印泥涂了好几次，有的幼儿用手指把整个苹果树都涂满了，幼儿的注意力分散到了涂画上，教学效果受到了影响。因此，教师在画苹果时应考虑到幼儿的手指大小，将苹果画小，使幼儿一次就能将苹果涂红，不需要多次涂抹，这样既便于幼儿操纵，又能使幼儿将注意力集中在数字上。

附：教学案例使用说明

小班数学活动：小红点

（一）教学目的与用途

1. 本案例主要适用于幼儿园数学教育活动设计课程，也适用于幼儿园教育评价课程。

2. 本案例的教学目的：3—6 岁幼儿充满了好奇心，对各种事物都有探究的欲望，这一时期幼儿探究能力的培养对于其以后的发展具有重要的奠基作用。本案例教师通过制作各式各样的教具吸引幼儿的注意力，引发幼儿的探究行为，结合相关主题开展探究活动。在组织活动的过程中，既要考虑儿童的年龄特点，也要关注儿童的个别差异，同时要发挥教师的引导作用。

（二）启发思考题

1. 你如何看待小班幼儿数学学习的特点？

2. 幼儿数学认知培养的重点是什么？

3. 教师是如何引导幼儿探究的？

4. 教师的有效提问是如何体现的？

（三）分析思路

教师可以根据自己的教学目的来灵活使用本案例。这里提出本案例的分析思路，仅供参考。

1. 在使用这个案例时，要考虑到本次数学教育活动目标的制定。教学目标的制定要符合幼儿的年龄特点，切忌将目标设定得过于简单，进而使教学内容过于单调；过于难的目标又会使幼儿感到吃力，达不到应有的效果。同时，目标制定应注意层次性，一方面提高幼儿的探究能力，另一方面培养幼儿探究的兴趣，激发幼儿的探究热情，为幼儿日后的发展奠定基础。

2. 寻找内在的原因。小班幼儿数学学习发展的特点是什么？其数学学习受到的影响因素是什么？教师在其中承担的作用是什么？教师要在探寻这些问题的基础上进行深层思考。

3. 从《3—6 岁儿童学习与发展指南》和《幼儿园教育指导纲要》的角度解读这则案例。《纲要》中没有专门列出具体的数学知识目标，这有利于纠正以往数学教育中“重知识”的错误观念，避免教育实践中片面追求知识的倾向。《指南》中提出了具体的目标，但并不局限于知识的掌握，更注重的是儿童数运算能力的培养，同时注重儿童的主体地位，鼓励儿童主动参与，积极探究。

（四）理论依据及分析

1. 幼儿思维发展阶段性理论。幼儿思维发展主要分为以下几个阶段：

直觉行动思维（0—3 岁）、具体形象思维（3—6 岁）、抽象思维（6—11 岁）。小班幼儿思维以具体形象思维为主，这一阶段幼儿的思维受到具体事物的形象和动作的影响。教师要把握好这一阶段幼儿思维发展的特点，采用适当的教育方式。教师应制作形象的教具，激发幼儿探究的兴趣，通过操作具体的物体进行探究。

2.《指南》数学领域中 3—4 岁幼儿在数学认知方面的要求如下：能感知和区分物体的大小、多少、高矮、长短等量方面的特点，并能用相应的词表示；能通过一一对应的方式比较两组物体的多少；能手口一致地点数 5 个以内物体，并能说出总数，能按数取物；能用数词描述事物或动作。因此，教师要引导幼儿手口一致地进行点数，同时注重数量及数字之间的对应关系，帮助幼儿发现问题并解决问题，学会用语言描述物体的数量关系。

（五）背景信息

1. 关于本班幼儿的年龄特点和数学素养测查。幼儿数学素养的发展是随着神经系统和生理器官的成熟，在与人交往的过程中逐步实现的，它既受年龄因素制约，又存在较为明显的个体差异。在了解个体差异的基础上开展教学，既便于教师合理制定教学目标，又便于教师在教学活动中有针对性地关注个别幼儿，进而保证幼儿的学习效果。

2. 教师个人的专业化水平分析。在教学活动中，不同水平的教师呈现的教学效果存在显著差异，教学水平高的教师能根据本班幼儿的特点组织适宜的教学，更利于幼儿的发展。

（六）关键要点

1. 了解小班幼儿的数学学习发展特点，在了解小班幼儿年龄特点及数学学习特点的基础上开展教学，更能提高教学活动的有效性。

2. 除了幼儿的发展特点，还应注意教学准备工作。教具在小班数学活动中具有不可忽视的作用，恰当的教具不仅能吸引幼儿的注意力，还能帮助幼儿更好地提高能力。

3. 教师的有效提问也是关注的重点。提问是集体活动中师幼互动的重要方式，教师通过提问了解幼儿对知识的掌握情况，同时通过提问引导幼儿思考，帮助幼儿明确关注的重点。有效提问对于教学活动的顺利开展具有重要作用，教师的提问能力直接影响着教学效果。

案例　小班数学活动：青菜奶奶过生日

摘要：本案例描述了教师在幼儿园小班通过“青菜奶奶过生日”这一主题开展数学集体教学活动，帮助小班幼儿利用感官感知蔬菜的形状、大小、颜色等，并且尝试描述这些日常所见的蔬菜的特性，激发儿童的好奇心和探究意识，促使小班幼儿通过感知、观察和操作周围世界的物质，最终获得蔬菜水果的属性以及概念经验。

关键词：小班　数学活动　青菜奶奶过生日　感知蔬菜特质　探究意识

引言：幼儿数学教育要尊重幼儿的认识特点和数学的本质特征。它不追求幼儿说出来的、准确的数学概念，而是强调让幼儿亲身经历探究和发现过程，获得有关经验。这些经验是幼儿可以悟到但说不出来的，往往在成人看来是幼稚的，但幼儿却在探索和获取知识的过程中真正体验到了数学的思维方式。

（一）提取数学主题教学中的片段进行分析

【教学片段一】

活动描述：教师在进行集体教育活动中渗透安全教育。

L 教师：小朋友认识我吗？来，到我身边来，小二班的小朋友，认识我吗？不认识的人，就跟我来了，不认识的人可以跟着来吗？

幼儿集体沉默，四处张望。

L 教师：不认识的人可以跟着来吗？可不可以，小二班的孩子们？

绝大多数幼儿：不可以。

L 教师：不可以，那你们跟我来干什么？

这个时候，幼儿 A 的回答是“可以”。

L 教师：噢，以后啊，不认识的人是不可以跟着来的，L 教师是好人，这张脸看上去很像好人对吧？所以小二班的小朋友跟我来了。

分析：小班儿童的安全教育具有重要的作用和地位。在《幼儿园教育指导纲要》中明确提出了“有初步的安全和健康知识，知道关心和保护自己”的要求。L 教师在进行本次示范集体教育活动中，让儿童进一步懂得安全教育的重要价值和意义。对本次教学的片段进行分析，我们不难发现存在一些问题。从提问以及回应上看，主要的提问形式是封闭性问题和反诘性提问，这符合小班幼儿的水平。但是却存在忽视部分幼儿的回答的情况，在教师提问道“不认识的人可以跟着来吗”这个问题的时候，幼儿 A 的回答是“可以”，而教师却并没有对其理会，继续进行自己的教学活动，错过儿童安全教育的最好契机。

【教学片段二】

活动描述：小班孩子的想象力较为丰富，为进一步激发儿童的想象力，这里以青菜奶奶的生日为情景，引领孩子进入活动。

L 教师：（出示纸制青菜）我带来一个青菜，这是一棵青菜，这是青菜奶奶还是青菜宝宝？

孩子集体：青菜奶奶。

L 教师：大声一点，这是青菜奶奶还是青菜宝宝啊？

孩子集体：（有小朋友偷偷站了起来）青菜奶奶。

L 教师：你从哪里看出来的？

幼儿 A：脸上，这里有皱纹……（幼儿 A 做出抚摸脸上皱纹的动作。）

L 教师：噢，有皱纹，你们脸上也有皱纹。还有从哪里看出来是青菜奶奶的？

幼儿 C：从它眼睛上带的眼镜，我奶奶就戴着眼镜。

L 教师：噢，戴眼镜不一定是奶奶啊，老师也戴着眼镜。（幼儿集体大笑，场面有些失控。）

L 教师：我是不是奶奶啊，我戴着眼镜呢？（小朋友捂嘴，继续笑。）

幼儿 D：不是，你是老师。

L 教师：我不是奶奶啊，并不是戴眼镜的都是奶奶，不过青菜奶奶的确是戴着眼镜的。

L 教师：青菜奶奶今天要过生日了。她要请很多很多小朋友作客，小朋友们谁想去啊?

幼儿集体回答：我想去。

L 教师：我们要带很多的“小客人”一起去，所有的“小客人”都在小布袋里，你摸摸，闻闻，猜猜小布袋的“小客人”都是什么宝宝?

幼儿 A：我的是瓶子，好大的一只瓶子。

L 教师：噢，你的是瓶子宝宝，其他小朋友的布袋有什么宝宝啊？用手摸一摸，然后猜一猜。(教师看向每一个孩子。)

幼儿们：(集体将手伸到布袋里，然后仔细摸了起来。）我的是茄子宝宝……我的是黄瓜宝宝……我的也是黄瓜宝宝……我的是萝卜宝宝。(场面有些混乱。)

L 教师这时候拿着一个特别的茄子宝宝，然后问小朋友：这是什么宝宝啊，哪位小朋友知道?

幼儿们：(全都集中注意力看着那个特殊的宝宝）它是青椒宝宝……它是黄瓜宝宝，和我的是一样的形状。

L 教师：这也是一个茄子宝宝，但是哪里不一样呢?

突然有一个小朋友回答道：它的颜色是不同的，一个紫色，一个绿色。

L 教师：噢，这位小朋友的回答真棒啊，等会儿老师给你一份礼物。

L 教师：你们的宝宝都是什么形状?

幼儿们七嘴八舌回答着。这时候幼儿 E 拿着长长的萝卜说道：我的萝卜宝宝是短短的。

L 教师从另一个小朋友手里拿到一个较短的萝卜放到一起进行比较，然后问道：小朋友，这两个哪一个是短短的？哪一个是长长的？(老师问了幼儿 E 旁边的小朋友得到正确答案后，又继续询问幼儿 E。)

幼儿 F：这是我的，它是长长的。(老师微笑回应。)

L 教师：你们摸摸看你们的宝宝都是什么样的，谁的宝宝摸上去是滑滑的。哦，有的宝宝摸上去是滑滑的，有的是粗糙的。(幼儿们依次进行了回答。)

在问到谁的宝宝是光滑的的时候，拿着黄瓜的幼儿举起了小手。(小朋友们都笑了起来）教师将自己手中的苹果放到面前：摸摸看，谁的宝宝是光滑的?（经过对比，儿童发现了黄瓜不是光滑的。）

分析：儿童心理发展成熟的一个重要标志就是概念的获得。概念其实是人脑对于客观事物的本质特征的反映，同时概念也是幼儿数学素养中的重要组成部分。一般而言，儿童的概念获得过程分为三个层面：经验层面、初步概念层面、核心概念层面。儿童在进入幼儿园之前，事实上已经积累很多的感官经验，进而形成对于事物的初步概念经验积累。但是小班幼儿由于日常经验的缺少，往往缺乏对于事物的本质认识，一般所获得的概念理解多数是外部的、非本质的，甚至部分幼儿往往会混淆概念或者弄错概念。在本次活动过程中，教师分别对于“奶奶”的角色形象以及长短概念进行了辨析。对“戴着眼镜的就是奶奶”这个错误的概念，教师利用自身戴眼镜这个现象，让幼儿与原有的认知之间形成原始概念理解冲突，进而修订已有的概念，建立起新的概念联结。在长短概念辨别上，教师采用比较的方式，帮助儿童进一步修正原有的错误概念。

另外，从儿童的思维发展上看，小班儿童的思维特征主要是感知思维，创设良好的数学活动氛围，可以促进和激发儿童的好奇心以及探究欲望。《3—6 岁儿童学习与发展指南中》也明确指出，幼儿数学学习的核心是激发探究兴趣，体验探究过程，发展初步的探究能力。借助于具体的探究过程，儿童初步获得了一些日常所见蔬菜以及水果的基本外形特征。其实，孩子获得能力发展远比了解蔬菜的知识重要。

【教学片段三】

活动描述：“小客人”排排队的区域活动。通过“小客人”排排队的区域活动渗透有关种类、数量等数学概念。

L 教师：把“小客人”放在一起，排排队，一起去青菜奶奶的家。（教师把所有的“小客人”放到了一起）然后说：我们依次给小客人排排队，先把番茄进行排队。L 教师将所有的番茄放在了一起，然后拿起其中最大和最小的两个番茄，问道：哪个排第一?

幼儿 B（指着最大的）回答道：这个最大，排到第一个，然后（指着小的）排到第二个。

这时候 L 教师关注到一个正在走神儿的幼儿，询问道：小朋友，哪个大，哪个小？（幼儿H进行了回答。）老师说：我知道你是聪明的，知道哪个大和哪个小，但是小妹妹还没回答我。随后继续询问那个走神儿的小朋友，这个幼儿用着无辜的眼神看着教师，回答道：我不知道。最后，教师选择将两个大小差距明显的番茄放到小妹妹身边，继续询问：这两个番茄哪个大，哪个小？小妹妹正确回答。

L教师：小朋友们，我们来给黄瓜宝宝排排队。（这次将长短作为排序的依据。）

这时候L教师将黄瓜、茄子、番茄以及萝卜的图片粘贴在黑板上，其中黄瓜四根，茄子三个，番茄两个，萝卜五个。

L教师：小二班的小朋友，我们来数数，有几只番茄宝宝……

幼儿们：（指着番茄依次点数）一、二。

L教师：我们把它写下来——是这个样子吗？（数字2缺少了部分）

幼儿们：不对，还少一个横。

L教师：（黄瓜、茄子以及番茄进行了点数和书写）好了，小朋友，上面的这些宝宝（老师用写字笔将上述的所有蔬菜全部圈起来）合起来（教师从旁边拿起一张贴纸贴到上面），叫作什么？认识这个字吗？

幼儿G：（轻声说道）蔬菜。

L教师：小朋友大声一点说，这是什么字？

幼儿G（大声说道）：蔬菜。

L教师：你读得正确，老师给你点赞。

这时，孩子感受到物体的长短、大小、粗细等形状特征，也感受了数量和数字。

分析：初步理解事物的数量关系，能用比较、分类、测量等简单方法探究事物，这是儿童数学领域教学的基本目标。幼儿通过给“小客人”排排队的数学探究活动可以发现蔬菜的基本特征，进一步学习事物的数量关系，并且掌握用比较、分类、测量等简单方法探究事物。另外，通过蔬菜种类进行数学活动，可引导幼儿感知和体会生活中的数学之美，从而关注周围与自己生活密切相关的数的信息，体会到数字代表不同的意义。

通过萝卜、番茄以及茄子等蔬菜的种类，获得蔬菜这个上位概念。儿童的思维上获得了对于类包含的初步认识。

通过感知和区分物体的大小、多少、高矮长短等量方面的特点，进一步积累相关概念的经验。《3—6 岁儿童学习与发展指南》对于小班幼儿的数学提出通过点数的方式让幼儿体会物体的数量不会因排列形式、空间位置的不同而发生变化。通过对番茄、茄子以及其他蔬菜的点数，建立起数字符号与实物之间的联结。另外教师也关注到了幼儿发展的差异性。针对幼儿 F 难以区分相近番茄形状的大小，教师选择了差异更加明显的番茄，再次进行询问。但是很遗憾的是教师关注到了该名儿童的最近发展区，却并没有提供支架，帮助儿童进一步提升对于大小的认识。

就谁排在第一个，孩子的视角是多元的，有时是大的排第一，有时是短的排第一。教师这时要传递的是：事物可以是多元的。在这样的活动中，养成孩子与众不同的思维方式是很重要的。

（二）对教学活动片段的总体反思

幼儿的数学学习是在探究具体事物和解决实际问题中，尝试发现事物间的异同和联系的过程。幼儿在对自然事物的探究和运用数学解决实际生活问题的过程中，不仅能获得丰富的感性经验，充分发展形象思维，而且能初步尝试归类、排序、判断、推理，逐步发展逻辑思维能力，为其他领域的深入学习奠定基础。

幼儿数学学习的核心是激发探究兴趣，体验探究过程，发展初步的探究能力。成人要善于发现和保护幼儿的好奇心，充分利用自然和实际生活机会，引导幼儿通过观察、比较、操作、实验等方法学习发现问题、分析问题和解决问题；帮助幼儿不断积累经验，并运用于新的学习活动，形成受益终身的学习态度和能力。

本案例中属于“物质数学”核心概念。一般而言，物质数学核心概念蕴含着丰富的数学原理以及物理定律。学习物质数学的目标，并非是通过探究获得数学原理，而是通过具体的数学活动，帮助幼儿积累丰富的物质数学知识，为之后的数学概念获得打下基础。

本次数学活动过程中的核心经验在于获得蔬菜的基本特征，借助于本次活动，幼儿能够对萝卜、黄瓜等常见蔬菜进行辨认，借助于视觉、听觉、嗅觉以及味觉等多感官获得蔬菜的特征等关键经验。并且借助于不同的材料帮助儿童认识数字 1—5，明白数字符号与具体的实物之间的数量表征关系。

（三）本次教学活动中值得肯定的地方

从活动的设计上看，借助于蔬菜奶奶过生日这个情景，并且对藏在袋子里的“小客人”进行触摸，进而展开具体的猜想过程，这样的环节设置激发了儿童的探究欲望，提高了幼儿的数学思考能力。

另外在教学活动过程中，教师关注到了儿童发展的个体差异性，根据不同幼儿的发展特点，调整教学材料。在问题的设计上也基本上符合小班幼儿的思维水平，以封闭式提问为主，兼顾一些反诘提问，促进儿童的思维发展。

最后借助比较、分类、测量等简单方法探究事物，初步理解事物的数量关系，借助具体的事物帮助儿童修改错误的数学经验，进而促进儿童的思维发展。

（四）本次活动需要注意和改进的地方

针对幼儿 F 难以区分相近番茄形状的大小，教师选择了差异更加明显的番茄，再次进行询问，关注到了该名儿童的最近发展区。儿童已经基本具备对于事物大小的判别能力，教师应提供更多的数学材料，帮助儿童进一步深化对于“大小”的区分。

附：教学案例使用说明

小班数学活动：青菜奶奶过生日

（一）教学目的与用途

1. 本案例主要适用于幼儿园数学教育活动设计课程，也适用于幼儿园教育评价课程。

2. 本案例的教学目的：社会的发展、数学的进步和教育的改革，以及人们对数学的动态认识，使得幼儿数学教育受到相当的重视。本案例在了解5—6岁幼儿喜爱探索和对许多事物感兴趣特点的基础上，教师开发和利用幼儿感兴趣的事物和想要探究的问题，结合相关主题展开教育活动。在组织活动的过程中，既要考虑儿童的年龄特点，也要关注儿童的个别差异，同时要发挥教师的引导作用。

（二）启发思考题

1. 你如何看待大班幼儿数学学习的特点？

2. 幼儿数学学习的核心是什么？

3. 教师的有效性提问在这次活动中是如何体现的？

4. 如何有效避免教师在组织活动中的高控性？

（三）分析思路

教师可以根据自己的教学目的来灵活使用本案例。这里提出本案例的分析思路，仅供参考。

1. 在使用这个案例时，要考虑到本次数学教育活动目标的制定。具体来说，要注意以下两点。首先，关注能力，淡化知识技能。具体指的是，关注幼儿技能的提升。关注幼儿能否运用在以往活动中积累的已有经验，关注活动中幼儿的情感体验，关注幼儿的和谐发展。其次，关注过程，淡化结果。目标注重幼儿在过程中的体验，是一个过程性目标。总之，目标是对活动结果的预设，更重要的是其对教师组织教学所起的引领作用。制定目标时要改变以往以学科需求为主线的做法，要更关注分析幼儿的兴趣点、现有经验与能力的需要。

2. 寻找内在的原因。大班幼儿数学学习发展的特点是什么？其数学学习受到的影响因素是什么？教师在其中承担的作用是什么？教师要在探寻这些问题的基础上进行深层思考。

3. 从《3—6岁儿童学习与发展指南》和《幼儿园教育指导纲要》的角度解读这则案例。在《纲要》中没有专门列出具体的数学知识目标，这有利于纠正以往数学教育中“重知识”的错误观念，避免教育实践中片面追求知识的倾向。因此，在分析这则案例时，要把握幼儿数学教育的总目标，即实施学前数学教育，进行数学素质的早期培养，促进幼儿德、智、体、美和谐全面发展。

（四）理论依据及分析

1. 数学观的理论。基于全面数学观之上的幼儿数学教育，应当摈弃知识中心的观念，以数学素养的早期培养作为当代幼儿数学教育的基本价值取向。数学教育不是为了培养未来的数学家，而是为了培养适应未来科技社会的具有基本数学素养的公民：能够了解基本的数学知识及其应用，能够用数学的方法思考问题、解决问题、做出决定。

2.《纲要》中数学领域的"内容与要求"提出：幼儿对周围的事物感兴趣，有好奇心和求知欲；能运用各种感官动手动脑，探究问题；能用适当的方式表达和交流探索的过程和结果；能从生活和游戏中感受事物的数量关系，并体验到数学的重要和有趣；爱护动植物，关心周围环境，亲近大自然，珍惜自然资源，有初步的环保意识。因此，成人要引导幼儿通过观察、比较、操作、实验等方法，学习发现问题、分析问题和解决问题，帮助幼儿不断积累经验，形成受益终身的学习态度和能力。

（五）背景信息

1. 关于本班幼儿的年龄特点和数学素养测查。幼儿数学素养的发展是随着神经系统和生理器官的成熟，在与人交往的过程中逐步实现的，它既受年龄因素制约，又存在较为明显的个体差异。

2. 教师个人的专业化水平分析。在教学活动中，儿童是主体，教师是主导，教学水平高的教师能根据本班幼儿的特点组织适合幼儿年龄的教学活动。

（六）关键要点

1. 了解大班幼儿的数学学习发展特点，根据其特点组织适宜的数学教学活动才是解决问题的根本。在该案例分析中，这是一个特别需要注意的问题。

2. 除了关注幼儿的数学发展特点，还要关注教师的有效提问。良好的提问和回应能够激发幼儿学习兴趣，提升其发展数学能力的积极性。

五、 艺术领域

案例　小班艺术活动：小鱼逃走了

摘要：本案例描述了教师在幼儿园小班开展的“小鱼逃走了”的美术活动，引导幼儿尝试以画圆和添加线条组合画成小鱼等图像和符号。幼儿运用绘画的方式大胆想象找朋友的情景，通过了解小鱼逃走的有趣经历，体会回到朋友中间的快乐。

关键词：小班　艺术活动　小鱼逃走了　表现与创造　想象力

引言：幼儿对世界充满好奇，一切材料都是他们探索世界的途径；对各种事物持有浓厚的兴趣，对美有独到的看法。因此，教师要注重对幼儿进行艺术美感的培养，增加幼儿对色彩、图画的认知，从而激发幼儿对美的想象力，促进幼儿审美能力的发展。

（一）提取艺术教学中的片段进行分析

【教学片段一】

活动描述：教师引导幼儿想象小鱼会逃到哪里去。

教师：如果你是小鱼，你会逃到哪里去？

幼儿 A：鱼缸里。

教师：你觉得小鱼会逃到哪里去？

之后问了几位幼儿都是回答说：逃到鱼缸里。

教师：有没有不一样的想法？小鱼会跟谁做朋友呢？

幼儿 B：我和小鱼做朋友。

教师：哦，逃到人类世界里来和小朋友做朋友。

幼儿：和卡车做朋友……和小花做朋友……和蚂蚁做朋友……

分析：小班幼儿由于思维的开阔性较窄，独立性较差，注意的稳定性程度低，极容易受他人影响，爱模仿他人，因此当他们听到别人说什么，也会跟在后面说。片段中前面一个幼儿说出“小鱼逃到鱼缸里”的答案后，后面的幼儿就跟风式地说出“小鱼逃到鱼缸里”的答案。出现这样的情况时，教师改变了自己的提问方式，提问幼儿“小鱼跟谁做朋友”，这一下子打开了幼儿的思路，让幼儿有话可说，幼儿将自己代入小鱼这个角色中，思维发散开了，说出一系列充满想象与趣味性的答案。

【教学片段二】

活动描述：教师引导幼儿画出小鱼逃去的地方。

教师：如果你是小鱼，你会逃到什么地方去找朋友呢？记住哦，小鱼有一个圆圆的脑袋。

幼儿 A：老师，我画好了。

教师：哇！大脑袋出来了，别忘了还有什么？（教师用手在眼睛那里比画了一下。）

幼儿 A：眼睛。

教师：嗯，跟你一样亮亮的眼睛。小鱼还有什么样的尾巴？（教师双手放在身后，身体轻轻地晃动。）

幼儿 A：剪刀似的尾巴。

教师（微笑）：嗯，特别棒。

分析：模仿是幼儿学习绘画的重要方式，幼儿与外界世界接触的过程中，在自己认识和理解的水平上，以自己的方式，对印象深刻的感知对象或感兴趣的事物通过模仿再现出来。

案例中的幼儿画了一个鱼脑袋后说“鱼画好了”。教师提醒幼儿大脑袋出来了，还差圆溜溜的眼睛和剪刀似的尾巴，幼儿由此学会了画鱼的技能，知道一个大圆、两个小圆和一个剪刀形的图案组合在一起就成了一条小鱼。但圆画得再圆，剪刀画得再像，却缺乏表现力，因为幼儿画的是教师告诉他的鱼，不是幼儿自己感知的鱼，无法表现对鱼的内在情感和想法。

【教学片段三】

活动描述：幼儿各自画好自己的小鱼后，教师将其贴在白板上，让全体幼儿进行欣赏。

教师（指着幼儿的作品）：孩子们，看看。

幼儿 B：哇！

教师：我喜欢你这样，哇！（指着幼儿的作品。）

教师：我喜欢你们看到自己作品欣赏的眼睛。

分析：学前期的幼儿对自己情绪的控制程度较低，当看到自己喜欢、觉得惊叹的事物时，他们的情绪出现波动。美感是学前儿童的一种高级情感机能，当他们看到色彩鲜艳的图片时会手舞足蹈，报以极大的热情和关注①。《指南》也指出，幼儿在欣赏作品时会产生相应的联想和情绪反应。儿童的审美欣赏是儿童的生命活动和审美对象之间同形、同构、同质及其产生的心理愉悦状态，突出地表现为它的感受性。案例中的幼儿在欣赏作品时发出的“哇”的惊叹声，这是在欣赏作品时自然而然流露出来的情感，教师听到幼儿的惊叹时，没有因为幼儿的行为打乱了活动的秩序而责怪他，而是从正面对幼儿进行回应，鼓励幼儿勇敢地表现自己的情绪。

【教学片段四】

活动描述：在作品欣赏的环节，三位幼儿因座位的安排发生了争执。（男孩 A 抢了女孩 B 的椅子，男孩 C 从中调解，让男孩 A 将椅子还给女孩 B。）

教师：有三个方法可以帮你们解决问题，一种方法是男生让女生，第二种方法是石头剪刀布，第三种是女生你选择一个空位子。（教师提出的方案幼儿不同意。）

教师：这样吧，这个方式可能会让那女孩有些难过，这里有个空地方。（教师将女孩 B 带到了靠讲台较远一点的空位上，稍稍安抚了一会儿。）

教师：亲爱的男孩 C，他有爱心。（听完教师的话后，男孩 A 停止动作。）

分析：在教学活动中，常常会出现一些非教学活动的情况，面对这些情况，教师务必运用自己的教育机智来解决。案例中的幼儿因为一把椅子发生了争夺，教师看到这一幕时，没有立即上去告诉幼儿该怎么办，而是充分信任幼儿，提供时间和空间让幼儿自己去解决；教师发现幼儿之间没

---

① 刘新学，唐雪梅. 学前心理学. 北京：北京师范大学出版社. 2013：159.

有达成一致时，给幼儿提供了三个解决方法，没有要求幼儿按照自己的意志去做，给予幼儿充分的尊重；最后在不影响集体教学的前提下选择了“委屈”女孩的做法，并对她进行安抚；关注到了那个帮助别人的幼儿，肯定其帮助人的行为，对他的行为进行强化。

（二）对教学活动片段的总体反思

在艺术欣赏过程中，教师注重幼儿的自主感知与感受，鼓励并尊重幼儿用语言、动作来表达，让幼儿通过对美好事物的感受与体验来提升感官的敏锐性，这有助于幼儿进行艺术创造和表现①。在教师讲述到幼儿感兴趣的地方时，幼儿会下座位去触摸 PPT 上的小鱼图片，指给教师他的发现，或是去模仿小鱼在水里游的动作，面对幼儿的这些表现，教师没有去斥责幼儿不遵守纪律，而是积极地对幼儿进行回应，尊重幼儿的情感和动作表现，这为接下来幼儿的艺术创造和表现提供了铺垫。

《指南》艺术领域的教育建议中指出，让幼儿用自己喜欢的方式去模仿和创作，成人不做过多要求。幼儿绘画时，不宜提供范画，特别不应要求幼儿完全按照范画来画。模仿是幼儿表达美感的主要方式，幼儿是在模仿中学习和发展起来的，《指南》鼓励的是幼儿感受和体验基础上的自发模仿②。案例中的教师要求幼儿“千篇一律”来画小鱼，画出来的鱼都是圆脑袋、圆眼睛、剪刀尾巴，对幼儿来说，这种被动式的模仿缺乏自我表现力，不利于想象力和创造性的提升。

（三）本次教学活动中值得肯定的地方

1. 整个教学活动中，教师能够围绕目标进行，结构层次清晰，教师教态自然。首先让幼儿认识小鱼，接着让幼儿知道小鱼逃走了，最后让幼儿找出小鱼。利用幼儿熟知的绘本来进行教学，在此基础上让幼儿用笔画出

---

① 李季嵋，冯晓霞.《3—6 岁儿童学习与发展指南》解读［M］. 北京：人民教育出版社，2013：167.

② 李季嵋，冯晓霞.《3—6 岁儿童学习与发展指南》解读［M］. 北京：人民教育出版社，2013：173.

小鱼逃走的地方，整个活动层层递进，始终围绕活动目标来进行。

2. 教师能够关注整体，照顾个别；鼓励幼儿发言，说出自己的想法，表达自己的情绪。

（四）本次活动需要注意和改进的地方

减少范画，不千篇一律地要求幼儿。活动中教师一直强调小鱼有着大大的脑袋、圆溜溜的眼睛和剪刀似的尾巴，并要求幼儿画出这样的小鱼，在某种程度上压抑了幼儿的想象力，使幼儿的作品缺乏表现力，无法表达幼儿对鱼的内在情感和想法。

增加提问类型，适时进行反诘性提问。片段一中针对幼儿出现跟风式回答——“小鱼逃到鱼缸”时，教师一直在重复提出同一个问题，其实教师可以在此时进行反诘式提问——“你为什么觉得小鱼会逃到鱼缸里去?”这样一来可以促进幼儿更进一步思考，引起幼儿对自身模仿式答案的反思，引发幼儿思想的冲突，进而促进幼儿的思维发展。

附：教学案例使用说明

小班美术活动：小鱼逃走了

（一）教学目的与用途

1. 本案例主要适用于幼儿园艺术教学法课程，也适用于幼儿园教育评价课程。

2. 本案例的教学目的：在了解 3—4 岁幼儿美术能力发展特点的基础上，引导幼儿尝试以画圆和添加线条组合的绘画方式，对幼儿进行适宜的艺术教育活动。组织活动过程中，教师要考虑儿童的年龄特点，也要关注儿童的个别差异，同时要发挥引导作用。

（二）启发思考题

1. 你如何看待小班幼儿绘画能力发展的特点?

2. 教师的有效性提问在这次活动中是如何体现的?

3. 教师如何引导儿童进行绘画创作?

4. 如何有效避免教师在组织活动中的高控性?

(三) 分析思路

教师可以根据自己的教学目的来灵活使用本案例。这里提出本案例的分析思路，仅供参考。

1. 在使用这个案例时，要考虑到本次艺术教育活动目标的制定。具体要求有四个：要依据艺术活动目标的原则，制定具体的艺术教学活动目标；要根据幼儿艺术教育的内容，制定完整的艺术教学活动目标；要依据幼儿艺术发展的特点，制定艺术教学活动的目标；要依据幼儿艺术能力的发展，制定艺术教学的活动目标。

2. 寻找内在的原因。小班幼儿绘画能力发展的特点是什么？其绘画能力发展受到的影响因素是什么？教师在其中承担的作用是什么？教师要在探寻这些问题的基础上进行深层思考。

3. 从《3—6 岁儿童学习与发展指南》和《幼儿园教育指导纲要》的角度解读这则案例。《指南》指出，幼儿对事物的感受和理解不同于成人，他们表达自己认识和情感的方式也有别于成人。幼儿独特的笔触、动作和语言往往蕴含着丰富的想象和情感。《纲要》指出，幼儿喜欢参加艺术活动，并能大胆表现自己的情感和体验，能用自己喜欢的方式进行艺术表现活动。这就告诉我们不应以成人所谓的完美标准去要求幼儿，而应尊重幼儿的所思所想，尊重幼儿的创造性表现，丰富幼儿的审美体验。

(四) 理论依据及分析

1. 艺术教育的理论。艺术教育是一种审美教育，极其重视培养学生的创造能力，可为幼儿提供大量创造性解决问题、自我表达和发挥想象力的机会，从而发展学生的创新能力①。因此，对幼儿进行艺术教育的过程中，不应只重视幼儿技能技巧的学习，忽视幼儿与审美对象所进行的平等心灵对话，而应注重幼儿在活动中的自主感知和情感体验。

---

① 宋红姣. 生态式艺术教育理念下幼儿园艺术教学活动的现状研究 [D]. 陕西师范大学，2018：16.

2.《纲要》中艺术领域的“内容与要求”提出，教师应提供幼儿自由表现的机会，鼓励幼儿用不同艺术形式大胆表达自己的情感、理解和想象，尊重每个幼儿的想法，肯定和接纳他们独特的审美感受和表现方式，分享他们创造的快乐。“指导要点”提出，艺术是实施美育的主要途径，应充分发挥艺术的情感教育功能，促进幼儿健全人格的形成。避免仅重视表现技能或艺术活动的结果，而忽视幼儿在活动过程中的情感体验和态度；幼儿的创作过程和作品是他们表达自己的认识和情感的重要方式，应支持幼儿富有个性和创造性的表达，克服过分强调技能技巧的偏向。因此，成人要为幼儿营造宽松的心理环境和丰富的物质材料环境，重视幼儿的审美体验与感受，激发幼儿表现美和创造美。

（五）背景信息

1. 关于本班幼儿的年龄特点和绘画能力测查。幼儿绘画能力的发展是随着生理和心理的成熟，在与人交往的过程中逐步实现的，它既受年龄因素制约，又存在较为明显的个体差异。

2. 教师个人的专业化水平分析。在教学活动中，儿童是主体，教师是主导，教学水平高的教师能根据本班幼儿的特点组织适宜的教学。

（六）关键要点

1. 了解小班幼儿的艺术能力发展特点，根据其特点组织适宜的美术教学活动才是解决问题的根本。在该案例分析中，这是一个要特别需要注意的问题。

2. 除了关注幼儿的艺术能力发展特点，还要关注教师的有效提问。良好的提问和回应能够激发幼儿学习艺术的积极性，同时为教学的高质量提供保证。

案例　小班艺术活动：彩色噗噗车

摘要：本案例中教师通过准备玩具汽车、画纸以及装满各色颜料的盘子等教具让幼儿体验用玩具汽车作画的方式，充分释放天性，观察不同车轮留下的不同纹路，感受操作中颜色的变化，初步享受与同伴共同创作的乐趣。

关键词：小班　艺术活动　彩色噗噗车　颜色纹路变化　同伴

引言：美术活动是一种手脑并用的实际操作活动，幼儿喜欢涂涂画画并呈现于纸上。正是这种情感需要的表现，为幼儿艺术活动教育提供了心理基础，从而使艺术活动成为幼儿喜欢的活动，也成为幼儿表达自己以及认识周围世界的独特方式。根据小班幼儿独特的心理和年龄特点，小班教师应以培养幼儿对美术活动的兴趣为主，让幼儿表达真实情感，陶冶情操，激发想象力、创造力和审美能力。

（一）提取美术活动教学中的片段进行分析

【教学片段一】

活动描述：教师展示教具汽车，通过提问激发幼儿的兴趣。幼儿穿上围裙，围圈而坐。

教师（展示玩具汽车）：今天有好多玩具到咱们班来聚会，看，它们跳起舞来了。

教师：小朋友跳舞用什么跳的？

幼儿A：用手。

幼儿B：脚。

幼儿C：身体。

教师：那这些玩具车跳舞用什么呢？

幼儿集体：用车轮子。

教师：小朋友们，请你们玩一下这些汽车，试试怎样让它们用轮子跳舞吧。

幼儿自由玩汽车。

教师：你是怎样让玩具车跳舞的呢？我看到小朋友们啊有的让汽车直行，有的拐弯、转圈、扭来扭去……只要你觉得好看，让它怎么跳都行，你们可真棒！

分析：《3—6岁儿童学习与发展指南》中指出，要提供丰富的便于幼儿取放的材料，支持幼儿自主绘画、手工、歌唱、表演等艺术活动。兴趣是最好的教师，材料的趣味性能激发幼儿学习的兴趣。玩具汽车可以极大地吸引幼儿的目光。玩汽车的环节拓展了幼儿让汽车留下不同轨迹的经验，为接下来的创作提供经验的铺垫。

【教学片段二】

活动描述：教师示范作画。

教师：这里有一些盘子，里面装着颜料，看都有些什么颜色呢？

幼儿 A：红色、黄色。

幼儿 B：蓝色、绿色。

教师：很好，我们用这些颜料把玩具车跳舞的路线画下来吧。听清楚接下来怎么做哦。先把玩具车的轮子在颜料盘里蘸一下，再小心地拎起汽车，在纸上滚动，汽车跳舞的路线就出来啦！

教师示范操作。

教师：下面，请一位小朋友用另一辆玩具车的轮子蘸另一种颜色，在纸上滚动。

引导幼儿观察两种车轮画出的不同效果，幼儿积极性极高，并鼓起掌来。

教师：这两条路线一样吗？你喜欢哪一条？我再叫几位小朋友来滚动不同颜色的玩具车。

分析：教师通过示范讲解，引导幼儿习得基本的操作方法，这对于刚接触绘画的小班幼儿来讲是需要的。这样能使幼儿尽快掌握正确的操作方法，享受绘画的乐趣。《3—6 岁儿童学习与发展指南》中指出，要尊重幼儿的兴趣和独特感受，理解他们欣赏时的行为，比如，理解和尊重幼儿在欣赏艺术作品时的手舞足蹈等行为。在该活动中，当幼儿见到同伴用汽车“滚”出来的作品时，情不自禁地拍起手来，这也表现出幼儿萌发了强烈的创作欲望。

【教学片段三】

活动描述：引导幼儿自己操作玩具汽车。

教师：下面请小朋友们选择自己喜爱的玩具汽车，分组与同伴合作，在纸上作画。

幼儿们操作认真，教师巡回指导幼儿操作，适度指点。

教师：紫萱大胆一点，没关系的，让汽车往空的地方开开；睿睿可以让汽车换个颜色的衣服穿穿；大家注意让汽车跳舞的时候不要撞到别人的汽车。

分析：《3—6岁儿童学习与发展指南》中指出，在幼儿自主表达创作的过程中，不做过多干预或者把自己的意愿强加给幼儿，在幼儿需要时再给予具体的帮助。在活动中，该教师能提供给幼儿充分的探索空间，让幼儿自由尝试；白纸足够让多辆玩具车在上面"行驶"，便于幼儿大胆创作。教师通过细心观察，发现幼儿在操作中遇到了一些问题，便进行适时引导，比如，提醒不会把握整体画面的幼儿"将汽车往空的地方开"，把纸画满；鼓励用色单一的幼儿"让汽车试试不同颜色的衣服"，尝试使用不同的颜料；要求抢占位置的幼儿能"把身体让过一点"，谦让同伴等，用幼儿易于接受的语言促进了幼儿行为的调整，提升了幼儿的操作经验。

【教学片段四】

活动描述：教师展示幼儿作品并与幼儿一起欣赏作品。

教师：我们来看这幅，大家看用了什么颜色？

幼儿A：蓝色。

幼儿B：红色、黄色、绿色。

幼儿C：还有黑色。

教师：大家都说了，那这是几种颜色呢？

幼儿D：五种。

教师：那你最喜欢哪种呢？

幼儿D：我最喜欢画在下边的黑色。

教师：为什么呢？

幼儿D：因为它看起来像蜗牛。

教师：那老师有问题要问大家了，颜料盘里有黑色吗？

幼儿集体：没有。

教师：那这个像蜗牛一样的颜色是怎么出现的呢？小朋友们在区域活动中动手看看颜色是怎么变魔术的吧，观察一下不同颜色在一起会发生什么变化。

分析：展示作品和交流想法，能帮助幼儿回忆创作过程，巩固操作经验，让幼儿体验到成功的喜悦。《3—6 岁儿童学习与发展指南》中指出，要关注幼儿学习与发展的整体性。儿童的发展是一个整体，要注重领域之间、目标之间的相互渗透和整合，促进幼儿身心全面协调发展，而不应该片面追求某一方面或者几方面的发展。在该活动中，教师通过提问“颜料盘里有黑色吗”将幼儿的注意力调动、集中起来，鼓励他们在区域活动中“看看颜色怎么变魔术”，观察几种颜色在一起的变化，调动了他们对此的兴趣和积极性，对活动做了较好的延伸。

（二）对教学活动片段的总体反思

玩具汽车是幼儿常见并喜爱的玩具，把汽车作为绘画工具能激发幼儿参与活动的欲望，而通过控制车轮的滚动来画出不同线条轨迹的作画方式，也符合小班幼儿尚未掌握精细手部动作的特点，体现了“玩中学”的教学理念。另外，幼儿认识了多种常见的颜色，逐渐对色彩产生了兴趣，此次活动能丰富幼儿的操作经验，加深他们对色彩的感知。《3—6 岁儿童学习与发展指南》中指出，每个幼儿心里都有一颗种子，幼儿艺术领域学习的关键在于充分创造条件和机会，在大自然和社会文化生活中萌发幼儿对美的感受和体验，丰富其想象力和创造力，引导幼儿学会用心灵去感受和发现美，用自己的方式去表现和创造美。在该活动中，教师引导幼儿用多种方式让汽车跳舞，而不加以限制，尊重幼儿的表现和创造，让幼儿自主选择，用自己喜欢的方式去创作，以免扼杀其想象和创造的萌芽。

（三）本次教学活动中值得肯定的地方

活动内容贴近幼儿生活。小班幼儿认知水平有限，生活经验缺乏，因此教师在设计美术活动时要选择幼儿熟悉并且感兴趣的事物作为活动内容，从而赋予幼儿真实的生活体验。该活动中，教师用玩具汽车作为幼儿的绘画工具，极大调动了幼儿的创作热情，从而释放幼儿的天性，使其大胆地表现自己的情感和体验。

活动操作材料丰富。小班幼儿的注意以无意注意为主，兴趣持续的时间较短，单一的美术材料和单一的美术形式都会使他们觉得枯燥乏味。在活动中，该教师为幼儿提供了各式各样的玩具汽车、足够空间的纸张等丰富而有趣的材料，幼儿就会为材料所吸引，主动操作材料，参与到美术活动中去。

艺术领域与其他领域的相互交融。艺术教育是幼儿园五大教育领域中一个重要组成部分，为不同领域的相互交叉和融合起到了重要的纽带作用。该活动中以“看看颜色如何变魔术”自然地延伸到数学领域中，实现了艺术领域与其他领域的有效延伸，对幼儿的教育起到了积极的作用。

（四）本次活动需要注意和改进的地方

从活动设置上来看，缺少游戏化的形式。游戏是幼儿最喜欢的活动，这是由其年龄特征所决定的。马卡连柯说过，游戏是幼儿学习的一种教育形式，幼儿在游戏中认识周围生活，培养独立性、积极性、创造性和动手动脑的能力。《3—6 对儿童学习与发展指南》中强调幼儿的学习是以直接经验为基础，在游戏和日常生活中进行的，要珍视游戏的独特价值。在该活动中，教师在导入活动时可以先安排一段律动或者做一个舞蹈游戏，之后再提“小朋友跳舞用什么跳的”这个问题，就会比较自然而不会让幼儿觉得突兀。

附：教学案例使用说明

小班艺术活动：彩色噗噗车

（一）教学目的与用途

本案例主要适用于幼儿园美术教育活动设计课程，也适用于幼儿园教育评价课程。

本案例的教学目的：实施美育的主要手段之一是艺术教育，在幼儿园教学活动和日常生活中引入艺术教育，可以让孩子的审美能力得到升华，有效地促进师生互动，让孩子情绪更加开朗，思维更加活跃。艺术领域中包括美术创作，它可以锻炼幼儿多个器官的协调能力，发挥艺术情感教育的功能，促进幼儿健全人格的形成。本案例在了解3—4岁幼儿思维阶段特点的基础上，以玩具汽车为绘画工具，激发幼儿兴趣。同时，在美术创作过程中，教师既尊重幼儿的不同天性，以幼儿为主体，适时给予指导，又发挥了组织者的引导作用。

（二）启发思考题

1. 你如何看待小班幼儿的思维发展水平特点？

2. 在美术创作中如何选择操作材料？

3. 你如何看待艺术活动教育的重要性？

4. 教师如何设计导入环节以激发幼儿的兴趣？

（三）分析思路

教师可以根据自己的教学目的来灵活使用本案例。这里提出本案例的分析思路，仅供参考。

1. 在使用这个案例时，要考虑到本案例中艺术教育活动目标的制定。具体来说要注意以下三点。首先，要以幼儿的兴趣及情感体验为主，使幼儿能初步感受并喜爱环境生活中的美；其次，要充分给予幼儿时间和空间，鼓励、支持幼儿大胆地表现自己的情感，帮助幼儿提高表现的技能和能力；最后，让幼儿用自己喜欢的方式进行艺术表现。

2. 寻找内在的原因。小班幼儿生理和年龄的特点是什么？思维水平处于哪个阶段？在艺术活动中教师承担什么样的角色？教师要在探寻这些问题的基础上进行深层思考。

3. 从《3—6岁儿童学习与发展指南》和《幼儿园教育指导纲要》的角度解读这则案例。艺术是人类感受美、表现美和创造美的重要形式，也是人类表达对周围世界认识和情绪态度的独特方式。每个幼儿心里都有一颗美的种子。幼儿艺术领域学习的关键在于充分创造条件和机会，在大自然和社会文化生活中促使幼儿萌发对美的感受和体验，丰富其想象力和创造力，引导幼儿学会用心灵去感受和发现美，用自己的方式去表现美和创造美。幼儿对事物的感受和理解不同于成人，他们表达自己认识和情感的方式也有别于成人。幼儿独特的笔触和语言往往蕴涵着丰富的想象和情感，成人应对幼儿的艺术表现充分理解和尊重，不能用自己的审美标准去评判幼儿，更不能为追求结果的完美对幼儿进行千篇一律的训练，以免扼杀其想象与创造的萌芽。

（四）理论依据及分析

1. 幼儿思维阶段理论。小班幼儿思维处于直觉行动思维阶段，主要是以直观的行动方式进行。直观行动思维是最低水平的思维，这种思维的概括能力水平低，而更多依赖感知和动作的概括。这种思维方式在 2—3 岁的儿童身上表现最为突出。在 3—4 岁儿童身上也常有表现。这些幼儿离开实物就不能解决问题，离开玩具就不会游戏。年龄更大一些的幼儿，在遇到困难的问题时，也要依靠这种思维方式。因此，在活动中运用游戏或游戏化语言去指导幼儿，会让幼儿易于接受，更重要的是让幼儿在游戏中得到发展。

2.《纲要》中艺术领域的“内容与要求”提出，教师应提供幼儿自由表现的机会，鼓励幼儿用不同艺术形式大胆地表达自己的情感、理解和想象，教师尊重每个幼儿的想法和创造，接纳它们独特的审美感受和表现方式，分享它们创造的快乐；为幼儿创设展示自己作品的条件，引导幼儿互相交流，互相欣赏，共同提高。“指导要点”提出，幼儿艺术活动的能力是在大胆表现的过程中逐渐发展起来的，教师的作用主要在于激发幼儿感受美、表现美的情趣，丰富他们的审美经验，使之体验自由表达和创造的快乐，在此基础上，根据幼儿的发展状况和需要对表现方式和技能技巧给予适时适当的指导。

（五）背景信息

1. 关于本班幼儿的年龄特点和创造想象能力测查。幼儿的创造想象能力是随着生理和心理的成熟，在与人交往的过程中逐步实现的，它既受年龄因素制约，又存在较为明显的个体差异。

2. 教师个人的专业化水平分析。在教学活动中，儿童是主体，教师是主导，教学水平高的教师能根据本班幼儿的特点组织适宜的教学。

（六）关键要点

1. 了解小班幼儿的年龄及思维发展特点，根据其特点组织适宜的语言教学活动才是解决问题的根本。在该案例分析中，这是一个特别需要注意的问题。

2. 关注材料的选择，激发幼儿学习和活动的积极性。

案例　小班艺术活动：头发肩膀膝盖脚

摘要：小班幼儿需要具有初步的艺术表现与创造能力。本案例借助于歌曲《头发肩膀膝盖脚》，引导小班幼儿们表现韵律，并进一步借助于改变韵律的活动，让小班幼儿在创作中体验艺术创作的乐趣，最终促进小班幼儿艺术表现和创造能力的发展。

关键词：小班　艺术活动　头发肩膀膝盖脚　艺术表现与创造能力

引言：《3—6 岁儿童学习与发展指南》艺术领域目标中，针对 3—4 岁的幼儿需要达到的年龄阶段目标提出，幼儿要能模仿学唱短小歌曲，能跟随熟悉的音乐做身体动作。众所周知，3—4 岁是幼儿艺术表现与创造能力发展的重要时期，对小班幼儿艺术表现与创造能力培养能为幼儿终身艺术发展奠定必要的基础。

（一）提取绘本教学中的片段进行分析

【教学片段一】

活动描述：活动前，一名教师先将幼儿排成弧形的两排，让幼儿面向多媒体坐好，自己坐在幼儿的前面，另一名教师坐在钢琴旁边，看着幼儿。首先，教师和幼儿相互问好，随后教师引入主题。教师说：今天老师想和小朋友们一起唱歌、跳舞，有一首歌，我不知道你们知不知道，你们看一下我的动作，你们猜一猜是哪首歌曲。教师开始做动作，依次将手放在头发、肩膀、膝盖、脚上，并根据歌曲的旋律做了两次，教师问幼儿是什么歌曲，幼儿回答：头发肩膀膝盖脚。教师对幼儿说：让我们把小手伸出来，一起唱这首歌吧，看一看谁做得最棒。多媒体打开，教师和幼儿一起唱：

头发肩膀膝盖脚，膝盖脚，膝盖脚，头发肩膀膝盖脚，眼睛耳朵鼻子嘴。

分析：《3—6岁儿童学习与发展指南》的艺术领域中明确指出，幼儿的艺术发展有着两个重要的方面：感受与欣赏；表现与创造。在表现与创造上对小班幼儿的要求是能模仿学唱短小歌曲，能跟随熟悉的音乐做身体动作等。在本次教学活动中，教师通过歌曲《头发肩膀膝盖脚》带动幼儿歌唱儿歌，并根据音乐做身体动作，在提高幼儿艺术表现能力的同时，也增强了幼儿身体协调能力。

【教学片段二】

活动描述：接下来，教师拉过来一个小黑板，并问幼儿：我们都唱过什么部位呀？幼儿回答说：头发。教师将头发的卡片贴在了黑板上继续问：接下来呢。幼儿回答说：肩膀。教师按旋律依次将头发、肩膀、膝盖、脚、膝盖、脚、膝盖、脚，头发、肩膀、膝盖、脚、眼睛、耳朵、鼻子、嘴的卡片贴在黑板上面。教师在贴卡片的过程中，不断提问幼儿各个部位。伴随着钢琴声音，教师和幼儿一起唱歌之后，教师拿掉了眼睛的卡片，并告诉幼儿唱到眼睛的时候，不要用手指眼睛。又一次唱歌的时候，大多数小朋友都没有指眼睛，有的指鼻子，有的指其他地方，但是也有个别的幼儿指向了眼睛。随后，教师又拿走了一个膝盖的卡片，让大家重复唱歌，这一次唱歌的时候，大多数幼儿没有摸膝盖。

分析：在本部分的片段教学中，教师在引导幼儿歌唱的同时，启发幼儿思考身体各部位，并不断提高难度，锻炼幼儿的自我控制能力。如，当唱到眼睛时不去摸眼睛且在唱歌的同时注意幼儿的动作发展，增强幼儿的身体协调能力，也有利于提高幼儿的注意力的发展。

【教学片段三】

活动描述：接下来，教师拿出了苹果的卡片，教师问幼儿：小朋友们，你们知道这个是什么吗？幼儿回答说：苹果。教师说：今天我想用水果带领小朋友们一起唱歌。教师将苹果放在头发的下面，教小朋友唱苹果的歌。教师又依次将苹果、桃子、橙子、梨依次对应头发、肩膀、膝盖、脚。唱到最后的膝盖、脚，教师也拿出相对应的水果的卡片，让幼儿在身体部位的下面贴上对应的水果的卡片。有一个小朋友贴错了，教师引导幼儿让幼儿看前面的，幼儿就改正过来了。将第一排卡片贴好后，教师带领幼儿根据韵律唱了一段水果歌。接下来将柿子、菠萝、香蕉、枣对应眼睛、耳朵、鼻子、嘴。教师又带领幼儿歌唱下面的一排。全部贴满之后，教师将水果歌又唱了两遍后将水果的位置换了位置，告诉幼儿水果的位置是可以变换的。

最后，教师让小朋友们一起唱。教师说：回家之后，可以把水果歌唱给父母听，也可以将水果用花生、栗子来代替。

分析：在本部分的片段教学中，教师不再简单重复歌曲，而是启发幼儿利用生活中唾手可得的物品代替身体部位进行创作。小朋友通过教师的引导，能够想到一些东西并主动创作，教师则给予适当指导，有意识地培养幼儿的表现力和创作能力。

（二）对教学活动片段的总体反思

培养艺术表现力与创造能力是幼儿在学前期教育中面临的一个重要的任务，对于小班幼儿而言，需要掌握一定的艺术表现与创造的技能。《3—6岁儿童学习与发展指南》对于艺术表现与创造能力等方面也提出了具体的要求。针对幼儿的艺术发展，主要是尊重幼儿自发的表现和创造，并给予适当的指导；鼓励幼儿在生活中细心观察、体验，为艺术活动积累经验和素材；提供丰富的材料，让幼儿自主选择，用自己喜欢的方式去模仿或创作，成人不做过多要求。从总体上看，该教师的教学活动是符合这些要求的。

（三）本次教学活动中值得肯定的地方

1. 本次艺术活动主要是通过学习儿歌《头发肩膀膝盖脚》来增强幼儿的韵律节奏感，引导幼儿学习身体部位，并增强幼儿的有意注意。教师通过音频导入，充分利用现代教育技术，调动幼儿的感知觉，增强幼儿的节奏感；将歌曲旋律重复对幼儿进行强化教育，再与幼儿一起进行歌曲创编，教学设计符合幼儿的发展特征。

2. 本次活动中，教师为提高幼儿的注意力，采用动静交替的方式，激发幼儿的兴趣，在引发幼儿思考的同时，让幼儿的肢体也动起来，尊重他们好动的天性。因此，幼儿乐于参与活动，乐于动口动手，也乐于展现自己。通过动作来增强幼儿的意识，加强了幼儿对身体部位的认识。

3. 在本次活动中，幼儿增强了对身体部位的认识，学会用言语表达对身体部位的认识，幼儿也通过歌曲创编认识了多种水果。

（四）本次活动需要注意和改进的地方

教学提问偏多于封闭式提问，建议增加开放式提问。但是需要注意的是，教师使用了反诘形式的提问，引发了幼儿的思想冲突，进而促进了幼儿的思维发展。

附：教学案例使用说明

小班艺术活动：头发肩膀膝盖脚

（一）教学目的与用途

1. 本案例主要适用于幼儿园教育评价课程，也适用于儿童心理发展学课程。

2. 本案例的教学目的：小班幼儿是进行艺术表现与创造的启蒙时期，事实也证明幼儿能够进行艺术表现与创作。本案例通过学唱歌曲引导幼儿参与创作，让幼儿从小就增强艺术表现意识和创作意识，培养他们主动表现艺术的精神和积极创作的艺术能力。教师在组织活动的过程中，既要考虑到儿童的年龄特点，也要关注到儿童的个别差异，同时要发挥教师的引导作用。

（二）启发思考题

1. 你如何看待小班幼儿艺术性发展的特点？

2. 如何理解创作行为对幼儿发展的重要性？

3. 如何理解艺术表现行为对幼儿发展的重要性？

4. 当幼儿不表现也不创作的时候，你会怎么做？

（三）分析思路

教师可以根据自己的教学目的来灵活使用本案例。这里提出本案例的分析思路，仅供参考。

1. 在使用这个案例时，要考虑到艺术领域的定义和内容。幼儿艺术领域的学习和发展过程是其艺术能力不断完善并奠定艺术创作基础的过程，其核心是逐步引导幼儿学会表现，并进行艺术创作。所以，艺术表现与创造能力是幼儿艺术学习的主要内容，也是其艺术性发展的基本途径。

2. 寻找内在的原因。小班幼儿艺术性发展的特点是什么？其艺术性发展受到的影响因素是什么？教师在其中承担的作用是什么？教师要在探寻这些问题的基础上进行深层思考。

3. 从《3—6 岁儿童学习与发展指南》和《幼儿园教育指导纲要》的角度解读这则案例。虽然《指南》和《纲要》中的艺术领域目标在表述上不完全一样，但对其内涵进行细致的比较就会发现两者的一致性程度很高。

（四）理论依据及分析

《指南》对小班幼儿“表现与创造”中的目标提出，幼儿能模仿学唱短小歌曲；幼儿能跟随熟悉的音乐做身体动作；幼儿能用声音、动作、姿态模拟自然界的事物和生活情景。所以，幼儿艺术领域的学习与发展过程是其艺术性不断发展的过程。

（五）背景信息

1. 关于本班幼儿的年龄特点和艺术性发展能力测查。幼儿艺术性的发展是随着生理和心理的成熟，在观察和思考的过程中逐步实现的，它既受年龄因素制约，又存在较为明显的个体差异。

2. 教师个人的专业化水平分析。在教学活动中，儿童是主体，教师是主导，教学水平高的教师能根据本班幼儿的特点组织适宜的教学。

（六）关键要点

1. 在幼儿的学习中，“艺术”是一个综合的学习领域。艺术学习往往融合在各种学习活动中，并渗透于幼儿一日生活的各个环节。并且，艺术学习具有潜移默化的特点，尤其是感受与欣赏的学习，往往不是教师直接“教”的结果，幼儿主要是通过实际生活和活动中积累有关的经验来学习的。教师通过环境影响和感染幼儿。

2. 除了关注幼儿的艺术性发展特点，还要关注教师的有效提问。良好的提问和回应能够激发幼儿学习的积极性，同时为教学的高质量提供保证。

第二章　中班五大领域案例

一、 健康领域

案例　中班健康活动：英文菜谱

摘要：本案例描述了教师在中班进餐时间进行的生活教育活动。教师利用幼儿就餐的食物来教幼儿对应的英文单词，让幼儿进行发音练习。

关键词：中班　健康活动　英文菜谱　生活习惯与生活能力

引言：《3—6 岁儿童学习与发展指南》健康领域中，针对 4—5 岁的幼儿在“具有良好的生活与卫生习惯”这一目标中提出幼儿养成不挑食、偏食的好习惯，不暴饮暴食；喜欢吃瓜果蔬菜等新鲜食品。作为教师有责任和义务帮助幼儿养成良好的饮食习惯，促进幼儿身体的健康发育。

（一）提取生活教学中的片段进行分析

【教学片段一】

活动描述：幼儿早餐吃到一半的时候，教师对幼儿进行英文教学。

教师：孩子们，今天我们的早饭有哪些东西呀？

幼儿（集体）：馒头、粥、黄瓜炒鸡蛋。

教师：那你们知道馒头用英文怎么说吗？

幼儿（集体）：不知道。

教师：馒头的英文是 bread。

幼儿跟读几遍后，教师挨个儿提问。

教师：来，宝贝儿，馒头怎么说？

幼儿 A 没有出声。

教师：馒头 bread，来，说一下。

幼儿 A 没有出声。

教师：来，我们给她鼓鼓掌，鼓励她一下好不好！

幼儿鼓起掌来。

幼儿 A（小声地说了一声）：bread。

教师：来，你对着这边所有的阿姨说，你说我知道馒头是 bread。

幼儿 A 转过身，嘴巴里没有发出任何声音。

教师：小朋友们，我们再给她鼓鼓掌，好不好！

幼儿 A 最终还是没有说出馒头的英文发音。

分析：首先，案例中的教师在幼儿吃饭的时候，利用现成的食物来对幼儿进行渗透式的英语教学。在生活中学习与发展是幼儿的一个显著特点，融教育于一日生活中也由此成为幼儿教育的一个显著特点。杜威认为教育即生长，教育即生活。在幼儿期，生活的过程是学习的过程。《3—6 岁儿童学习与发展指南》的“说明”部分写到幼儿的学习宜以直接经验为基础，在游戏和日常生活中进行的。综上表明该教师利用生活活动时间对幼儿进行渗透式教育是有其依据的。

其次，教师的教育环境不完全符合幼儿的年龄特点。相关的研究确实表明幼儿期儿童的大脑、语言和思维等的发展为双语教育的实施提供了必要的基础和前提，使得双语教育具有了可能性。但我们也必须认识到，任何语言的学习都是在特定的语言环境中进行的，是儿童在自然的语言环境中发展而来的，自然环境对于儿童语言的习得至关重要，英语不像汉语那样自然而然地存在于我们的生活中，我国大多数地方是不具备双语教育的自然环境的。

再次，教师所选择的教育时机并不十分恰当，在幼儿吃饭时，让幼儿练习一些英文发音，这也不利于幼儿养成良好的用餐习惯。幼儿在用餐时说话，食物可能噎住，也影响幼儿食物消化。

最后，教师高举“生活教育”的旗帜来进行表演性工作，为了教而教。让小女孩在众人面前展示其英语水平，不停让其他幼儿给女孩鼓励，这在无形中给了女孩更多的心理压力。《指南》中建议教师为幼儿营造温暖、轻松的心理环境，让幼儿形成安全感和依赖感。

【教学片段二】

活动描述：教师让幼儿用能表现小动物特点的声音来进行英文单词发音练习。

教师：小朋友们，我们喝的粥怎么说呀？

幼儿 B：我知道，粥叫小米粥。

教师（微笑）：嗯，你知道我们现在喝的是小米粥没错，但是用英语不能说是小米粥了，应该是 porridge。（幼儿集体跟读。）

教师按照幼儿坐的位子将其分成了三组，分别是老虎组、猴子组、兔子组。

教师：现在请每一组的小动物们用能代表你们特点的声音来说粥的英文发音。

教师：小动物们，你们的声音要大一些，太小的话就听不见了。

最后呈现的结果是每个幼儿都尽可能将声音发大一些，忘记了教师的要求：发音要表现出动物的特点。

分析：首先，教师的提问内容与回应有待改进。从整个片段来看，教师是想问幼儿知不知道“粥”的英文单词发音，但教师问的却像是“粥是什么”。从这一点来看，教师的提问是不明确的。

其次，教师的教学内容要适时进行调整。教师可以在幼儿说出“今天喝的是小米粥”后，紧跟着向幼儿说明小米粥中富含的多种营养成分，引导幼儿不挑食、不偏食，帮助幼儿养成良好的饮食习惯，促进幼儿身体的健康发育，而非一味要求幼儿去学一些距离幼儿生活很远的英文发音。另一方面，这些食物相关的英文单词已经远远超出了幼儿的最近发展区，是有一定难度的。

最后，教师要帮助幼儿养成良好的语言习惯。良好的语言习惯是语言交往获得成功的前提，是在幼儿的语言学习和发展过程中根据交往场合、交往对象说话并且使用文明的语言交往的能力。《指南》中“倾听与表达”目标要求4—5岁幼儿能根据场合调节自己的说话的声音①。该案例中的幼儿在教师要求用不同动物的声音来发音，并且教师还要求幼儿大声说的情况下，幼儿便尽自己最大的声音来喊。学前儿童发音器官尚未发育完善，还很稚嫩，处在不断成熟中，应避免让幼儿大声喊叫，以免拉伤声带。案例中的教师显然在这个练习发音的活动中忽略了这一点。

【教学片段三】

活动描述：教师带幼儿练习黄瓜的发音。

教师：现在我们来学一下，黄瓜用英语怎么说。cucumber，这个英语发音比较难。(幼儿在教师后面进行跟读。)

教师：好了，我们现在把手里的勺子和食物放回碗里，都放好了吗?

幼儿（集体)：放好了。

教师：好了，现在请小朋友跟我一样，举起你们的小手，跟着老师一起拍手，拍一下，说一遍cucumber。

练习几遍发音以后，教师让幼儿个别进行发音。

幼儿：cucumber。

教师：你真棒，宝贝儿，大点儿声，黄瓜的英文怎么说？你的发音很准。(并对幼儿竖起大拇指，而且会在每个幼儿的头上亲吻一下。)

分析：《3—6岁儿童学习与发展指南》中指出，幼儿的语言学习需要相应的社会经验支持，应该通过多种活动扩展幼儿的生活经验，丰富语言的内容，增强理解和表达能力。

首先，教师采取多样化的教学方式。教师采用了灵活多变的教学方法

---

① 李季嵋，冯晓霞.《3—6岁儿童学习与发展指南》解读［M］. 北京：人民教育出版社，2013：81.

引导幼儿练习发音，开始是结合一些手部的动作，引导幼儿参与到活动中来，接着使用言语上的鼓励，呈现肢体语言。

其次，肢体接触，拉近距离。在幼儿回答完之后，教师在幼儿的头上亲吻一下，拉近了师生之间的距离，这在某种程度上创造了一个融洽的师生互动环境，让幼儿在轻松愉快的学习氛围中交流。

再次，笼统的回应。就这个活动来看，教师对幼儿的夸奖并不是很具体，只是单纯在说“你真棒”这类的话。这类简单的回应所发挥的作用是有限的，很难达到预定目的。

最后，错误的教育时机与内容。选择在幼儿进餐时间教幼儿与食物相对应的单词，时机错误；灌输式的教育内容与机械性的练习不利于幼儿良好的饮食习惯的培养。

（二）对教学活动片段的总体反思

幼儿健康领域学习与发展的大部分目标都与日常生活中的吃、住、行、玩等有关。幼儿生活的每个环节都包含着许多学习与发展的机会，在幼儿的日常生活中渗透健康领域的指导是十分自然而且有效的。在《3—6 岁儿童学习与发展指南》健康领域提出，教师应帮助幼儿了解食物的营养价值，引导他们不偏食、不挑食；吃饭时不过分催促，提醒幼儿细嚼慢咽，不要边吃边玩。教师有责任和义务帮助幼儿养成良好的饮食习惯，促进幼儿身体的健康发育。

本案例发生在幼儿就餐时间，撇开教师的教学内容来看，教师利用现成的食物对幼儿进行领域式教学，而不是孤立地进行分科教学，这一点是值得肯定的；但教师的教学目的和教学内容不完全符合幼儿年龄特点。教师可以利用这些食物让幼儿了解食物的营养价值，帮助幼儿养成良好的饮食习惯，促进幼儿的身体健康发育。

（三）本次教学活动中值得肯定的地方

教师采用渗透式的教学方法，利用其他生活活动时间让幼儿来学习其他领域的内容，这是值得肯定的地方。在整个活动来看，教师采用的方法多样。分不同的动物小组来进行英文发音、对幼儿亲吻鼓励等，比较适合幼儿年龄特点。

（四）本次活动需要注意和改进的地方

1. 教育时机选择的合理性。教师应该考虑在幼儿吃饭时间是否该对幼儿进行英文教学：其一，不利于幼儿养成良好的用餐习惯；其二，影响幼儿的消化，不利于身体健康。

2. 教育评价内容与方式的适宜性。教师对幼儿的鼓励不应该流于表面，而应该具体，让幼儿知道他是因为哪方面做得好才得到教师的称赞的，教师更应该站在儿童的角度上来思考。

附：教学案例使用说明

中班健康活动：英文菜谱

（一）教学目的与用途

1. 本案例主要适用于幼儿园健康教学法课程，也适用于幼儿园教育评价课程。

2. 本案例的教学目的：在了解4—5岁幼儿身体发育的基础上，利用就餐时间对幼儿进行渗透式、适宜的健康领域教育活动。在组织活动的过程中，既要考虑儿童的年龄特点，也要关注儿童的个别差异，同时要发挥教师的引导作用。

（二）启发思考题

1. 你如何看待中班幼儿身体发育的特点？

2. 教师的有效性性提问在这次活动中是如何体现的？

3. 幼儿健康学习的核心是什么？

4. 如何有效避免教师在组织活动中的高控性？

（三）分析思路

教师可以根据自己的教学目的来灵活使用本案例。这里提出本案例的

分析思路，仅供参考。

1. 在使用这个案例时，要考虑到本次健康教育活动目标的制定。具体要求有四个：要依据健康活动目标的原则，制定具体的健康教学活动目标；要根据幼儿健康教育的内容，制定完整的健康教学活动目标；要依据幼儿健康发展的特点，制定健康教学活动的目标；要依据幼儿身体发育的水平，制定健康教学的活动目标。

2. 寻找内在的原因。中班幼儿身体发育的特点是什么？其身体发育受到的影响因素是什么？教师在其中承担的作用是什么？教师要在探寻这些问题的基础上进行深层思考。

3. 从《3—6 岁儿童学习与发展指南》和《幼儿园教育指导纲要》的角度解读这则案例。《指南》指出，幼儿应不挑食偏食，不暴饮暴食；喜欢吃瓜果蔬菜等新鲜食品。《纲要》中的“内容与要求”提出，要密切结合幼儿的生活进行安全、营养和保健教育。“指导要点”提出健康领域的活动要充分尊重幼儿生长发育的规律，严禁以任何名义进行有损幼儿健康的比赛、表演和训练。

（四）理论依据及分析

1. 幼儿身心发展规律的理论。幼儿听觉和言语器官发育的未成熟性，很大程度上限制了幼儿第二语言的掌握程度；幼儿学习能力与水平的局限性，使幼儿很难去学习超过幼儿最近发展区的内容。

2.《纲要》中健康领域的“内容与要求”。它提出，教师应密切结合幼儿的生活进行安全、营养和保健教育。“指导要点”提出健康领域的活动要充分尊重幼儿生长发育的规律，严禁以任何名义进行有损幼儿健康的比赛、表演和训练。所以，要注重对幼儿进行基本的生活卫生习惯教育。

（五）背景信息

1. 关于本班幼儿的年龄特点和基本动作能力测查。幼儿基本动作的发展是随着生理和心理的成熟，在与人交往的过程中逐步实现的，它既受年龄因素制约，又存在较为明显的个体差异。

2. 教师个人的专业化水平分析。在教学活动中，儿童是主体，教师是主导，教学水平高的教师能根据本班幼儿的特点组织适宜的教学。

（六）关键要点

1. 了解中班幼儿的身体发展特点，根据其特点组织适宜的健康教学活动才是解决问题的根本。在该案例分析中，这是一个特别需要注意的问题。

2. 除了关注幼儿身体发展特点，还要关注教师的有效提问。良好的提问和回应能够激发幼儿学习基本动作的积极性，同时为教学的高质量提供保证。

案例　中班健康活动：跳房子

摘要：幼儿阶段是儿童身体发育和机能发展极为迅速的时期，使幼儿拥有发育健康的身体、愉快的情绪、强健的体质以及协调的动作，是幼儿身心健康的重要标志。本案例借助户外活动课的机会，组织幼儿进行跳房子的游戏，旨在促进幼儿的身体平衡能力及单腿、双腿跳跃能力的发展，使幼儿在跳跃的同时肢体得到锻炼、动作协调，从而促进幼儿的身体健康发展。

关键词：中班　健康活动　跳房子　平衡能力　肢体协调

引言：《3—6 岁儿童学习与发展指南》针对 4—5 岁的幼儿在健康领域需要达到的目标提出，幼儿要能助跑跨跳过一定距离，或助跑跨跳过一定高度的物体。众所周知，中班阶段的幼儿身体发育和机能发展极为迅速。因此，对中班幼儿跳跃能力、身体平衡能力的培养是很必要的，它不仅有益于幼儿的身心健康，还为幼儿其他领域的学习与发展奠定了基础。

（一）提取科学主题教学中的片段进行分析

【教学片段一】

活动描述：教师为幼儿介绍游戏玩法，并带领幼儿用双腿跳的方式跳难度较低的房子。

游戏准备：在空地上画好两种跳房子的格子。第一种房子每行只有一个格子，共十个格子；第二种复杂一些，每行有一个或两个格子，共十二个格子。教师还在每个格子上写好了数字来表示跳跃的先后顺序，以避免幼儿在跳跃时把握不好距离而出现危险，同时便于说明游戏玩法。

教师：小朋友们，大家一起跟我到户外做游戏吧！

幼儿A（看到空地上画好的格子，跟着上面的数字数了起来）：一、二、三……

幼儿B（站在格子上）：你们看，我现在站在最上面，我是最厉害的。

教师：小朋友们，今天老师想要带大家玩一个新的游戏，你们猜猜游戏叫什么名字呀？

幼儿B：我知道，叫小格子游戏。

教师：是因为你看到有好多标着数字的小格子，所以猜的是小格子游戏吗？

幼儿B点点头。

教师：老师觉得这些小格子特别像一间一间的小屋子，这些小屋子都在一起，组成了一个小房子，我们把这个游戏叫作跳房子好不好？

幼儿C：我们家有好多房间，特别像画的这个房子。

教师：你们能按照这些小房间的顺序跳一跳吗？我们先来跳竖着排列的这个房子吧。老师先来跳，你们看老师跳得对不对。（教师示范跳跃方法。）

教师按照标好的数字顺序双腿跳完十个格子后，让小朋友们排好队每个人都来跳一跳。幼儿都顺利地完成了，有的幼儿觉得格子之间距离太近，就一下跃过两个格子。

分析：教师通过讲解示范的方式使幼儿理解游戏规则，借助适当距离的格子锻炼幼儿的跳跃能力，使幼儿在跳房子的同时掌握身体平衡，使动作能协调、灵敏。教师设置十个格子，且远近、大小适当，锻炼了幼儿的力量和耐力。对于中班阶段发展较好的孩子，他们能够直接跳过两个格子，更进一步促进了他们向更高水平发展。

【教学片段二】

活动描述：教师为幼儿示范单腿跳的方式，部分幼儿尝试一次跳两个格子。

教师：小朋友们，你们都能用双腿跳完这个房子，接下来你们敢不敢接受难一些的玩法呢？

幼儿们（齐声高呼）：敢！

教师：好，老师来跳一下，你们看看自己可不可以挑战成功。（教师边说边为幼儿示范单腿跳。）如果有的小朋友单腿跳累了，可以换成刚才那样的双腿跳，好不好？小朋友们排好队，我们要开始挑战了。

幼儿 A 胆子比较小，在用单腿跳时，一直站不稳，所以她用单腿依次跳完两个格子后，就换成了双腿跳。

幼儿 B 选择一直用单腿跳的方式完成跳房子，在跳到 4 号格子后，就直接用单腿从 4 号格子跃到了 6 号格子，但摔倒了。他站起来换了一条腿跳了两个格子后，决定再次尝试从 8 号直接跳到 10 号格子上，这次他顺利完成了单腿跳两个格子。

教师：B 太厉害了，能直接跳两个格子呢，真勇敢。

幼儿 D 用单腿跳的方式跳到 1 号格子上，然后直接跳到了 3 号格子，但也摔倒了。所以他站起来后就放弃了一下跳两个格子的方式，而是按照格子的顺序，单腿一个一个地跳，跳到第 7 号格子时，他感觉到没有力气再继续跳了，就站在原地没有跳。

教师：加油，我们一起为 D 加油，加油，加油。（幼儿们跟着教师一起为 D 加油。）

幼儿 D 休息了一会儿，开始继续跳，直到终点。

教师：真棒，你也顺利完成了挑战。

幼儿 D 高兴得手舞足蹈。

分析：教师通过较简单的双腿跳一个格子的方式来测试幼儿的跳跃能力。所有幼儿都能顺利完成任务，所以教师基于此提出了更高的要求。由于每个幼儿的发展水平不同，教师让幼儿根据自身情况选择全程单腿跳或者部分单腿、部分双腿的方式适应幼儿不同的发展水平。对于能完成任务却信心不足的幼儿，教师采用及时鼓励的方式让幼儿跳房子，能够使幼儿在之后面对困难时变得更加自信勇敢。

【教学片段三】

活动描述：选用难度大一些的格子，使幼儿自选跳跃方式，并完成跳房子游戏。

教师：大家现在一定能熟练地双腿跳和单腿跳了，下面老师要把难度升级，我们来试一试第二种房子。大家可以自己选择是用单腿跳还是双腿跳。像这种一行有两个格子的，可以一只脚站一个格子。老师先来示范一下。

幼儿 B 全程用单脚跳，当出现一行有两个格子的地方，他也能横向用单脚跳过去。

幼儿 A 单脚跳了两个格子后，就用双脚完成了剩余的格子，并且在跳的过程中，出现不按照格子的顺序，落下格子不跳的情况。

教师（边看边说）：大家仔细看，有的小朋友跳的时候可能没注意就丢掉一些格子，大家要提醒他。

幼儿 E：A，你应该先跳 3 号格子，再跳 4 号格子。

幼儿 G：你 7 号还没跳呢。

教师：我们一起想个办法，来避免再出现落下格子不跳的情况吧。我们在小朋友跳的时候，给他数数，告诉他该跳哪个格子好不好？

接下来有小朋友跳的时候，幼儿们齐声为他数数字。

分析：教师先采用单格的房子来锻炼幼儿的单脚、双脚跳跃能力，在每个幼儿都能顺利完成后，再把难度升级，使房子出现两个格子并列的情况，更加练习了幼儿的身体平衡能力及在跳跃过程中的注意力。教师让幼儿自选跳房子的方式，一方面尊重了幼儿的自主选择，另一方面也能使幼儿基于自身的实际情况更好地提高自己的跳跃能力。

（二）对教学活动片段的总体反思

《幼儿园教育指导纲要》提出教师应该把保护幼儿的生命和促进幼儿的健康放在教育工作的首要位置，因此教师在组织跳房子游戏之前，设置适合本班幼儿年龄特点的格子，并为每个格子标好序号以确保幼儿在跳房子过程中的安全。教师设置两个难度不同的房子来锻炼幼儿的跳跃能力，使幼儿在跳房子的过程中，肢体得到锻炼，动作协调灵活。

教师在户外组织跳房子的游戏，并让幼儿根据游戏特点为游戏取名字，这种方式增加了这项体育运动的趣味性和幼儿积极参与其中的热情，有利于培养幼儿积极参加体育锻炼的积极性，并且提高了幼儿对户外环境的适应能力。

教师充分尊重幼儿的自我选择，让幼儿根据自身实际情况选择单脚跳或双脚跳。幼儿之间身体发育状况不同，运动能力和水平存在差异，双脚跳难度较小，而单脚跳难度稍大，格子之间的距离适合全部幼儿，对于那些身体发育状况良好的幼儿来说，他们不仅能够单脚跳完十个格子，还可以单脚跳两个格子；而对于身体发育状况稍差一些的幼儿来说，双脚跳完十个格子已经是极限，所以教师在组织幼儿进行跳房子的体育活动之前，充分考虑到了幼儿的身体生长发育的规律和年龄特征，对于能力不同的幼儿设置水平不同的跳跃任务。

根据幼儿善于模仿的特点，教师组织集体活动，让幼儿看到能力较强的幼儿能跳跃两个格子时积极模仿，从而促进幼儿的能力向更高水平发展。

当胆子比较小的幼儿没有胆量跳完格子时，教师采取鼓励的措施，与其他小朋友一起为该幼儿加油，使其增加信心，完成跳房子的挑战，此种方式有利于建立良好的师生关系和同伴关系，让幼儿体验到幼儿园生活的愉快，使他们形成安全感和信赖感，逐渐变得更加自信勇敢。当幼儿连续跳房子出现疲劳现象时，教师采用鼓励的方式，让幼儿完成任务，这种方式锻炼了幼儿的力量和耐力，使幼儿感受到成功的喜悦，并在一定程度上让幼儿挑战了自已，促进了幼儿最近发展区的发展。

教师采用由易到难的游戏顺序使幼儿适应跳跃的不同方式，由采用双脚跳到单脚跳，再变成单双脚混合跳的模式，使幼儿在跳房子的过程感受到这项运动的趣味性。当幼儿在跳房子中跳跃顺序出现混乱时，教师鼓励幼儿采用同伴互助的方式，即让其他幼儿帮助数数来理清顺序。这种方式既增加了同伴之间的交往，也让幼儿感受到了帮助别人的快乐。

第二种跳房子的模式可以充分发挥幼儿的自主性和创造性，幼儿可以在第一种房子跳法的基础上，将已经掌握的游戏规则及跳法运用到第二种模式上来，教师并不限制幼儿的跳法，而是在为幼儿示范最基础的跳法后，让幼儿自已发挥主观能动性去创造新的跳法，教师的这种做法有利于培养幼儿的想象力和创造力，从而更好地促进幼儿的发展。

（三）本次教学活动中值得肯定的地方

从活动的设计上看，教师设计了两种难度不同的格子，使幼儿先从较容易的格子开始练习，按照先双腿跳后单腿跳的方式使幼儿逐渐熟悉两种不同的方式，难度逐渐提升，幼儿逐步适应，并利用格子上的数字发展幼儿的数学能力。这种方式顺应了幼儿身心发展的规律。

在教学活动过程中，教师关注到了儿童发展的个体差异性，使幼儿自由选择跳跃方式，并基于幼儿的最近发展区，积极鼓励幼儿尝试更难一些的方式，借助幼儿善于模仿的特点，发挥同伴的影响作用，使发展水平较高的幼儿带动发展水平较低的幼儿，激发幼儿的潜力，促进了幼儿的发展。

（四）本次活动需要注意和改进的地方

当幼儿在跳难度稍大一些的格子出现跳跃顺序混乱的时候，教师并未启发幼儿主动寻找解决问题的方式，而是直接将解决问题的策略告诉幼儿，未能充分发挥幼儿的主观能动性。因此，当教师发现问题时，可以组织幼儿集体讨论，引导幼儿主动寻找解决办法，借此促使幼儿积极思考，发展其思维能力。

附：教学案例使用说明

中班健康活动：跳房子

（一）教学目的与用途

1. 本案例主要适用于幼儿园健康教育活动设计课程，也适用于幼儿园教育评价课程。

2. 本案例的教学目的：健康是指人在身体、心理和社会适应方面的良好状态，而幼儿阶段正是儿童身体发育和机能发展极为迅速的时期，也是形成安全感和乐观态度的重要阶段，因此对幼儿的健康教育要特别重视。

本案例在了解4—5岁幼儿已经具备初步的安全和健康知识，知道关心和保护自己，以及喜欢参加体育活动的特点的基础上，开发和利用幼儿感兴趣的活动，结合相关主题展开教育活动。在组织活动的过程中，既要考虑到儿童的年龄特点，也要关注到儿童的个别差异，同时要发挥教师的引导作用。

（二）启发思考题

1. 你如何看待中班幼儿体育运动能力发展的特点？

2. 幼儿健康领域学习的核心是什么？

3. 如何促进幼儿最近发展区的发展？

4. 如何有效避免教师在组织活动中的高控性？

（三）分析思路

教师可以根据自己的教学目的来灵活使用本案例。这里提出本案例的分析思路，仅供参考。

1. 在使用这个案例时，要考虑到健康领域的定义和内容。幼儿健康领域的学习和发展过程是其在身体、心理和社会适应方面逐渐成熟的过程。幼儿身心健康的重要标志在于拥有发育良好的身体、愉快的情绪、强健的体质、协调的动作、良好的生活习惯和基本生活能力，为其他领域学习与发展奠定基础。所以当幼儿身心发育尚未成熟时，成人应避免对幼儿过度保护以及包办代替，以免使幼儿丧失发展锻炼的机会。

2. 寻找内在的原因。中班幼儿健康领域学习发展的特点是什么？其健康领域学习发展受到的影响因素是什么？教师在其中承担的作用是什么？教师要在探寻这些问题的基础上，进行深层思考。

3. 从《3—6岁儿童学习与发展指南》和《幼儿园教育指导纲要》的角度解读这则案例。《指南》指出，为有效促进幼儿身心健康发展，成人应为幼儿提供合理均衡的营养，保证充足的睡眠和适宜的锻炼，满足幼儿生长发育的需要；创设温馨的人际环境，让幼儿充分感受到亲情和关爱，形成积极稳定的情绪情感；帮助幼儿养成良好的生活与卫生习惯，提高自我保护能力，形成使其终身受益的生活能力和文明生活方式。因此教师根据幼儿的身心发展特点设计活动，满足幼儿体育运动的需要，在活动中使幼儿感受到教师和同伴的关注与关爱，有利于培养幼儿积极稳定的情绪情感，进而促进幼儿身心的全面发展。

（四）理论依据及分析

1. 幼儿身心发展规律的理论。幼儿身心发展的规律表明：幼儿阶段是儿童身体发育和机能发展极为迅速的时期，也是形成安全感和乐观态度的重要阶段。同时由于幼儿的身心发展具有不平衡性的特点，成人应兼顾全体幼儿，使每个幼儿都有发展的机会。

2.《指南》中健康领域对中班幼儿的要求："动作发展"中的目标 1 提出"能助跑跨跳过一定距离，或助跑跨跳过一定高度的物体"。目标 2 提出"能单脚连续向前跳 5 米左右"。所以幼儿健康领域的学习与发展过程的目的就是促使幼儿身心健康发展，最终具有发育良好的身体、愉快的情绪、强健的体质、协调的动作、良好的生活习惯和基本生活能力，为其他领域的学习与发展奠定基础。因此幼儿健康领域的学习对幼儿身心健康和其他各方面的发展都具有重要影响。

（五）背景信息

1. 关于本班幼儿的年龄特点和体育运动能力测查。幼儿运动能力的发展是随着生理和心理的成熟，在运动的过程中逐步实现的，它既受年龄因素制约，又存在较为明显的个体差异。

2. 教师个人的专业化水平分析。在教学活动中，儿童是主体，教师是主导，教学水平高的教师能根据本班幼儿的特点组织适宜的教学。

（六）关键要点

1. 了解中班幼儿的体育运动能力发展特点，根据其特点组织适宜的体育活动才是解决问题的根本。在该案例分析中，这是一个特别需要注意的问题。

2. 除了关注幼儿的身心发展特点，还要关注教师体育活动的设计。良好的环节设计能够激发幼儿参与活动的积极性，同时为活动的高质量完成提供保证。

二、 语言领域

案例 中班语言活动：小猫生病了

摘要：教师进行“小猫生病了”绘本教学，目的在于引导幼儿仔细观察图片，能根据画面的多种信息，大胆、合理地进行推测和讲述，感受在生病时朋友关心、帮助的美妙情感，最终促进幼儿社会性以及情感的发展。

关键词：中班 语言活动 小猫生病了 推测讲述 社会性发展

引言：语言是交流和思维的工具。幼儿语言的发展贯穿于各个领域，对其他领域的学习与发展有着重要的影响。幼儿在运用语言进行交流的同时，也发展人际交往能力、理解他人的能力。作为教师，应为幼儿创设自由宽松的语言交往环境，鼓励幼儿想说、敢说、喜欢说并给予幼儿积极回应，从而促进幼儿的全面发展。

（一）提取语言教学中的片段进行分析

【教学片段一】

活动描述：教师出示了一封信，将幼儿带入情境。

教师：小朋友看，这是谁的信？是谁写给小兔的信呢？

幼儿集体：小猫。

教师：你们是怎么看出来是小猫写给小兔的信？

幼儿 A：因为下边写着小猫。

教师：哦，原来啊，在中间很醒目的地方写的是收信人小兔的名字，而右下角写的是寄信人小猫的名字。

分析：中班幼儿以无意注意为主，他们喜欢新玩具、新衣服、新图书，这些新东西容易引起他们的注意。中班孩子有意注意在逐步发展，呈现出无意注意向有意注意转化的趋势，比如当孩子看图书表现出没兴趣要丢掉图书时，我们表扬激励的话能使他继续认真翻阅下去，这就表现出孩子的有意注意在发展。但中班幼儿有意注意还十分有限，他们虽然受表扬后能继续看图书，但过不了多久便会弃书另找乐趣。根据以上特点，我们引导孩子学习时应当选用有动感、色彩明艳能吸引幼儿目光的教具以及生动有趣的语言和表情，寓教于乐，使孩子集中注意；多采用正面教育，促进孩子有意注意的发展。

本次语言活动的导入容易分散孩子的思维，而且问题较封闭。教师可以故事导入，让孩子说说可以有哪些方法让好朋友知道自己生病了。大信封是能引起幼儿兴趣的教具，能让孩子好奇信里说了什么事。活动内容以信的形式展开：一方面，幼儿重温信的功能，另一方面幼儿懂得可以用写信的方式和朋友沟通，懂得朋友之间要相互关心，促进幼儿社会性及情感的发展，从而充分挖掘了活动内容的教育功能。

【教学片段二】

活动描述：教师展示图片，引导幼儿看图说话。

教师：我们来看看，小猫画了什么？在哪儿，发生了什么？（教师出示信，并播放伤感的钢琴曲。）

幼儿 A：小猫在输液。

幼儿 B：它病了，在吃药。

幼儿 C：它咳嗽了。

教师：小朋友刚才都观察得很仔细，看到小猫在输液、吃药，这些表示小猫想跟小兔说什么呢？

幼儿集体：我生病了。

教师：哦，原来小猫想跟小兔说自己生病了。大家看，这张图上小猫想跟小兔说什么？

幼儿 A：它很难过。

幼儿 D：它有点伤心。

教师：你们从哪里看出来？

幼儿 D：它流眼泪了。

幼儿 F：它的嘴角是向下的。

教师：观察得很仔细，那你觉得小猫心里会想什么呢？

幼儿 F：我觉得它希望小兔来陪陪它。

教师：没错，小猫想朋友们了。谁来做小猫读一读这封信？可以先和旁边的小朋友说一说。（幼儿相互讨论，用语言表达看懂的图。）

分析：《3—6 岁儿童学习与发展指南》中明确要求 4—5 岁幼儿能大体讲出所听故事的主要内容，能根据连续画面提供的信息，大致说出故事的情节，还能随着作品展开产生喜悦、担忧等相应的情绪反应，体会作品所表达的情绪情感。本次语言活动，图片上的各种图案和符号都是一种信息，能够帮助幼儿推测情节发展，像第一幅中小猫头上有眩晕的图案，嘴边有咳嗽的气，旁边有吊水瓶、药瓶，身边站着头上戴红十字帽子的医生，这些信息都在告诉小朋友：小猫生病了，可是身边没有人关心它，所以它心里会产生想法。这些符号重点突出，比如色彩突出，夸张的画法帮助幼儿学会观察不同的符号，获得正确的信息。《3—6 岁儿童学习与发展指南》指出，语言发展与其他方面发展相辅相成，语言作为一种符号系统，可以与音乐、美术和动作等不同的符号系统沟通互动，帮助人们表情达意。而其他符号系统的学习和使用，也有助于幼儿更好地表情达意，获得更为完满而愉悦的审美感受。本次语言活动，画面有明显的情感特征。教师选择带有相应情感的背景音乐，在出示画面时播放相应音乐，给孩子一种信息暗示，帮助孩子自主推测情节的发展，通过多种元素感知画面带来的信息。

【教学片段三】

活动描述：

教师：小兔收到信后，发生了什么？小猫的好朋友做了什么？

幼儿 A：送花和水果给小猫。

幼儿 D：小兔子陪他聊天。

幼儿 F：我看到小鸭子在给小猫做饭呢。

教师：你们说的都很对。那小猫现在的心情怎么样呢？

幼儿 A：开心。

幼儿 D：快乐。

教师：你们从哪里看出来？

幼儿集体：小猫笑了。

教师：很多朋友关心和照顾小猫，它感到非常开心和幸福。谁能看着这几张图片完整地说说小猫生病后发生了什么事？请你按照顺序来说说，勇敢一点。

幼儿 A：小猫生病了，小松鼠拿花来看他，小鸟来给他唱歌，小兔来陪他聊天，小鸭子给他做饭。

教师：你说的特别完整，真棒，我们为你鼓掌！

其他幼儿耐心倾听，表示赞同，鼓掌。

教师：如果我们身边的亲人、好朋友生病了，我们该怎么做呢？在你们的椅子下面有爱心卡片、水彩笔，请你们把想法画下来吧。

分析：《幼儿园教育指导纲要》中明确提出，幼儿期是语言发展，特别是口语发展的重要时期。幼儿的语言能力是在交流和运用中发展的，也需要相应的社会经验来支持。发展幼儿语言的关键是创设一个自由、宽松、有趣的语言情境，让他们想说、敢说、喜欢说、有机会说，并给予他们积极应答的环境。幼儿的回答相当完整，他能主动融入故事中，设身处地从小猫的角度并结合自身思考问题、解决问题，同时他能用完整的句子表述自己的想法，可见幼儿的语言表达能力和思维能力是相当出色的。倾听是感知语言的行为表现，也是理解语言的重要途径之一，只有懂得倾听、乐于倾听并且善于倾听的人，才能真正理解语言的内容。良好的倾听习惯的养成是从学前阶段开始的，在幼儿口语发展阶段，倾听是不可缺少的一种行为能力。从小养成良好的倾听习惯，为幼儿终身学习语言交流奠定基础。当幼儿回答问题时，其他幼儿并没有表现出不耐烦或者抢着说，可见幼儿能够集中精力去听，这种良好倾听有助于幼儿的不断成长和进步。

（二）对教学活动片段的总体反思

《3—6 岁儿童学习与发展指南》目标包含了培养幼儿阅读理解能力的要求，主要包括以下两个方面：

1. 幼儿在阅读中，通过细致观察逐渐读懂图画书的内容，即学习观察图画书的关键画面形象，能够从中发现人物、动作、背景，学习观察关键情境变化，将之串联起来理解故事情节；观察关键细节，敏锐观察图画书中的细节。该活动中，教师通过图片对幼儿进行引导，幼儿能够观察关键表情和图画中细节，感受到主人公的情感变化。

2. 幼儿在观察图画书基础上，进一步理解图画书内容。幼儿从一开始理解不同图画形象之间的关系，到能够用口语讲出画面内容或重点内容，会逐渐明白需要联系前后页图画信息进行理解的事件，并能加入自己的想象表述阅读内容。通过观察图画细节，初步理解图画书中人物的心理与情感，对图画书所蕴含的某个深层次概念能够获得初步认知，并使用口语或者其他方式流畅地表达自己对阅读内容的理解。该活动中，教师鼓励幼儿讲出自己想象、理解的内容，并逐图出示。一开始的三张图是有情节的，该教师分开出示，让孩子逐渐学会观察画面，学会从图上的信息中推测出故事情节。之后的四张图片一起出示，孩子在有了看图的经验后，能学会自己看图，并完整讲述，这符合幼儿的最近发展区。

（三）本次教学活动中值得肯定的地方

1. 语言领域与艺术领域的有机结合。《3—6 岁儿童学习与发展指南》中指出，在幼儿的成长过程中，语言的学习与发展可以有效地帮助他们理解音乐、美术的内容，而音乐、美术符号系统的学习和使用，也可以有助于幼儿表情达意。幼儿的语言发展与艺术及其他方面是相辅相成、密不可分的。有时，语言不一定能完全表达清楚的东西，绘画表达是一种很好的选择。中班幼儿有时不能用清晰的语言来表达自己的想法。在该活动中，活动延伸加入了一个绘画环节，绘画记录在爱心卡片上并装饰在教师墙面，画面能较好地提醒幼儿多关心他人。

2. 小组讨论的方式可以帮助幼儿将故事表述完整，同时发展其社会性。支架教学强调学习过程中幼儿的主动性、建构性，在整个过程中，强调师幼互动和幼幼互动沟通交流协调，共同解决同一问题。在该活动中，教师能够引导幼儿小组讨论，互相提高，这是我们所倡导的教学法，有利于幼儿语言表达的发展和社会性的提高。

（四）本次活动需要注意和改进的地方

整堂活动语气平淡，没有做到抑扬顿挫、情绪高昂，孩子无法捕捉到重难点；在提问阶段急于求成，语速过快，没有给幼儿足够的思考时间。建议语速平缓，重点突出，将幼儿带到故事情境当中。

附：教学案例使用说明

中班语言活动：小猫生病了

（一）教学目的与用途

1. 本案例主要适用于幼儿园语言教学法课程，也适用于幼儿园教育评价课程。

2. 本案例的教学目的：在了解中班幼儿语言发展特点的基础上，利用绘本这种独特的形式对幼儿进行适宜的语言教育活动。在组织活动的过程中，既要考虑儿童的年龄特点，也要关注儿童的个别差异，同时要发挥教师的引导作用。

（二）启发思考题

1. 你如何看待中班幼儿语言发展的特点？

2. 绘本教学中教师如何保证提问的有效性？

3. 绘本教学中如何设计导入？

4. 你如何看待幼儿合作的重要性？

（三）分析思路

教师可以根据自己的教学目的来灵活使用本案例。这里提出本案例的分析思路，仅供参考。

1. 在使用这个案例时，要考虑到本次语言教育活动目标的制定。具体要求有四个：要依据语言活动目标的原则，制定具体的语言教学活动目标；要根据幼儿语言教育的内容，制定完整的语言教学活动目标；要依据幼儿语言发展的特点，制定语言教学活动的目标；要依据幼儿语言能力的发展，制定语言教学的活动目标。

2. 寻找内在的原因。中班幼儿语言发展的特点是什么？其语言发展受到的影响因素是什么？教师在其中承担的作用是什么？教师要在探寻这些问题的基础上进行深层思考。

3. 从《3—6 岁儿童学习与发展指南》和《幼儿园教育指导纲要》的角度解读这则案例。《指南》指出："语言是交流和思维的工具。幼儿期是语言发展，特别是口语发展的重要时期。幼儿语言的发展贯穿于各个领域，也对其他领域的学习与发展有着重要的影响；幼儿在运用语言进行交流的同时，也在发展着人际交往能力、理解他人和判断交往情境的能力、组织自己思想的能力。通过语言获取信息，幼儿的学习逐步超越个体的直接感知。"这段话告诉我们：语言发展是智力发展的基础。因此，语言的培养关系到孩子今后的发展。

（四）理论依据及分析

1. 幼儿身心发展规律的理论。幼儿身心发展规律表明：幼儿听觉和言语器官发育逐渐成熟，正确发出全部语音的条件已具备，幼儿期是人掌握语言的关键期。我们成人要在关键期重视培养幼儿语言表达能力，充分发挥幼儿语言发展的优势。

2.《纲要》中语言领域的"内容与要求"。它提出：鼓励幼儿用清晰的语言表达自己的思想和感受，发展幼儿语言表达能力；创造一个自由、宽松的语言交往环境，支持、鼓励、吸引幼儿与教师、同伴交谈，体验语言交流的乐趣；提供普通话的语言环境，帮助幼儿熟悉、听懂并学说普通话。"指导要点"提出：语言能力是一种综合能力，幼儿语言的发展与其情感、思维、社会参与水平、交流技能、知识经验等方面的发展是不可分割地联系在一起的，语言教育应当渗透在所有的活动中。

（五）背景信息

1. 关于本班幼儿的年龄特点和语言发展能力测查。幼儿语言的发展是随着神经系统和发音器官的成熟，在与人交往的过程中逐步实现的，它既受年龄因素制约，又存在较为明显的个体差异。

2. 教师个人的专业化水平分析。在教学活动中，儿童是主体，教师是

主导，教学水平高的教师能根据本班幼儿的特点组织适宜的教学。

（六）关键要点

1. 了解中班幼儿的语言发展特点，根据其特点组织适宜的语言教学活动才是解决问题的根本。在该案例分析中，这是一个要特别需要注意的问题。

2. 除了关注幼儿的语言发展特点，还要关注教师的有效提问。良好的提问和回应能够激发幼儿学习语言的积极性，同时为教学的高质量提供保证。

案例　中班语言活动：小兔子分萝卜

摘要：本案例描述了中班语言阅读的集体教育活动。教师进行《小兔子分萝卜》的绘本教学，让中班幼儿能够基本复述绘本内容，并且能够复述绘本故事的基本情节，借助绘本中小兔子从争抢萝卜到有秩序地排队分萝卜的过程体验规则的价值和意义，培养幼儿养成遵守规则的品质。

关键词：中班　语言活动　小兔子分萝卜　阅读策略　规则意识

引言：《3—6 岁儿童学习与发展指南》对中班幼儿的阅读理解水平提出了具体的要求："中班幼儿能大体讲出故事的主要内容，并且能根据连续画面提供的信息，大致说出故事的情节。"阅读对于儿童语言的发展有着重要的意义，儿童在阅读的过程中可以建构与之紧密相关的核心经验，在进行阅读的过程中需要掌握一定的阅读策略：预期、假设、验证以及比较等。

（一）提取语言教学中的片段进行分析

【教学片段一】

活动描述：教师通过 PPT 引入《小兔子分萝卜》的绘本阅读。

教师（带领孩子进入到小橘灯绘本馆）：一个寒假过去了，严老师都快认不出你们了，今天咱们到绘本馆，老师带领你们一起阅读一本书。你们平时喜欢看书吗？

幼儿 A（专注看着老师，并且在挖着鼻孔）：我爱看书，寒假我买了很多书。

教师（轻轻走过去，然后抚摸着幼儿 A）：哎，老师好喜欢爱读书的小朋友。（这时候幼儿 A 的视线被转移，脸上露出微笑。）

教师（出示了一张冬天的 PPT 图片，指着图片问道）：“来看看这里，这本书的故事是发生在这样一个季节，这是一年的什么季节？图中都有什么呢?”（幼儿们先后回答了树叶、白雪、小兔子等。）

教师：我们今天要一起共读的书目就是《小兔子分萝卜》，小朋友和老师一起开启我们的共读之旅吧。

分析：一般儿童的阅读发展过程存在三个阶段：前阅读、前识字和前书写三个阶段，对于中班儿童的阅读应更加关注阅读过程。本片段语言集体活动，教师借助 PPT 这一现代媒介，一步一步地引导儿童形成前阅读中的核心经验，借助于在阅读过程中对于“小兔子”以及“萝卜”等主角和事物的指认，帮助儿童加深对于故事中主要角色的认识和故事情节的猜想。在对小兔子以及冬天等背景知识的指认过程中也间接反映着儿童的感觉和知觉能力。借助图片以及提示性语言信息，可进一步促进儿童“朴素阅读模式”的形成，促进儿童的认知发展。

另外，教师没有对幼儿 A 的不良行为（挖鼻孔）进行言语的指责或者说教，而是利用表扬这种方式转移儿童的视线，在发现该名儿童有挖鼻孔的行为时，教师采用微笑、视线的关注，降低儿童挖鼻孔的不良行为发生次数。

【教学片段二】

活动描述：教师带领儿童共同阅读绘本《小兔子分萝卜》

教师：外面下着大雪，老爷爷坐在屋子里，焦急地看着外面的窗户，说道，噢，这样大的雪，这样冷的天，小兔子们一定饿坏了。（PPT 中出现了一个问题：老爷爷要干吗?）小朋友们猜猜老爷爷要去干吗?

幼儿 G：他要去外面看雪花，外面的雪花好大啊！

教师：（看着幼儿 G）小朋友再看看，还有没有其他的答案?

幼儿 A（该名幼儿的注意力开始不集中，老师关注到孩子的行为，然后用手轻轻地触碰了一下孩子的小脑袋）：老爷爷扛着萝卜去喂小兔子。

教师：这两位小朋友到底哪个的回答是正确的？（教师移动鼠标，出来老爷爷扛着一袋子萝卜来到了兔子窝，然后把所有的萝卜倒在了雪地上，堆成一个萝卜山。）

教师：小朋友们，原来老爷爷背着袋子去给小兔子送食物了。看着这些萝卜，小兔子们都露出了兴奋的表情，但是这时一个小兔子说：我们怎么分这些小萝卜啊？

教师：小朋友们，我们帮着小兔子们来分下这些萝卜吧，都有什么样的办法？

幼儿们开始聚在一起窃窃私语地讨论，这时候一名幼儿说：看看谁抢得快，抢到的就是它的。

教师：小朋友们认为这样可以吗？用抢的方式，谁的速度快力气大就抢得多？

幼儿们：不可以这样，这样他们都会受伤，速度慢的又抢不到，那该怎么办呢？

分析：中班幼儿在阅读方面，需要具备基本的前阅读经验，在幼儿的前阅读核心经验中需要获得有关“阅读内容的理解和阅读的策略形成”的经验。学前儿童需要获得的基本阅读策略有预期、假设、验证以及比较等。在本片段的阅读教学过程中，幼儿教师假设了老爷爷在大雪天背着大袋的萝卜，然后追问老爷爷的目的，两名幼儿进行了不同的回答。在这个过程中，幼儿的“去外面看下雪”还是“老爷爷扛着袋子去喂小兔子”等不同的回答以及最后的验证过程，可以帮助幼儿获得预期、假设以及验证等阅读策略，进而帮助中班幼儿更好地理解图画书的内容，有利于促进孩子们养成自主阅读的习惯。

另外，从提问上看，该名教师使用多次“开放提问”，在分配萝卜的问题上，提出了“我们帮助小兔子们来分萝卜”。开放问题的设置可以促进儿童的思维发展。最后幼儿们听完前面小朋友提出“抢”的办法后，表现出明显的悲伤情绪，这也符合《指南》提出的中班幼儿能随着作品的展开产生喜悦、担忧等相应的情绪反应，体会作品情感的教育要求。

【教学片段三】

活动描述：教师和幼儿利用弹弹球分萝卜，形成初步的规则意识。尝试认识数字的分解关系。

教师：哎，小朋友发现，怎样也无法保证每一个小兔子获得合适的萝卜。老师这里有一个法宝（教师展示了一个弹弹球的的装置）。小朋友们猜一下这个法宝是什么？

教师（将三个准备好的萝卜糖放在里面，然后拉动下面的弹簧。然后小萝卜糖全都掉了出来）：小朋友们看，神奇吗？现在我们就利用这个法宝帮小兔子来分萝卜（教师拖动鼠标出现兔子小红和兔子小绿），老师来扮演小兔子，那么谁来扮演小红和小绿呢？先问下谁来扮演小红？

教师：小朋友们，小红兔子选好了，那么谁来扮演小绿呢？

幼儿G：老师，我的衣服是绿色的，让我来扮演小绿兔子吧。

教师：我们现在已经选择好了，那么我们说下谁要弹弹球里面的萝卜，谁要弹弹球外面的萝卜？

幼儿G：老师，我要弹弹球里面的。（老师说：好，那你就要弹弹球里面的。）

教师（将三个萝卜放进去，用力一弹，出来两个，留下来一个）：你们谁要弹弹球里面的，赶紧拿萝卜，另一名拿外面的萝卜，然后到旁边吃。还有谁没有吃到萝卜？老师带你们玩一个游戏，我后面的桌子上有一些卡片，你们试着把卡片上的萝卜分成两组，分成之后，老师奖励你们每人两个萝卜糖。

幼儿们集体向后面的桌子走去，尝试将三个萝卜分成两组。

分析：规则意识的养成是本次活动的一个核心经验，本片段的活动设计借助游戏帮助幼儿形成基本的规则，从而形成规则意识。皮亚杰认为，儿童的游戏本身就构成了最初的规则。借助规则游戏，幼儿可以获得所扮演角色以及存在的行为规范。这个活动过程中，教师在萝卜糖的分配上，先制定了一个基本的规则，并且让幼儿参与到规则的制定之中，儿童能够形成对于自己角色的规定，进而在游戏的过程中遵守已有的规定，并且将这样的规则内化到心中，形成早期的规则意识。

另外，在本次教学中还渗透了一些数学的思维。关于数字的分解，在《3—6 岁儿童学习与发展指南》中属于中班数学领域的基本要求，该名教师试图利用游戏进行数的分解经验渗透，最终实现预设的目标。借助游戏，幼儿获得对于数字“3”的两种分解形式：一种是“弹弹球里面一个萝卜，外面两个萝卜”，一种是“弹弹球里面两个萝卜，外面一个萝卜”。

吉布森认为，幼儿对于概念的学习是需要两个阶段：语义概念和符号概念。利用游戏可以较好获得语义概念，但是符号概念需要更高水平的思维。事实上，幼儿对数学概念的获得也是来源于真实的生活经验，该名教师在教学的过程中渗透着数的分解概念，也会促进儿童概念性的学习。

（二）对教学活动片段的总体反思

这次活动属于阅读教学，根据学者周兢的观点，中班幼儿的阅读属于前阅读阶段，在这个阶段包含了很多阅读的核心经验。前阅读过程中可以促进幼儿学习以及掌握基本的阅读技巧，诸如预期、假设、验证以及比较等策略，该名教师在进行教育活动中先后使用了预期、假设以及验证等策略。

另外，前阅读中的核心经验与儿童的情绪以及社会性发展有紧密的联系，在本次语言教学的活动设计中渗透着社会领域中的规则意识培养。《3—6 岁儿童学习与发展指南》在社会领域中关于中班幼儿的基本行为规范中有着明确的说明：“中班幼儿需要感受规则的意义，并能基本遵守规则。”借助于游戏的设计可以更好地促进儿童规则意识的建立。利用弹弹球分萝卜的游戏，儿童能够形成对于自己角色的规定，进而在游戏的过程中遵守已有的规定，并且将这样的规则内化，形成早期的规则意识。另外，借助游戏进行超越本年龄的教学活动，成效也是显而易见的。

（三）本次教学活动中值得肯定的地方

1. 教学的总体设计基本符合中班幼儿的语言发展水平；借助游戏的形式利于帮助儿童获得初步的规则意识，进而养成遵守规则的习惯。

2. 在阅读环节中利用预期、假设、验证以及比较等策略可促进幼儿的认知发展以及获得早期的前阅读核心经验和核心素养。

3. 在教学中利用一些基本的图片以及幼儿的原有经验进行绘本关键信息的串联，促进了幼儿对于故事的理解。关注细节问题，并且通过采用开放性提问促进了儿童的认知发展。

（四）本次活动需要注意和改进的地方

教师在集体教学过程中忽视部分儿童的情绪。教师应尽量关注每一位幼儿的发展和特殊需求，关注儿童的情绪变化，并且在集体教学活动后进行一定的引导。

附：教学案例使用说明

大班语言活动：小兔子分萝卜

（一）教学目的与用途

1. 本案例主要适用于幼儿园语言教学法课程，也适用于幼儿园社会教育等课程。

2. 本案例的教学目的：在了解 4—5 岁幼儿语言阅读发展特点的基础上，利用绘本这种独特的文学形式对幼儿进行适宜的语言教育活动。在组织活动的过程中，既要考虑儿童的年龄特点，也要关注儿童的个别差异，同时要发挥教师的引导作用。

（二）启发思考题

1. 你如何看待中班幼儿语言阅读水平发展的特点？

2. 教师在本次阅读活动中使用了哪些阅读策略和方法？

3. 如何进行中班幼儿规则意识的培养？规则游戏是什么？意义在哪里？

4. 该名教师是如何进行数的分解的？

（三）分析思路

教师可以根据自己的教学目的来灵活使用本案例。这里提出本案例的分析思路，仅供参考。

1. 在使用这个案例时，要考虑到本次语言阅读活动目标的制定。具体要求有四个：要依据语言活动目标的原则，制定具体的语言阅读活动目标；要根据幼儿语言阅读教育的内容，制定完整的阅读教学活动目标；要依据幼儿思维发展的特点，制定完整的教学活动的目标；要依据幼儿语言能力的发展，制定语言教学的活动目标。

2. 寻找内在的原因。中班幼儿思维发展的特点是什么？其思维发展受到的影响因素是什么？教师在其中承担的作用是什么？教师要在探寻这些问题的基础上进行深层思考。

3. 从《3—6 岁儿童学习与发展指南》和《幼儿园教育指导纲要》的角度解读这则案例。《指南》指出："语言是交流和思维的工具。幼儿期是语言发展，特别是口语发展的重要时期。幼儿语言的发展贯穿于各个领域，也对其他领域的学习与发展有着重要的影响；幼儿在运用语言进行交流的同时，也在发展着人际交往能力、理解他人和判断交往情境的能力、组织自己思想的能力。通过语言获取信息，幼儿的学习逐步超越个体的直接感知。"这段话告诉我们：语言发展是智力发展的基础。因此，幼儿语言的培养关系到孩子今后的可持续发展。

（四）理论依据及分析

1. 幼儿身心发展的规律的理论。幼儿身心发展的规律表明，幼儿听觉和言语器官发育逐渐成熟，正确发出全部语音的条件已具备。幼儿期是人掌握语言的关键期，我们成人要在关键期重视幼儿的语言表达能力的培养，充分发挥幼儿语言发展的优势。

2.《纲要》中语言领域的"内容与要求"。它提出：鼓励幼儿用清晰的语言表达自己的思想和感受，发展语言表达能力；创造一个自由、宽松的语言交往环境，支持、鼓励、吸引幼儿与教师、同伴交谈，体验语言交流的乐趣；提供普通话的语言环境，帮助幼儿熟悉、听懂并学说普通话。"指导要点"提出：语言能力是一种综合能力，幼儿语言的发展与其情感、思维、社会参与水平、交流技能、知识经验等方面的发展是不可分割地联系在一起的，语言教育应当渗透在所有的活动中。

（五）背景信息

1. 关于本班幼儿的年龄特点和语言发展能力测查。中班幼儿的思维以及语言的发展是受到诸多因素制约的，因而在进行教学活动中要尽可能使用诸如阅读策略或者认知思维策略，比如归纳、演绎或者比较等，促进儿童的思维水平发展。

2. 教师个人的专业化水平分析。在教学活动中，教师应该要处理好儿童与教师之间的关系，构建良好的师幼互动，要时刻坚守教学活动组织初心：儿童是主体，教师是主导。掌握一定的观察技能和方法，了解每一位儿童的最近发展区，进行最适宜的教学活动组织。

（六）关键要点

1. 了解中班幼儿的语言发展特点，根据其特点组织适宜的语言教学活动才是解决问题的根本。在该案例分析中，这是一个特别需要注意的问题。

2. 除了关注幼儿的语言和思维发展特点，还要关注教师的有效提问，真正做到根据中班幼儿的年龄心理特征进行具体的教学活动设计和教学活动安排。

三、 社会领域

案例　中班社会活动：狼和七只小羊

摘要：本案例描述了教师在幼儿园中班开展社会活动，引导幼儿学习《狼和七只小羊》的绘本，目的在于引导儿童通过阅读绘本获得复述、表演故事以及连贯表达绘本内容的能力，体验羊妈妈从快乐、悲伤到勇敢自信的情绪变化，并且最终认识到危险与困难没有那么可怕，要用方法去战胜它，要有一颗勇敢尝试的心。

关键词：中班　社会活动　狼和七只小羊　连贯表达　勇敢尝试

引言：4 岁是幼儿语言发展爆发期，同时也是品格可塑性非常强的关键期。在《3—6 岁儿童学习与发展指南》的社会领域目标中，针对 4—5 岁的幼儿年龄阶段目标 3“具有自尊、自信、自主的表现”指出，幼儿应“敢于尝试有一定难度的活动和任务”。随着年龄的增长，儿童的自信、勇敢表现整体上呈迅速发展的趋势，但个别幼儿还是比较害羞、胆怯，教师要通过具体的教育教学活动，逐步消除幼儿的害怕情绪，培养幼儿自尊、自信、自主的能力，塑造幼儿勇敢的品格。

（一）提取绘本教学中的片段进行分析

【教学片段一】

活动描述：教师在绘本教学活动中引导幼儿感知故事中的“勇敢”。

教师（出示绘本封面）：小朋友们猜一猜，这个故事的内容是什么？

幼儿 A：这是关于小羊和大灰狼的故事。

幼儿 B：大灰狼肯定会把小羊们都吃掉的。

教师：如果你是羊妈妈，宝宝被吃掉了，你们会怎样做呢？

幼儿 C：让猎人把大灰狼打死。

幼儿 A：可是我害怕大灰狼，怎么办？(浑身发抖的样子。)

教师：想一想狼和七只小羊会发生什么样的故事呢？

幼儿 D：我觉得大灰狼太恐怖了，小羊会吓跑的。（一下子安静了起来。)

教师出示绘本 PPT，并逐页讲解故事内容，幼儿熟悉故事情节。

幼儿 B：呀！大灰狼出现了，千万不要开门啊！(情不自禁地说出。)

幼儿 C（装大灰狼)：我的孩子们，快开门啊，你们的妈妈回来了，快点儿开门啊……

幼儿 D：哦，好害怕呀，我害怕。

幼儿 A：没关系，我来保护你。(一边说一边拉住了她的手。)

分析：在绘本教学活动中，有效提问非常重要。在此次的教学活动中，教师的提问包含描述性提问、思考性提问、假设性提问三种形式，其中描述性提问一次，假设性提问一次，思考性提问一次。以提问的方式激发幼儿对故事的学习兴趣，通过交流、讨论、分享自己的意见，配以声情并茂的故事讲解以及绘本 PPT 给幼儿营造出绘本中的语言情境，感知故事中蕴含的勇敢，在这个过程中，孩子们出现了害怕、紧张、勇敢等情绪变化，对其后培养幼儿自信、自主进行了心理铺垫。当然，此次教学活动中教师的提问方式也有需改进的地方，比如“想一想狼和七只小羊会发生什么样的故事呢?”这一问题属于开放性提问，也是思考性的提问，但是给予幼儿自主回答的次数与时间比较少，所以要充分地给予幼儿思考、回答的时间，体现以幼儿为本的教育理念。

【教学片段二】

活动描述：绘本阅读过程中教师引导幼儿复述绘本中的内容，帮助幼儿逐步建立自信。

教师：还记得狼和七只小羊的故事吗?

幼儿A：七只小羊战胜了大灰狼。

幼儿B：羊妈妈不怕危险救出她的孩子们。

教师：那谁还记得绘本中的故事内容呢？可以给大家讲一讲吗？想要尝试可以举手告诉我。

大多数幼儿都举手了，有个别幼儿未举手。于是教师根据幼儿平时的表现，选择了一位很少参与活动的女孩，她摇摇头放弃了这次机会，没有讲述。但对于她这次积极主动地举手表示发言的行为，老师及时给予了表扬。

幼儿C（自信满满地)：我，我想来试试。

教师：可以，那你来试试吧，我们大家一起看看他能不能把故事内容说出来。

幼儿C（从自己的座椅上走到了集体面前)：从前，在一片大森林里，生活着羊妈妈和七只小羊，羊妈妈要去森林里采食物了，对孩子们说：孩子们，妈妈要去采食物了，没回来之前，千万不要开门，否则大灰狼会把你们连皮带毛统统吃掉。羊妈妈没走多久，大灰狼就来了，它模仿羊妈妈的声音说……嗯，我忘记说什么了？(右手开始摸着头，思考半天。)

教师：他讲的内容对吗？谁来帮帮他呢?

幼儿B（捏着鼻子急忙补充道)：孩子们，你们的妈妈回来了，快点儿开门呐。

幼儿C听到同伴的提示之后，重复了同伴说的这句话，然后继续讲述故事，讲完之后说：我的故事讲完了，谢谢大家。

教师：小朋友们，他的故事讲完了，你们觉得怎么样呢？我们大家先为他勇敢地站出来讲故事的勇气鼓掌。

幼儿A：老师，他忘了一段，就是羊妈妈让第七只小羊去拿针线，然后小羊们搬了很多石头放到了大灰狼的肚子里，把大灰狼的肚子缝住。

教师：对，让我们一起来说得更完整一点。

幼儿B：还有就是大灰狼去了面包房，用面粉把爪子涂白，是第三次去小羊家，小羊们以为是妈妈回来了，给大灰狼开门了，小羊们吓得四处躲藏，大灰狼把抓到的小羊都吞到肚子里，只有第七只小羊没有被大灰狼发现……

教师：你回答得真完整，老师给你点赞。

分析：《幼儿园教育指导纲要》社会目标中的第一条就是幼儿能主动地参与各项活动，有自信心。《3—6岁儿童学习与发展指南》中明确强调了要尊重儿童，关注每一个儿童的发展。在这个教学活动中，教师注意到了胆小、内敛的孩子，对于他们来说，举手就是一种自信的表现，当孩子迈出第一步之后，教师给予及时的回应，落实了纲要与指南精神。教学中充分运用了生生互动的学习方式，在社会领域活动中，同伴之间的学习往往是最有效的。

【教学片段三】

活动描述：在绘本复述基础上，进一步理解绘本人物特征，体验故事中的勇敢。幼儿分角色进行绘本故事人物对话练习。

教师：小朋友们，还记得我们上次学的故事吗？

幼儿B：是狼和七只小羊。

教师：故事中羊妈妈对羊宝宝说了什么话？大灰狼又说的什么呢？

幼儿A：有点儿记不清楚了。

教师：那今天老师先完整讲一遍故事呢？还是小朋友们来说一说故事呢？

幼儿B：那，还是老师请先说一遍吧。（充满期待地望着老师。）

教师：播放绘本 PPT，带领幼儿一起再次熟悉故事情节。从前，在一片大森林里……

教师：羊妈妈要去干什么？对羊宝宝们说了什么话呢？大灰狼来干什么了？它是怎样做的？大灰狼又去了哪里，说了哪些话呢？

幼儿 A：羊妈妈说，妈妈要去森林里采食物了，千万不要给大灰狼开门，否则它会把你们连皮带毛统统吃掉。羊宝宝说，好的，妈妈，我们不会给大灰狼开门的。

幼儿 B：大灰狼来到了小羊家门口，声音粗哑地说，快开门呐，你们的妈妈回来了。小羊说，你不是我们的妈妈，我们妈妈说话声音又温柔又好听。于是大灰狼去了蜂房，吃了很多蜂蜜。

教师：你们的记忆力非常的强，给你们点赞！现在想一想大灰狼一共去了几次小羊的家，分别都做了什么呢？

幼儿 C：大灰狼一共去了三次小羊的家，第一次是用沙哑的声音说话被小羊发现了。第二次是去蜂房改变声音，第三次是去面包房。

教师：（将绘本打印成图片贴到黑板上，便于幼儿观看。）现在我们玩一个游戏，九个小朋友一组，其中角色有故事独白一人、大灰狼、七只小羊。自己商量扮演的角色，练一练对话，看哪组小朋友能够说得最完整，说得最完整的那组，在大家面前勇敢进行展示呦，加油。（教师观察幼儿的结组情况，以免出现人数不够或者人数过多，必要时帮助其安排。）

分析：按《幼儿园教育指导纲要》社会领域中的“内容与要求”第三条：提供自由活动的机会，支持幼儿自主地选择、计划活动，鼓励他们通过多方面的努力解决问题，不轻易放弃克服困难的尝试。这一片段看出，教师让幼儿自愿结组，尝试进行角色分工，然后分角色进行对话练习，用游戏的方式激励幼儿主动展示自己。

（二）对教学活动片段的总体反思

绘本是幼儿最喜欢的，在观看与倾听绘本过程中将绘本中的故事进行经验的迁移与拓展，利用绘本培养幼儿的社会性是非常有效的一种手段。

1. 幼儿在学习绘本的过程中，感受绘本中所蕴含的勇敢，进而延伸至幼儿的自身行动中，激发幼儿与人交往的意愿。该活动中，教师讲到羊妈妈回到家得知小羊们被大灰狼吃掉了这一画面时，对幼儿进行引导，使幼儿观察关键表情和细节，感受绘本主人公的情感变化。

2. 以角色分工和练习对话的形式教育幼儿与同伴相处。在练习对话的基础上，进一步增进同伴交往的机会，在这个过程中，幼儿与幼儿之间尝试进行对话。该活动中，老师鼓励幼儿大声、流利、迅速地讲述绘本中图画所传达的含义，并反复练习。

3. 在活动进行中，个别幼儿对大灰狼假装羊妈妈去哄骗小羊表现出害怕，坐在旁边的小男孩儿及时拉住她的手说要保护她。当同伴出现害怕的时候，幼儿能够有意识地关心与帮助同伴，教师对其行为及时进行鼓励，树立榜样，使良好的社会交往行为得以被幼儿们模仿。

（三）本次教学活动中值得肯定的地方

1. 结合幼儿的年龄发展特征及其兴趣选择绘本，在教学活动安排中，从开始感知勇敢到体验勇敢最后到勇敢表演，逐渐提高难度水平，帮助幼儿自信、自主能力的养成。教学互动中，调动同伴学习的积极性，并围绕教学目标进行，结构层次清晰，教师教态自然，讲故事的语音语调符合故事的情绪与意境。

2. 利用故事表演的形式锻炼幼儿的自信、自主的能力。教师利用绘本激发幼儿勇敢展示自我的能力。在教学活动过程中，可以看出教师不仅面向全体，而且重视个体差异。在幼儿尝试角色的分工与扮演的过程中，尊重幼儿的意愿，注重幼儿自身的需求，体现了以幼儿为主体的教育原则。

（四）本次活动需要注意和改进的地方

从教师的提问与回应上看，提问的方式有开放性提问与封闭性提问两种方式，在此教学活动中，教师提问涉及三种不同类型：描述性、思考性、假设性。其中描述性与思考性的提问比较多，而假设性的提问较少，留给幼儿回应的机会与时间也比较短。此外，在提问中增加反问的形式，更易激发幼儿回应问题的积极性。通过教学过程的实录看到，教师对幼儿的回应主要以言语的方式，非言语的回应较少，所以建议教师丰富自己对幼儿回答的回应方式，以进一步激发幼儿表达的欲望与兴趣。此外，师幼小结比较少，幼儿表述完自己的想法，教师应及时进行概括总结，从幼儿的回答中延伸出更具有探究性的问题，多以开放性的提问为主。从活动的总体控制上看，存在以教师为主的高控性，教学活动的设计基本是围绕教师设计按部就班进行，因此应多注重幼儿在活动中的表现，及时调整自己的教学活动计划，不要被自己的计划所束缚。

附：教学案例使用说明

中班社会活动：狼和七只小羊

（一）教学目的与用途

1. 本案例主要适用于幼儿园社会教学法课程，也适用于幼儿园教育评价课程。

2. 本案例的教学目的：在了解4—5岁幼儿社会发展特点的基础上，利用绘本这种独特的文学形式对幼儿进行适宜的社会教育活动。在组织活动的过程中，既要考虑儿童的年龄特点，也要关注儿童的个别差异，同时要发挥教师的引导作用。

（二）启发思考题

1. 你如何看待中班幼儿勇敢品格的养成？

2. 教师的有效性提问在这次活动中是如何体现的？

3. 教师如何引导儿童对故事进行创造性表演？

4. 如何有效避免教师在组织活动中的高控性？

（三）分析思路

教师可以根据自己的教学目的来灵活使用本案例。这里提出本案例的分析思路，仅供参考。

1. 在使用这个案例时，要考虑到本次社会教育活动目标的制定。具体要求有四个：要依据社会活动目标的原则，制定具体的社会教学活动目标；

要根据幼儿社会教育的内容，制定完整的社会教学活动目标；要依据幼儿社会性发展的特点，制定社会教学活动的目标；要依据幼儿社会交往能力的发展，制定社会教学的活动目标。

2. 寻找内在的原因。中班幼儿社会发展的特点是什么？其社会发展受到的影响因素是什么？教师在其中承担的作用是什么？教师要在探寻这些问题的基础上进行深层思考。

3. 从《3—6 岁儿童学习与发展指南》和《幼儿园教育指导纲要》的角度解读这则案例。《指南》指出，幼儿自己的事情尽量放手让他自己做，即使做得不够好，也应鼓励并给予一定的指导，让他在做事中树立自尊和自信。鼓励幼儿尝试有一定难度的任务，并注意调整难度，让他感受经过努力获得的成就感。

幼儿的社会性主要是在日常生活和游戏中通过观察和模仿潜移默化地发展起来的。成人应注重自己言行的榜样作用，避免简单生硬的说教。幼儿社会领域的学习与发展过程是其社会性不断完善并奠定健全人格基础的过程，《纲要》中的社会领域要求为每个幼儿提供表现自己长处和获得成功的机会，增强其自尊心和自信心。幼儿与成人、同伴之间的共同生活、交往、探索、游戏等，是其社会学习的重要途径，因此，教师应为幼儿提供人际交往和共同活动的机会和条件，并加以指导。

（四）理论依据及分析

1. 幼儿身心发展特点的理论。4 岁是幼儿语言能力的爆发期，语言能力的发展影响着幼儿社会性的发展。幼儿期主要是在幼儿园，而幼儿园是幼儿除家庭之外面临的第一个社会环境，所以对于 3—4 年龄段的幼儿来说是社会交往能力提高的重要的时期。成人更应充分地认识到中班幼儿年龄阶段发展的特点，及时给予适当的教育，满足幼儿社会性发展的需求。

2.《纲要》中社会领域的“内容与要求”。它提出，在共同的生活和活动中，以多种方式引导幼儿认识、体验并理解基本的社会行为规则，学习自律和尊重他人。“指导要点”提出，社会领域的教育具有潜移默化的特点。幼儿社会态度和社会情感的培养尤应渗透在多种活动和一日生活的各个环节之中，要创设一个能使幼儿感到接纳、关爱和支持的良好环境，避免单一呆板的言语说教。

（五）背景信息

1. 关于本班幼儿的年龄特点和社会发展能力测查。幼儿社会性的发展是随着语言表达和气质类型的不同，在与人交往的过程中逐步实现的，它既受年龄因素制约，又存在较为明显的个体差异。

2. 教师个人的专业化水平分析。在教学活动中，儿童是主体，教师是主导，教学水平高的教师能根据本班幼儿的特点组织适宜的教学。

（六）关键要点

1. 了解中班幼儿的社会性发展特点，根据其特点组织适宜的社会教学活动才是解决问题的根本。在该案例分析中，这是一个特别需要注意的问题。

2. 除了关注幼儿的社会交往能力发展情况，还要关注教师的有效提问。良好的提问和回应能够激发幼儿社会交往的积极性，同时为教学的高质量提供保证。

案例　中班社会活动：关心他人我也会

摘要：教师通过展示图片和做游戏的方式引导幼儿大胆表达自己的见解，发展连贯性的口语表达能力和听说交往能力，并学习用正确、适当的方式表达对他人的关心，培养关心他人的情感。

关键词：中班　社会活动　关心他人我也会　连贯表达　关心他人

引言：3—6 岁是幼儿语言发展和自我意识形成的重要时期。幼儿在与成人、同伴交往的过程中，不仅学习如何与人友好相处，也在学习如何看待自己、对待他人，不断发展适应社会生活的能力。良好的社会性发展对幼儿身心健康和其他方面的发展都具有重要影响。作为教师，要引导幼儿尊重、关心长辈和身边的人，尊重他人劳动及其成果，为幼儿创设温暖、关爱、平等的集体生活氛围。

（一）提取社会领域教学片段进行分析

【教学片段一】

活动描述：师生共同玩游戏“听数报团儿”，引出活动主题。

教师：现在我们来玩一个“听数抱团儿”的游戏吧。我来讲一下游戏规则，老师念到数字几，几个小朋友就抱成团儿。（幼儿在教师的指令下开始做游戏，幼儿们积极性高涨。）

教师：刚才你们在做游戏的时候，心情怎么样啊？

幼儿集体：很开心，很快乐，很高兴。

分析：幼儿热衷于游戏，享受快乐，游戏也是幼儿的一种特殊形式的审美活动。抓住这一特点作为本次活动的切入点，通过游戏调动幼儿的学习兴趣，激发幼儿内在的学习机会，让幼儿愉快地接受教育，成为学习的主体，可促进同伴交往的发展。《幼儿园工作规程》指出幼儿园教育以游戏为基本活动，游戏的顺利进行与趣味性在于游戏规则的制定与遵守，建立在有效的规则之上的游戏才能够成为孩子们乐此不疲的经典游戏，而合作式的规则游戏因为更加符合中班年龄段孩子身心特点，最受幼儿的喜爱。“听数抱团儿”游戏的开展，能够自然地拉近幼儿之间的距离，体会到交往带来的乐趣。

【教学片段二】

活动描述：教师出示图片，引导幼儿学习关心他人的方法。

教师：大家看看，这个老爷爷怎么了？

幼儿 A：伤心了。

幼儿 B：很难过。

幼儿 C：不开心。

教师：说得很好，都对。你们是从哪里看出来的？

幼儿 A：因为他在叹气。

幼儿 E：他的眉头拧在一起。

幼儿 F：他的头发乱七八糟。

教师：嗯，小朋友们观察得真仔细，你们说得都对，从这些地方可以看出，老爷爷很难过。小朋友们难过时是什么样子的呢？我们也来表演看看吧。（幼儿做各种难过的动作，例如噘嘴、哭、叉腰等。）

分析：《3—6 岁儿童学习与发展指南》中指出，要引导幼儿仔细观察画面，结合画面讨论故事内容，学习建立画面与故事内容的联系。中班幼儿已经具备根据画面提供的信息大致说出故事的情节的能力，能够体会到作品所要表达的情绪情感。另外，《指南》社会领域中目标提到 4—5 岁幼儿能注意到别人的情绪，有关心、体贴的表现，并可以表达自己的情绪。该活动中，通过仔细观察，幼儿能够透过细节体会到老爷爷的悲伤和难过，并可以用自己的肢体语言表现出来。

【教学片段三】

活动描述：教师出示图片，引导幼儿讨论说出老爷爷变得快乐的原因，进行“一分钟快乐”的游戏。

教师：我们刚才在回答问题时，一切都发生了变化，老爷爷露出了笑脸。真奇怪，在这一分钟里到底发生了什么事，使老爷爷变得快乐起来了？你们来猜一下。

幼儿 A：应该是有人帮老爷爷捶背、捏肩膀了。

幼儿 B：给老爷爷唱歌，陪他说话了。

教师：大家想得真不错，做一件关心别人有意义的事，让老爷爷露出了笑脸。小朋友们也能通过自己的努力让别人快乐起来吗？

幼儿集体：能。

教师：接下来我们一起做一个游戏，名字叫作“一分钟快乐”。给你们一分钟的时间，让你的同伴快乐起来，做一件关心同伴的有意义的事情吧。

幼儿们有的互相捶背、捏肩膀，亲一亲，抱一抱；有的幼儿说你今天真漂亮；有的幼儿拉拉同伴的小手；有的幼儿唱起了歌。

教师：刚才小朋友们尝试了在一分钟内让老师和同伴快乐起来。在别人快乐的同时，你们的心情是怎么样的呢？

幼儿集体：也很快乐。

教师：当我们帮助别人，付出爱心的同时，我们自己也会感到快乐。在我们的日常生活中，有快乐的时候，也有伤心，难过的时候，所以我们要学会尽量让自己忘掉烦恼，只把快乐留在心里。

分析：《幼儿园工作规程》中指出：游戏是对幼儿进行全面发展教育的重要形式。本次活动中，通过限定时间让同伴快乐，调动了幼儿的积极性，激发了幼儿的兴趣，同时让幼儿体会到交往的乐趣，促进其社会性的发展。另外，幼儿园的品德教育应以情感教育和培养良好行为习惯为主，要面向全体幼儿，热爱幼儿，坚持积极鼓励、启发诱导的正面教育。该教师进行了开放性提问，发散幼儿的思维，锻炼其思考能力。《3—6 岁儿童学习与发展指南》中提到，良好的社会性发展对幼儿身心健康和其他方面的发展都具有重要影响。在本次活动中，教师用难过的老爷爷引导幼儿思考关心他人的方法，为幼儿创造了交往机会，让幼儿体会到交往的乐趣。

【教学片段四】

活动描述：教师规定情境，延伸到家庭教育。

教师：小朋友们，如果我们现在回家了，发现自己的爸爸妈妈不高兴了，你们准备怎么让他们快乐起来呢？

幼儿 A：我会唱一首歌。

幼儿 B：我会扮成大熊猫，因为妈妈喜欢熊猫。

幼儿 C：我会给妈妈倒水喝。

幼儿 E：我会给妈妈捶捶背。

幼儿 F：我会亲亲妈妈，然后抱抱她。

教师：刚才你们想了这么多的方法，等回到家后就请你们用这些办法让你们的爸爸妈妈快乐起来吧！

分析：《3—6 岁儿童学习与发展指南》中指出，幼儿社会领域的学习与发展过程是其社会性不断完善并奠定健全人格基础的过程。人际交往和社会适应是幼儿社会学习的主要内容，也是其社会性发展的基本途径。幼儿在与成人和同伴交往的过程中，不仅学习如何与人友好相处，也学习如何看待自己、对待他人，不断发展适应社会生活的能力。教师有责任引导幼儿尊重、关心长辈和身边的人。该活动中，通过设置情境，让幼儿表达面对父母不快乐时的应对措施，不仅锻炼了幼儿语言表达，还让幼儿体会到关心自己的亲人的情感，促进其社会性的发展。同时《纲要》中指出社会学习是一个漫长的积累过程，需要幼儿园、家庭和社会密切合作，协调一致，共同促进幼儿良好社会品质的形成。

（二）对教学活动片段的总体反思

《3—6 岁儿童学习与发展指南》指出，社会领域的教育具有潜移默化的特点。幼儿社会态度和社会情感的培养尤应渗透在多种活动和一日生活的各个环节之中，要创设一个能使幼儿感受到接纳、关爱和支持的良好环境，避免单一呆板的言语说教。幼儿与成人、同伴之间的共同生活、交往、探索、游戏等，是社会学习的重要途径。应为幼儿提供交往和共同活动的机会和条件，并加以指导；通过游戏的方式，使幼儿乐意与人交往，学习互助、合作和分享，让幼儿在轻松、自主的环境中充分尝试，让每个孩子都能体验合作互助、关心他人的乐趣。

（三）本次教学活动中值得肯定的地方

1. 选择材料合理。在该活动中，教师用图片激发孩子们的讨论，在游戏中通过观察和模仿潜移默化地发展起幼儿的社会性，这符合《3—6 岁儿童学习与发展指南》的要求。

2. 注重整合教育。社会教育的基本特点是整合性与潜移默化。体现在具体的教学活动中，尤其应该强调整合性，从而走出呆板说教的困境。本案例注重与日常生活的有机整合，不仅将日常生活中有意义的教学主题融入活动，而且与家庭生活教育结合，渗透到日常生活中，使幼儿体会到关心朋友、老师和父母的情感。

（四）本次活动需要注意和改进的地方

1. 内容欠丰富。作为教师，应尽可能地将五大领域有机结合，共同为幼儿的社会性发展服务。在本活动中，可以加入绘本《我会关心他人》，先采用绘本共读的形式，使幼儿将情感迁移到自己的身上，从而更深刻地理解关心的含义，丰富活动的主题，并能得到升华，从而促进幼儿社会性的发展。

2. 活动存在教师高控性。教师的高主导性使幼儿难以保持长时间的注意力。建议让幼儿多回答一些开放性问题，给幼儿多一些思考时间，多听听幼儿的声音，把课堂还给幼儿。

附：教学案例使用说明

中班社会活动：关心他人我也会

（一）教学目的与用途

1. 本案例主要适用于幼儿园教育评价课程，也适用于儿童心理发展学课程。

2. 本案例的教学目的：中班幼儿是进行合作训练的萌芽期，通过游戏的方式展开幼儿社会性发展的活动，促进同伴之间的互动和交往以及与人沟通、和睦相处、共同生活的社会能力。在组织活动的过程中，既要考虑儿童的年龄特点，也要关注儿童的个别差异，同时要发挥教师的引导作用。

（二）启发思考题

1. 你如何看待中班幼儿社会性发展的特点？

2. 在组织社会活动时如何走出“言语说教”的困境？

3. 幼儿园的社会教学中如何做到预设与生成的有机结合？

4. 如何理解“关心他人”对幼儿发展的重要性？

（三）分析思路

教师可以根据自己的教学目的来灵活使用本案例。这里提出本案例的分析思路，仅供参考。

1. 在使用这个案例时，要考虑到社会教学应让预设与生成有机结合起来。首先，内容的来源是贴近幼儿社会生活的；其次，将各年龄阶段幼儿的社会性发展要求细化到各类教学方案中，制定好各阶段的社会教学计划；最后要根据幼儿产生的话题生成教学活动，同时这些内容又是基于幼儿当前需求的。

2. 寻找内在的原因。中班幼儿社会性发展的特点是什么？其社会性发展受到的影响因素是什么？教师在其中承担的作用是什么？教师要在探寻这些问题的基础进行深层思考。

3. 从《3—6 岁儿童学习与发展指南》和《幼儿园教育指导纲要》的角度解读这则案例。《指南》中关于社会领域的目标提到“能注意到别人的情绪，并有关心、体贴的表现”，作为教师要能够结合实际情境，提醒幼儿注意别人的情绪，了解他们的需要，给予适当的关心和帮助。《纲要》中指出，教师应成为幼儿学习活动的支持者、合作者和引导者，创造环境和机会鼓励幼儿间的同伴交往和互动。

（四）理论依据及分析

1. 幼儿心理学的理论。主动感是幼儿期的重要需要，幼儿经常处于被支配、从属的地位，而游戏给幼儿提供了主动活动的机会。这种主动感的满足是在其他活动中无法获得的，同时，中班幼儿的高级情感也有了初步发展，中班幼儿不但关心自己的行为是否符合道德标准，而且也开始关心别人的行为，产生相应的情感。

2.《指南》中社会领域对中班幼儿的要求。“人际交往”中的目标 2 指出：“喜欢和小朋友一起游戏，有经常一起玩的小伙伴；喜欢和长辈交谈，有事愿意告诉长辈；能注意到别人的情绪，并有关心、体贴的表现；能体会到父母为养育自己所付出的辛劳。”所以，幼儿社会领域的学习与发展过程是其社会性不断完善并奠定健全人格基础的过程。幼儿在与成人和同伴交往的过程中，不仅学习如何与人友好相处，也在学习如何看待自己、对待他人，不断发展适应社会生活的能力。良好的社会性发展对幼儿身心健康和其他各方面的发展都具有重要影响。

（五）背景信息

1. 关于本班幼儿的年龄特点和社会性发展能力测查。幼儿社会性的发展是随着生理和心理的成熟，在与人交往的过程中逐步实现的，它既受年龄因素制约，又存在较为明显的个体差异。

2. 教师个人的专业化水平分析。在教学活动中，儿童是主体，教师是主导，教学水平高的教师能根据本班幼儿的特点组织适宜的教学。

（六）关键要点

1. 在幼儿的学习中，“社会”是一个综合的学习领域。社会学习往往融合在各种学习活动中，并渗透于幼儿一日生活的各个环节。并且，社会学习具有潜移默化的特点，尤其是社会态度和社会情感的学习，往往不是教师直接“教”的结果。幼儿主要是通过在实际生活和活动中积累有关的经验和体验来学习的。教师要注意通过环境影响和感染幼儿。

2. 除了关注幼儿的社会性情感发展特点，还要关注幼儿社会教学的内容与方法。不仅要注意教育内容之间的整合，还要做好活动的开发与创新，真正引发幼儿参与的兴趣，符合幼儿的需要，引发幼儿最大程度的体验。

案例　中班社会活动：一本关于颜色的黑书

摘要：中班幼儿需要掌握一定的人际交往技能，其中关心尊重他人是最为重要的能力。本案例借助于绘本“黑色的书”，让中班幼儿们懂得关心、尊重的力量；借助于回顾颜色的活动，让中班幼儿在真实的情景中学会关心和尊重他人、善待他人、与他人和谐相处，最终不断促进中班幼儿社会人际交往能力的发展。

关键词：中班　社会活动　黑色的书　社会人际交往

引言：《3—6 岁儿童学习与发展指南》针对 4—5 岁的幼儿在社会领域需要达到的目标提出，幼儿能注意到别人的情绪，并有关心、体贴的表现。众所周知，4—5 岁是幼儿情感发展的重要时期。因此，培养中班幼儿关心尊重他人的能力是很有必要的，能为幼儿终身发展奠定必要的基础，同时也为幼儿适应社会发展所需要的能力奠定基础。

（一）提取绘本教学中的片段进行分析

【教学片段一】

活动描述：教师在大屏幕上展示绘本的名字《一本关于颜色的黑书》，教师让幼儿回答有没有奇怪的地方。幼儿纷纷看向大屏幕，幼儿 A 回答说：这是一本关于颜色的书，可是怎么又会有黑色呢？随后教师给每个幼儿分发这本书，让幼儿思考有什么奇怪的地方。

幼儿们高高兴兴、认认真真地打开书，有的说书里有羽毛，有的说这是什么意思，有的说太奇怪了吧，有的说下雨了。幼儿A说：这本书里的草莓是黑色的。教师追问：只有草莓是黑色的吗？幼儿B说：这本书里面什么都是黑色的。教师接着说：我刚才看到有的小朋友摸了摸书，谁能说说摸完是什么感觉？幼儿C说：很滑。幼儿D说：很粗糙。教师问幼儿到底是粗糙还是滑，幼儿回答很滑，教师继续追问，为什么会有粗糙的感觉呢？幼儿E说：它有凸出来的地方，画草莓的地方鼓起来了。幼儿F说：全部鼓起来了。教师鼓励幼儿说：什么鼓起来了，把话说完整。幼儿F补充道：书里全部的图案都是鼓起来的。教师称赞了他。

分析：教师通过引入“黑色的书”这一有悖于颜色五彩缤纷的话题，让儿童对接下来所讲述的问题充满好奇与探索的欲望。教师首先提出问题，让儿童各自去探索这个问题，一步一步引导儿童从视觉的观察到触觉的反馈，引发儿童关于触觉的兴趣，唤起儿童用触觉探索周围世界的兴趣，并且通过一名儿童的回答，让幼儿认识到这个活动要探索的问题。

【教学片段二】

活动描述：教师继续问，还有什么奇怪的地方？有一个小女孩说：小草应该是绿绿的，小花应该是五颜六色的，应该有颜色的书变成了黑色，光滑的书变成了粗糙的。教师说：小朋友们说得真好，其实这样的书是给盲人朋友看的，为什么要把这本书弄成是黑色的，有小朋友知道吗？幼儿A说：因为我们闭上眼睛就是黑色的。教师说：让我们一起闭上眼睛3秒钟，看一看是什么样子的。幼儿集体闭上眼睛，体会盲人的世界。教师又问幼儿，黑色的书和普通的书有什么区别。幼儿B说：书上有文字。随后教师让幼儿触摸书上面的文字，教师告诉幼儿这是盲文，并给幼儿讲解什么是盲文、盲文的样子以及使用盲文的方法。教师告诉幼儿这是一个叫托马斯的小朋友学习颜色的书。

分析：教师继续引入问题，再次唤起幼儿探索“关于颜色的黑书”的兴趣，并让幼儿回答这本书与普通书籍的不同之处，通过分析把幼儿带到盲人的世界。让幼儿闭上眼睛感受盲人的黑色世界，从感觉和情绪出发把幼儿带入盲人世界，以便于让幼儿真切感受盲人的生活，最后引入托马斯小朋友的例子，让幼儿从同辈群体感受盲人世界。

【教学片段三】

活动描述：教师说：我们回想一下，这里面的东西可能会代表一些什么颜色呢？幼儿 A 说：我看到了小草。幼儿 B 说：我看到了草莓。幼儿 C 说：我看到了风筝、小草、草莓。教师说：你看到的和另一个小朋友是重复的，还有其他的吗？幼儿 D 说：我看到了大海和蘑菇。幼儿 E 说：我看到了点点和大海。教师说：托马斯觉得草莓代表什么颜色你知道吗？有的幼儿说红色，有的幼儿说绿色。教师问为什么，幼儿 F 说：红色代表下面的草莓，是熟的草莓。教师说：我们可以用眼睛看到红色，托马斯很聪明，他说红色像草莓酸酸的，有时甜甜的像西瓜，有的时候我在膝盖上也找到了红色，因为它摔破了有点疼。小朋友来说一说，托马斯是怎么认识红色的？

分析：教师通过问题阐述，引发儿童关于黑色书中有关颜色的讨论，继而带领孩子思考关于盲人如何认识周围彩色世界的问题。符合问题探索层层递进的逻辑，因而值得肯定。

（二）对教学活动片段的总体反思

社会化是儿童学习和发展的中心任务之一，因为只有习得所在社会群体认可的价值观和行为方式，才能成为合格的社会成员。关爱残疾人是我们国家乃至各国人民的共同愿望，教师对幼儿进行关爱残疾人的教育有利于幼儿形成正确的价值观和行为方式。

（三）本次教学活动中值得肯定的地方

1. 教师所选取的主题符合幼儿的发展需求。幼儿阶段是人社会性发展的重要时期。在这个时期，幼儿学习怎样与人相处，怎样对待自己，怎样对待别人。教师选取残疾人的主题对幼儿进行引导教育，使幼儿学习与残疾人相处，学会善待残疾人，将来进入社会更会友善地对待他人、帮助他人。

2. 教师激发幼儿多种感知觉，促进幼儿的全面发展。社会领域是一个综合的学习领域，幼儿往往不是靠教师直接“教”，而是通过在实际生活和活动中积累有关的经验而学习的。因此，教师通过带领幼儿实际感受盲人的世界，让幼儿用手去触碰书，用眼睛观察书，从而真切地感受盲人幼儿用书与自己的真正区别，从而形成鲜明的对比，加深幼儿的认识。教师通过环境影响、感染幼儿，促进幼儿的全面发展。

（四）本次活动需要注意和改进的地方

该活动中教师切入点过于单一，受到儿童认知能力和水平的影响，使得部分儿童难以领会老师所讲述的内容。在操作过程中单纯地用语言呈现托马斯的个案，违背了幼儿认识问题的直观性，因此很难让儿童走进盲人世界。

因此，在接下来的操作过程中，应该做如下改进：第一，多方面、多角度、多元化切入。教师除了借助语言讲解、儿童观察分析及触觉触发等方式，还需要从视频教学以及教师操作等角度唤起儿童学习的兴趣；第二，邀请盲人小朋友参加教学活动。幼儿由于认知能力有限，很难通过教师讲解体会盲人世界，教师应该注重儿童的直观体验，让儿童通过与盲人儿童的交流和接触真切感受盲人世界。

附：教学案例使用说明

中班社会活动：一本关于黑色的书

（一）教学目的与用途

1. 本案例主要适用于幼儿园教育评价课程，也适用于儿童发展心理学课程。

2. 本案例的教学目的：4—5 岁是对幼儿进行关心、尊重他人的训练的关键时期，事实也证明幼儿能够关心和尊重他人。本案例通过绘本学习和引导幼儿感受盲人的世界，加强幼儿对残疾人生活不便的理解，从而增强幼儿关心、尊重他人的意识和社会性意识，培养他们主动帮助残疾人的精神和为社会服务与奉献的社会能力。在组织活动的过程中，既要考虑到儿童的年龄特点，也要关注到儿童的个别差异，同时要发挥教师的引导作用。

（二）启发思考题

1. 你如何看待中班幼儿社会性发展的特点？

2. 教师的有效性提问在这次活动中是如何体现的？

3. 如何理解关心尊重他人行为对幼儿发展的重要性？

（三）分析思路

教师可以根据自己的教学目的来灵活使用本案例。这里提出本案例的分析思路，仅供参考。

1. 在使用这个案例时，要考虑到社会领域的定义和内容。幼儿社会领域的学习和发展过程是其社会性不断完善并奠定健全人格基础的过程，其核心是逐步引导幼儿学会关心尊重他人，形成良好的社会性、个性品质。所以，为他人服务、关心和尊重他人是幼儿社会学习的主要内容，也是其社会性发展的基本途径。

2. 寻找内在的原因。中班幼儿社会性发展的特点是什么？其社会性发展受到的影响因素是什么？教师在其中承担的作用是什么？教师要在探寻这些问题的基础上进行深层思考。

3. 从《3—6岁儿童学习与发展指南》和《幼儿园教育指导纲要》的角度解读这则案例。虽然《指南》和《纲要》中的社会领域目标在表述上不完全一样，但对其内涵进行细致的比较就会发现两者的一致性程度很高。《纲要》社会领域除了在“目标”部分提出了五个目标之外，还在“内容与要求”部分通过指出教师“应该做什么、怎样做、最终希望达到什么结果”的方式将一些比较具体的目标表述了出来。而《指南》对目标进行了更高层次的分类概括，它将社会领域的所有目标归纳为“人际交往”与“社会适应”两部分，提纲挈领，条理更加清楚，重点更加突出，更好地反映了幼儿社会领域的学习与发展的实质，即在交往中学交往，在适应中学适应。

（四）理论依据及分析

1. 幼儿心理学的理论。从心理学的角度看，人际交往有如下基本功能：

交流与沟通；组织共同活动；形成和发展人与人之间的关系；增进人们之间的相互了解。人际交往的这些功能对幼小儿童来说更具有特殊的发展意义。

2.《指南》中社会领域对大班幼儿的要求。“人际交往”中的目标 4 指出：会用礼貌的方式向长辈表达自己的要求和想法；能注意到别人的情绪，并有关心、体贴的表现；知道父母的职业，能体会到父母为养育自己所付出的辛劳。所以，幼儿社会领域的学习与发展过程是其社会性不断完善并奠定健全人格基础的过程。幼儿在与成人和同伴交往的过程中，不仅学习如何关心、尊重他人，也在学习如何为他人服务，不断发展适应社会生活的能力。良好的社会性发展对幼儿身心健康和其他各方面的发展都具有重要影响。

（五）背景信息

1. 关于本班幼儿的年龄特点和社会性发展能力测查。幼儿社会性的发展是随着生理和心理的成熟，在与人交往的过程中逐步实现的，它既受年龄因素制约，又存在较为明显的个体差异。

2. 教师个人的专业化水平分析。在教学活动中，儿童是主体，教师是主导，教学水平高的教师能根据本班幼儿的特点组织适宜的教学。

（六）关键要点

1. 在幼儿的学习中，“社会”是一个综合的学习领域。社会学习往往融合在各种学习活动中，并渗透于幼儿一日生活的各个环节。社会学习具有潜移默化的特点，尤其是社会态度和社会情感的学习，往往不是教师直接“教”的结果。幼儿主要是通过在实际生活和活动中积累有关的经验和体验来学习。因此，教师要注意通过环境影响和感染幼儿。

2. 除了关注幼儿的社会性情感发展特点，还要关注教师的有效提问。良好的提问和回应能够激发幼儿学习的积极性，同时为高质量的教学提供保证。

四、 科学领域

案例 中班科学活动：变身传声筒

摘要：本案例描述了教师在幼儿园中班开展的一次科学活动。此次活动是教师在一次午餐后的休息时间，看到有的幼儿把图书卷起来玩耍而受到启发，设计了“变身传声筒”的活动。教师希望通过这次活动，让幼儿对周围环境和事物产生好奇心，通过各种感官亲自探索、实践学习。科学活动也为幼儿的探索学习创造了宽松的环境，使每个幼儿都有机会参与尝试，支持他们发现问题、解决问题。

关键词：中班 科学活动 变身传声筒 实践学习 探究意识

引言：《3—6 岁儿童学习与发展指南》科学领域中说到 4—5 岁的儿童喜欢接触新事物，经常问一些与事物有关的问题。常常动手动脑探索物体和材料，并乐在其中。中班幼儿可以独立地玩游戏，教师应该根据幼儿的智力发展水平制定恰当的游戏规则，鼓励幼儿在游戏中探索、发现，在适当的时候提出建议，以帮助幼儿完成游戏任务。所谓“适当的时候”是指当幼儿遇到困难玩不下去时，或者无法深入开展活动时，这时就需要教师及时出来引导。

（一）提取科学主题教学中的片段进行分析

【教学片段一】

活动描述：在活动之初，教师出示纸棒，引导幼儿观察纸棒的外形特征。

教师：你们看一看，它是什么样子的?

幼儿 A：它是长长的、圆圆的。

幼儿 B：它是白色的。

接着教师鼓励幼儿任意玩纸棒，想怎么玩就怎么玩。

教师：一会儿就请每个小朋友拿一根纸棒玩一玩，老师看看你们是怎样玩的。(教师给予幼儿三四分钟的自由玩耍时间。大部分幼儿很有兴趣地拿起纸棒玩，有的把它当马骑着跑，有的把它当望远镜，有的把它放在地上滚……)

教师：你们玩得开心吗？下面请几位小朋友来玩给大家看。

幼儿 A：放在地上滚。

幼儿 B：当望远镜玩。

幼儿 C：拿在手里拍。

教师进而引导幼儿把纸棒当“传声筒”，自由结伴玩游戏。

教师总结：小朋友很聪明，会用纸棒玩许多种的游戏，老师还想到一个好玩的游戏，你们想学吗？

幼儿（齐声高呼）：想。

教师：请一个小朋友上来和老师一起来做这个游戏。好的，这位小朋友来了。老师用纸棒的一端对准他的耳朵，用嘴巴对准纸棒轻轻说一句话——你听到了吗？

幼儿 D：听到了。

教师：其他小朋友听到了吗？

幼儿（齐声说）：没有。

教师：请小朋友把刚才老师对你说的话告诉大家。

幼儿 D：老师叫了我的名字。

分析：生活中存在许多有趣的科学现象，它们具体、直观、生动，时刻吸引着幼儿，可以激发幼儿强烈的探索欲望与浓厚的兴趣。教师可以抓住这一契机，发现幼儿感兴趣的点子，并为幼儿创造条件，让幼儿与材料充分接触，通过身体去感受探究，在科学活动中获取知识和经验，体验发现的乐趣。上述游戏体现了用日常生活中的小玩意儿激发幼儿的认识兴趣和探究欲望。教师引导幼儿观察纸棒的形状，并让幼儿按照自己的方式玩耍纸棒，做到了让幼儿自由自主参与，为幼儿提供科学探索的环境，激发了幼儿的兴趣，使幼儿积极探索，为活动的进行做好了铺垫。这个活动的亮点在于教师让幼儿自由玩耍，并展示自己的玩法。一般教师很少给予幼儿这么大的主动权，过程中教师的提问次数合适，问题具有层次性。活动的导入与过程衔接紧凑。如果教师在材料准备上再丰富一些，会更有利于幼儿探究，比如用不同颜色的纸，而不仅是白色卡纸。

【教学片段二】

活动描述：在教师和幼儿进行示范后，很多幼儿对传声筒这个游戏充满了兴趣，大家踊跃尝试，于是教师让幼儿自由结组。

教师：小朋友，你们想做这个游戏吗？

幼儿（齐声说）：想。

教师：请你们每人拿一根纸棒，去找一个好朋友，一个对着纸棒轻轻说话，另一个用小耳朵听，然后再交换，听听你的好朋友说了什么。活动时要相互谦让，相互合作。

幼儿自由结组后开始活动，有的幼儿在边听边笑，有的幼儿边听边点头……

教师：你听到好朋友说什么了吗？

幼儿 E：他说星期天和爸爸去夫子庙玩儿。

幼儿 F：她说妈妈给她买了大吊车。

幼儿 A：她说她喜欢玩这个游戏。

幼儿 G：她说明天她不想上幼儿园了。

教师追问：为什么不想来幼儿园了？

幼儿 G：因为幼儿园明天的饭她不想吃。

询问后，教师得知幼儿 B 不喜欢吃胡萝卜 。

教师：你觉得小兔子可爱吗？

幼儿 B：可爱。

教师：小兔子是因为吃胡萝卜才变得可爱的，你想不想可爱呀？（幼儿 B 点头）那么你要试着吃胡萝卜好不好，老师就很爱吃，因为想变得可爱一点儿呢。

分析：教师通过一个示范动作，让多数幼儿对纸棒充满了兴趣，经过教师和幼儿的示范后，幼儿的好奇心倍增，在教师有效的引导下，幼儿积极主动探索游戏的玩法。教师在活动中解放幼儿的天性，让幼儿自由选择同伴共同游戏，培养幼儿主动合作的意识和能力，使他们自由充分地探索。教师的指导用语比较得体，在游戏开始前，可以做到正确指引，让幼儿明白游戏规则，营造良好的同伴氛围。规则叙述也是非常重要的，叙述不清会让幼儿在游戏中无法获得预期的发展。在活动的询问环节，有的幼儿说不想来幼儿园，教师抓住这个教育契机，对幼儿进行教学内容外的引导。这点是很难做到的，只有资深的教师才会不只是为教学内容而教学。但是唯一的不足是，如果教师对游戏过程进行总结，让幼儿有一个总结性的认识，会更利于他们对于传声筒功能的认识。

【教学片段三】

活动描述：在上一组游戏后，教师将传声筒换成实心的，引导幼儿再次探索。

教师：刚才玩的游戏，你们觉得开心吗？用刚才的方法我们再来玩一次。

只见此时幼儿的表现：有的在摇头，有的在大声说“听不清，听不清”……

教师：你们听到好朋友说的话了吗？

幼儿 H：听不清楚，不知道她在说什么……

教师：为什么刚才传话声音很清楚、很响亮，而这次传话的声音不清楚呢？（鼓励幼儿观察两根纸棒的不同之处。）

幼儿 C：哎呀，这根里有纸团，刚才那一根里面是空的。

教师：刚才小朋友们发现有的纸棒里有纸团，有的纸棒是空心的。那我们拿着两根纸棒再找好朋友做游戏，感受一下两根纸棒传出声音有什么不同。

幼儿自由结组，有的幼儿不时把两根纸棒当望远镜看……一轮过后教师和幼儿一同小结。

教师：能将你们的发现告诉老师吗？

幼儿 J：空心的传出的声音清，有纸团的传不出声音，有纸团的传出的声音不清楚。

教师：小朋友们真能干，原来空心的纸棒传出的声音响亮、清楚，而有纸团的纸棒传出的声音不清楚，因为纸团堵住了传出来的声音。老师给纸棒取了个好听的名字叫“传声筒”。

幼儿（齐声说）：传声筒。

教师：小纸棒不但能变成“传声筒”，它还有许多更神奇的玩法，小朋友回家以后可以和小伙伴或者和爸爸妈妈一起玩儿，下次再把你们的发现告诉老师。

分析：上述过程是活动的最后环节，也是本次科学活动的重难点所在。在探索时，有的幼儿用眼去看，有的幼儿用手鼓捣，有的幼儿用嘴轻轻吹或者使劲儿吹，在这时候，我们可以发现中班幼儿已经能够使用感官探究，在探索的过程中发现问题，解决问题。尤其是难度升级后，他们兴趣极高，体验着神秘的乐趣，激发了他们对于科学探究的兴趣。中班幼儿好奇心较强，两根纸棒传音效果不同也可以引发一系列的探究，这正是他们求得知识的原始动力。教师在一个小小的契机中发现问题，并且设计了两种不同的纸棒，升级了传声筒的游戏。这位教师在本次活动中注重培养的是幼儿正确的学习方法，教会他们如何学习而不是学习什么。幼儿学习的基础是理解，也就是基于幼儿已有的经验，教师利用日常生活中常见的事物对幼儿进行引导教育，让幼儿在自身探索中学习，延伸部分也做到了让活动不止于课堂。

（二）对教学活动片段的总体反思

在《3—6 岁儿童学习与发展指南》科学领域“科学探究的目标 1”明确提出亲近自然、喜欢探究是符合幼儿身心发展规律的。教师在生活中抓住了教育契机，做了一个有心人，乐意深入孩子们的生活，注意观察儿童，恰当地启发和引导，激发他们探索事物的欲望。“传声筒”来源于幼儿的生活，是他们感兴趣的事物，因此，活动中幼儿表现出积极、主动的态度，为研究传声筒提供了主动性。

（三）本次教学活动中值得肯定的地方

1. 首先教师做到了以幼儿为主体，活动从幼儿本身出发，在平时观察幼儿中发现教育契机，并进行活动设计，可以感受到教师对教育的热爱。

2. 其次教师在活动中是低控的，一切以孩子为主体，让孩子自主探索，允许幼儿使用多种方式进行科学探究，课堂氛围是宽松自由的。

3. 最后，教师没有为教学而教学，面对突发事件，可以游刃有余地处理，并未忽视幼儿的心理感受，这是很多教师需要学习的地方。

（四）本次活动需要注意和改进的地方

1. 在材料准备上应该尽可能丰富。中班幼儿的注意力持续时间不长，如果只是单一的颜色或者形状，有可能让一部分幼儿掉队。所以在本次活动中，如果在材料准备上更加充分，可能会使幼儿参与活动的积极性及专注度更高。

2. 教师可以使用拍照和画图等辅助方式对幼儿的探索过程进行记录。教师采用拍照、摄像的方式对孩子的游戏进行记录，会留下幼儿探索过程中的宝贵记忆，可以在家长会上向家长展示孩子的小智慧与愉快的课堂氛围，加深幼儿对探索活动的热爱。

附：教学案例使用说明

中班科学活动：变身传声筒

（一）教学目的与用途

1. 本案例主要适用于幼儿园科学教育活动设计课程，也适用于幼儿园教育评价课程。

2. 本案例的教学目的：智力游戏对幼儿的发展有重要意义。新颖的、形象生动的、有趣的智力游戏，能够调动幼儿的各种感官，从而提高幼儿的观察、注意、记忆、思维、语言等能力，这对幼儿智力的发展具有重要作用。同时，智力游戏要求幼儿控制自己的行为，善于与他人合作，诚实地遵守游戏规则，坚持完成游戏任务，这对幼儿意志品质的培养有重要意义。4—5 岁幼儿对生活中时有接触但不太熟悉的事物更容易表现出强烈的探究兴趣，喜欢观察特征明显、多元、有变化且好玩的事物或现象。中班幼儿对探究内容的选择会受到其日常生活经验和自身活动视角的影响，更多关注和探究与现实生活相关的具体事物，并渴望了解这些事物的用途、结构、功能、属性、特征、变化等。教师可利用幼儿感兴趣的传声筒，结合科学主题展开教育活动。在组织活动的过程中，教师应该把握活动的难易程度，因材施教，针对认知发展水平不同的幼儿采用不同的教学方法。

（二）启发思考题

1. 你如何看待中班幼儿科学学习的特点？

2. 幼儿科学学习的核心是什么？

3. 教师给予幼儿的自主性在这次活动中是如何体现的？

4. 教师如何促进幼儿的思维发展？

（三）分析思路

教师可以根据自己的教学目的灵活使用本案例。这里提出本案例的分析思路，仅供参考。

1. 在使用这个案例时，教师应该明确，幼儿的大脑发育速度较快，而如今的社会也是不断变化，对幼儿的培养不应该仅仅停留在知识的教育上，更应该注重科学思维能力的培养，要通过培养幼儿的兴趣，让幼儿爱上科学。在幼儿时期，孩子的共性就是“玩”，那么如果能让幼儿和科学“玩”在一起，那将会是一件非常有意思的事情。在教学过程中，教师切忌直接帮助幼儿说出答案，同时也要有足够的耐心，不断给幼儿正确的引导。培养幼儿的科学思维能力的方式有很多，关键是培养幼儿的兴趣，教师以正确的方式引导才能达到理想的效果。

2. 寻找内在的原因。中班幼儿科学学习发展的特点是什么？幼儿对什么感兴趣？其科学学习的影响因素是什么？教师在其中承担的作用是什么？教师要在探寻这些问题的基础上进行深层思考。

3. 从《3—6 岁儿童学习与发展指南》和《幼儿园教育指导纲要》的角度解读这则案例。《指南》中提出幼儿科学学习的核心是激发探究兴趣，体验探究过程，发展初步的探究能力。成人要善于发现和保护幼儿的好奇心，充分利用自然和实际生活机会，引导幼儿通过观察、比较、操作、实验等方法，学习发现问题、分析问题和解决问题；帮助幼儿不断积累经验，并将其运用于新的学习活动，形成受益终身的学习态度和能力。在这个案例中，教师选用幼儿感兴趣的材料，设计了一次科学探究的活动，通过幼儿的实践进行科学探究，培养了幼儿的科学探究意识。通过一次次地尝试，幼儿动手动脑并乐在其中。

（四）理论依据及分析

1. 学前儿童科学游戏的理论。形象思维是幼儿主要的思维方式，即幼儿的思维主要依赖事物的具体形象或表象以及它们的关联。大约在 4—5 岁，幼儿开始能够依靠对事物感知留下的表象，在数词与物体数量之间建立逐渐稳定的联系。促进幼儿数概念发展的方法有很多，需要教师灵活选择。幼儿科学游戏可以进一步促进幼儿的智力、认知水平的发展和提升。抽象的科学通过直觉的感官游戏可以转化成幼儿能够理解的知识，数学与游戏的结合对幼儿科学教育的实施有着不可忽视的作用。智力游戏、科学游戏都能极大地促进幼儿各方面能力的发展。

2.《指南》《纲要》中科学领域的教育目标提出：幼儿有好奇心，能发现周围环境中有趣的事情；喜欢观察、动手操作和实验，积极寻求答案；初步理解事物的数量关系，能用比较、分类、测量等简单方法探究事物；愿意与同伴共同探究、互相交流、分享各自的发现；喜爱动植物，亲近大自然，关心周围的生活环境。科学活动中，教师一环扣一环的提问起着引导幼儿、支持幼儿活动的重要作用，可以帮助幼儿在问题中思考，在问题中操作，使他们的大脑和双手都与教师积极互动，达到最佳效果。本案例的重点就是引导幼儿一层一层地探究，发现其中的奥秘，培养幼儿的探究精神，让他们喜欢探究，并善于发现事物的异同。

（五）背景信息

1. 关于本班幼儿的年龄特点和科学素养测查。幼儿科学素养的发展是随着神经系统和生理器官的成熟，在与人交往的过程中逐步实现的，它既受年龄因素制约，又存在较为明显的个体差异。幼儿探究意识对幼儿思维的发展有着至关重要的作用，所以了解、促进幼儿的科学探究意识是教师的重要工作。

2. 教师个人的专业化水平分析。在教学活动中，儿童是主体，教师是主导，教学水平高的教师能根据本班幼儿的特点组织适宜的教学。有质量的提问可以帮助幼儿的思维层层递进，加深活动的广度。

（六）关键要点

1. 教师应该了解中班幼儿的科学学习发展特点，平时多观察并记录下幼儿的兴趣所在，根据本班幼儿的认知、智力发展水平及其特点组织适宜的科学教学活动。在该案例分析中，这是一个特别需要注意的问题。

2. 除了关注幼儿的科学发展特点，还要注意科学活动中教师的有效提问的重要性。有效提问会紧密围绕着核心问题，看似相同的提问在不同的情境下具有层层递进的作用，能一次又一次地激发幼儿主动探究的愿望，也能培养幼儿学习迁移能力。

案例　中班科学活动：认识正方体

摘要：本案例描述了教师在中班开展的科学活动：使幼儿对立体图形——正方体有准确的认识。目的主要是引导幼儿通过自己组装正方体，了解正方体的特性，如由几个面、几条边、几个顶点组成。幼儿通过搭建大小不同的正方体，更清楚地了解了正方体的相关概念。

关键词：中班　科学活动　认识正方体　感知概念　探究意识

引言：在《3—6 岁儿童学习与发展指南》的科学领域目标中，针对 4—5 岁幼儿需要达到的年龄阶段目标提出，幼儿“能感知物体的形体结构特征，画出或拼搭出该物体的造型；能感知和发现常见几何图形的基本特征，并能进行分类”。众所周知，幼儿的思维特点以具体形象思维为主，所以成人应注重引导幼儿通过直接感知、亲身体验和实际操作进行科学学习，激发幼儿探究的兴趣，发展幼儿初步的探究能力。

（一）提取科学主题教学中的片段进行分析

【教学片段一】

活动描述：教师鼓励幼儿独立拼装正方体，加深幼儿对立体图形的认识。

教师：小朋友们，你们看老师手里的是什么图形？（向幼儿展示手中用磁力棒和磁力珠拼成的正方体。）

幼儿们：（齐声回答）正方体。

教师：你们太棒了，都还记得这么清楚呢。那你们看这个正方体的一个面是什么形状？

幼儿B：是正方形。

教师：回答得真好，正方体的一个面是正方形。那老师再问一个更难的问题，你们想想正方形和这个正方体有什么关系？

幼儿A：正方形的表面很平，像一个地板。

幼儿C：正方体的一个面也是平平的。

教师：嗯，你们是说正方体的面是一个正方形，这个正方形平平的，像一个地板是吗？（边说边用手比了一下正方体的表面。）

幼儿们都点点头。

教师：那还有其他的吗？

幼儿B：我觉得它平平的，就像操场。

教师：大家都说得很对，正方体的表面是平平的。那你们看正方体它有多少个这样平平的面呢？谁想上来数一下？

幼儿D举手。经过点数，发现一共有六个面。

教师：小朋友们可以先仔细观察一下这个正方体，猜一下大概用多少根磁力棒就能拼成一个正方体。大家先想一想，然后试着拼一个正方体，可以拼一个大的，也可以拼一个小的。（紧接着教师拿出一些磁力珠和磁力棒，分给每个幼儿一份。）

幼儿E：（边拼边说）哎呀，真难啊，我之前拼过房子，还没有拼过正方体。

教师：你可以先试试，看能不能拼出来。

幼儿F在大家还没有拼成时，就已经完成了一个小正方体的拼装。

教师：哇，好快啊！

幼儿F：我之前在家拼过这样的。

教师：你可以再试着拼一个大的正方体吗？

幼儿 F 点点头，开始拼装大的正方体。

幼儿 G：我这个大的不好拼，一直倒。我觉得小的更好拼一些。（一开始选择拼大正方体，但是看到别的幼儿小正方体已经拼好，就有些着急，但还是没有停止拼大正方体，并且拼的时候更加小心。）

分析：由于中班幼儿学过正方形，具有一定知识经验的积累，对立体图形也能基本辨识，所以他们具备独立拼装立体图形的能力。教师先从幼儿已有经验出发，由正方形来引导幼儿认识正方体。当幼儿出现畏难情绪时，教师及时鼓励他们大胆尝试。当幼儿低难度的图形拼装完成后，教师基于幼儿的最近发展区，鼓励幼儿尝试高难度的图形拼装。

【教学片段二】

活动描述：教师引导幼儿理解立体图形“边”的概念，清楚立体图形边的数量。

教师：老师看到有的小朋友已经拼好了两种图形，但是有的小朋友却只完成了一种，你们需要好朋友来帮助你们一起来完成吗？如果需要，可以找好朋友帮忙。

过了一会儿，大部分幼儿已经完成了两种正方体的组装。

教师：老师看大部分小朋友已经完成了，还没有完成的小朋友可以一会儿再接着拼，现在老师需要向你们借一个正方体用一下。（教师拿过幼儿 A 拼好的小正方体，并询问幼儿 A）你看你拼的这个正方体和其他人拼的一样吗？

幼儿 A：是一样的，因为我们搭的都是小的正方体。还有人也搭了大的正方体。

教师：那你说一说为什么你的正方体是“小”的呢？

幼儿 A：因为我的正方体是用一个柱子搭成的，大的正方体是用两个柱子变成一个柱子后搭成的。

教师：（教师询问全体幼儿）A 说的对不对呀？

幼儿们：（齐声回答）对。

教师：如果我把这个当作正方体的一条边，那它一共有几条边，谁可以帮老师数一下呢?

幼儿 D：举手，教师请他来数边。D 按照先数正方体四周的边，然后数正方体上面的四条边，最后数正方体底面上的边的顺序，数出正方体有 12 条边。

教师：还有人有其他的数边的方式吗?

幼儿 G（举手）：老师，我有别的方法。

教师请他再来数，B 按照两两点数的方法，先数四周，再数顶面，最后数底面的方法，同样数出 12 条边。

教师：小朋友们你们看，是不是不管我们怎么数，它都有 12 条边呢?

幼儿们（齐声回答）：对。

教师（又拿起一个大的正方体）：看一下这个大的正方体，是不是也有 12 条边呢，我们来数一下。

幼儿 E 举手，他在点数的时候把小棒的数量当作正方体边的数量，认为大的正方体有 24 条边。

教师（等幼儿 E 数完，询问其他幼儿）：这个大的正方体是有 24 条边吗？有没有别的看法?

幼儿 D：不对，不是 24 条边。

教师：好，那我们请 D 再来数一遍。

幼儿 D 边数边用手比画着连在一起的两根磁力棒，将它们当作一条边来点数。最后数完认为大的正方体也有 12 条边。

教师：你为什么把连在一起的两根磁力棒当作一条边来数呢?

幼儿 D：因为大的正方体的边是由两个小棒组成的一条边，所以不是有 24 条边。

教师：对，我们看这两种正方体，无论正方体是大的还是小的，只要是这样两个点之间有一条线段，无论是长还是短，我们都叫它为一条边。

活动结束后，教师请只完成一种拼法的幼儿继续拼没完成的正方体，并告诉幼儿可以采用合作的形式一起完成。

分析：教师采用让幼儿自己拼装正方体的方式，使幼儿直观感受立体图形的边，并通过拼装不同大小的正方体，引导幼儿准确把握立体图形边的概念。当个别幼儿遇到拼装困难时，鼓励幼儿之间采用合作的形式来解决困难，促进了幼儿交往能力的发展。幼儿采用不同的方式来点数边的数量，是幼儿自主性的体现。幼儿对于大小正方体边的数量产生不同意见，教师通过采用让幼儿表达自己的观点的方式，使幼儿产生认知冲突，当教师再次讲解边的概念时，他们就能够理解其含义。

（二）对教学活动片段的总体反思

中班幼儿已经掌握了初步的图形识别能力，可以分清正方形、长方形、圆形等基本的图形；对立体图形，如正方体、长方体等能基本辨识。所以在这节数学活动中，幼儿具有一定的经验积累，具有独立完成正方体拼装的能力。

幼儿在思维发展过程中，动作和语言对思维活动的作用不断发生变化。中班期的幼儿思维主要以表象为工具，边说边做，语言和动作不分离。在幼儿拼正方体的过程中，一直在对自己的行动结果做出分析和评价，如“我觉得这个好难啊”。他们会用语言总结自己的行动结果，在这种初步的分析和评价的基础上，由试误发展成为最初的探索性行动，即由开始时不明白为什么大的正方体总是出现坍塌的现象发展到注意到小的正方体较稳固，比大的好拼的道理。教师在此时注意引导幼儿，会激发他们更深层次的探索，即探究大的正方体不稳固的原因。

《纲要》中指出：1. 要为幼儿提供观察、操作、试验的机会，支持、鼓励幼儿动手动脑，大胆探索。教师先为幼儿展示一个正方体，并让幼儿猜测搭建正方体需要多少根磁力棒，同时为他们提供充足的磁力棒和磁力珠，让幼儿按照自己的方式搭建正方体。一方面使幼儿仔细观察已有的正方体，初步感知它的结构；另一方面，教师让幼儿猜测的方式激起他们的好奇心，进而动手拼搭正方体，在主动探索中验证自己的推测。2. 引导幼儿关注周围环境中的数、量、形、时间、空间关系，发现生活中的数学。教师先用以磁力棒拼成的小的正方体为例，让幼儿数边数，接着又用大的正方体来作比较，使幼儿明白端点与端点之间的线段即为正方体的边，无论边长有多长，只要在两个点之间，就是一条边，验证了无论是大的正方体还是小的正方体，都有 12 条边。3. 鼓励幼儿用多种方式来表现自己的探索过程和结果，表达发现的愉快并与他人交流、分享。教师鼓励幼儿用自己的方式点数正方体的边，所以有的幼儿是按照先四周，再上面，最后下面的顺序，有的幼儿采用两两点数的方式，无论采用何种方式点数，正方体的边数是一定的，这是幼儿在自己数边的过程中发现的。4. 在解决问题的过程中帮助幼儿理解基本的数学概念，发展思维能力。当出现大的正方体到底有 24 条边还是 12 条边的矛盾时，教师让幼儿自己说明理由，有的幼儿认为小棒的数量就是边数，而有的认为即使是两根小棒也只能算作一条边，大家经过讨论认同后一种观点，教师此时加以解释，有助于幼儿理解边的概念，从而掌握基本的数学概念。

（三）本次教学活动中值得肯定的地方

1. 在活动的设计上，教师采用立体图形拼搭的方式，使幼儿直观感受立体图形的相关概念。在提问上采用了由容易到困难的层层递进式。整个活动中，教师能够围绕目标进行，结构层次清晰。

2. 鼓励幼儿发言，说出自己的想法，在幼儿回答问题后积极回应，努力使每个幼儿能够获得成功和满足。借助于大小不同的正方体，引发幼儿原有认知的冲突，进而促进幼儿对相关概念的理解，激发幼儿思维的发展。

（四）本次活动需要注意和改进的地方

教师在导入正方体“面”的概念时，未能成功引导幼儿说出正方体是由 6 个正方形的面组成的。当教师发现幼儿无法说出相应的答案后，就放弃了对“面”的概念的引导。所以教师除了准备磁力棒和磁力珠外，还可以准备一些正方形，使幼儿借助正方形来组装正方体，此种方法更有助于幼儿理解“面”的概念。

在材料的准备上，由于磁力棒和磁力珠容易相互之间吸引而使拼接时不够稳定，所以教师应准备其他足够稳定的材料，如两头有黏性的小棒，借此来完成大小不同正方体的拼装。

附：教学案例使用说明

中班科学活动：认识正方体

（一）教学目的与用途

1. 本案例主要适用于幼儿园科学教育活动设计课程，也适用于幼儿园教育评价课程。

2. 本案例的教学目的：在了解4—5岁幼儿天生爱探索，对许多事物感兴趣特点的基础上，教师引导幼儿通过直接感知、亲身体验和实际操作进行科学学习，以此培养幼儿主动思考，积极探究的习惯。在组织活动的过程中，既要考虑儿童的年龄特点，也要关注儿童的个别差异，同时要发挥教师的引导作用。

（二）启发思考题

1. 你如何看待中班幼儿科学学习的特点？

2. 幼儿科学学习的核心是什么？

3. 在课堂教学中，教学的预设目标是现阶段幼儿的发展水平无法达到的，教师该如何处理？

4. 如何有效避免教师在组织活动中的高控性？

（三）分析思路

教师可以根据自己的教学目的来灵活使用本案例。这里提出本案例的分析思路，仅供参考。

1. 在使用这个案例时，要考虑到本次科学教育活动目标的制定。具体来说，要注意以下两点。首先，关注能力，淡化知识技能。关注幼儿能否将以往活动中积累的已有经验迁移到新的活动中，关注活动中幼儿的情感体验，不怕失败。其次，关注过程，淡化结果。注重幼儿在过程中的体验，使幼儿在活动中总结经验教训，搭建出现问题时主动寻找原因。总之，目标是对活动结果的预设，更重要的是其对教师组织教学所起的引领作用。制定目标时要改变以往以学科需求为主线的做法，要更关注分析幼儿的探究兴趣、已有经验与能力发展的需要。

2. 寻找内在的原因。中班幼儿科学学习发展的特点是什么？其科学学习受到的影响因素是什么？教师在其中承担的作用是什么？教师要在探寻这些问题的基础上进行深层思考。

3. 从《3—6 岁儿童学习与发展指南》和《幼儿园教育指导纲要》的角度解读这则案例。《指南》指出：“幼儿的思维特点是以具体形象思维为主，应注重引导幼儿通过直接感知、亲身体验和实际操作进行科学学习，不应为追求知识和技能的掌握，对幼儿进行灌输和强化训练。”通过实际操作可以加深幼儿对知识的理解，在探究中掌握相关概念。避免对幼儿采用直接灌输的方式，这不仅顺应了幼儿思维发展的规律，更培养了幼儿的探究意识，关系到幼儿今后的发展。

（四）理论依据及分析

1. 幼儿心理学的理论。从心理学的角度看，幼儿思维以具体形象思维为主，对于较抽象的概念难以准确掌握。幼儿获得概念的方式大致有两种类型，即通过实例获得概念和通过语言理解获得概念。但由于学前儿童抽象逻辑思维刚萌芽，所以在掌握概念时，一般都是通过实例获得概念的方式。成人为幼儿创设问题情境，让幼儿在科学探究中独立寻找答案，调动幼儿的已有经验，注意启发幼儿积极思考，这对于幼儿思维的发展有重要影响。

2.《指南》中科学领域对中班幼儿的要求。“数学认知”中的目标 3 指出“能感知物体的形体结构特征，画出或拼搭出该物体的造型；能感知和发现常见几何图形的基本特征，并能进行分类”。所以，成人应为幼儿创设宽松、自由的探究环境，使幼儿在探究的过程中获得丰富的感性经验，充分发展形象思维，从而逐步发展逻辑思维能力，为其他领域深入学习奠定基础。

（五）背景信息

1. 关于本班幼儿的年龄特点和科学素养测查。幼儿科学素养的发展是随着神经系统和生理器官的成熟，在与人交往的过程中逐步实现的，它既受年龄因素制约，又存在较为明显的个体差异。

2. 教师个人的专业化水平分析。在教学活动中，儿童是主体，教师是

主导，教学水平高的教师能根据本班幼儿的特点组织适宜的教学。

（六）关键要点

1. 了解中班幼儿的科学学习发展特点，根据其特点组织适宜的科学教学活动才是解决问题的根本。在该案例分析中，这是一个要特别需要注意的问题。

2. 除了关注幼儿的科学发展特点，还要关注教师的导入环节和有效提问。自然的导入、良好的提问和回应能够激发幼儿对已有知识经验的迁移以及学习积极性，同时为教学的高质量提供保证。

案例　中班科学活动：帮小动物回家

摘要： 本案例描述了教师通过“帮小动物回家”这一主题开展科学集体教学活动，目的在于引导幼儿通过方位指示辨别方向，使幼儿在帮助小动物找家的过程中，丰富空间方位识别的经验，锻炼思维，同时感受帮助别人的乐趣。

关键词： 中班　科学活动　帮小动物回家　方位识别

引言： 在《3—6 岁儿童学习与发展指南》的科学领域目标中，针对 4—5 岁的幼儿需要达到的年龄阶段目标提出，幼儿“会用数词描述事物的排列顺序和位置；能使用上下、前后、里外、中间、旁边等方位词描述物体的位置和运动方向”。幼儿在运用方位探究具体事物和解决实际生活问题的过程中，能获得丰富的感性经验，充分发展形象思维，逐步发展逻辑思维能力，为其他领域的深入学习奠定基础。

（一）提取科学教学中的片段进行分析

【教学片段一】

活动描述：教师通过方位指令使幼儿辨别小动物的位置，加深幼儿方位识别方面的经验。

材料准备：彩色的棋盘格（共五行十列，呈黄白相间分布）、各种小动物的图像贴纸。

教师：小朋友们，今天老师遇到了一群动物朋友，它们迷路了，找不到自己的家了，所以想请小朋友们帮助它们回家，你们愿意吗？

幼儿们（齐声回答）：愿意。

教师：太好了，老师也相信小朋友们一定能用自己聪明的小脑袋帮助小动物们找到自己的家。（教师拿出棋盘格，并把小兔子放到第二行第二个格子里。）小朋友们看，这上面的格子就代表着小动物们的家，但是因为房子都长得差不多，所以小动物们都分不清自己的家在哪儿了，它们只知道小兔子的家在自己家的哪个位置。你们准备好通过小兔子的家来判断其他小动物的家了吗？

幼儿们（表现得非常高兴）：准备好了。

教师：小熊说自己的家在小兔子家后面的一个格子里。有谁知道应该把小熊放到哪里呀？

幼儿A举手后，教师请A把小熊的图像贴在相应位置上。

教师：大家一起看看A找对小熊的家了吗？

幼儿们：找对了。

教师：太棒了，小熊现在特别高兴，很感谢小朋友能帮助它回家。那我们接着找小马的家吧。小马说自己的家在小兔子家下面的第二个格子里。谁能找到？

幼儿们听完都迅速地举起手，教师请B来摆放，幼儿B将小马摆放到了正确的位置。

教师：大家看看这是小马家吗？

幼儿C：是，你看那不是就在小兔子家下面的第二个格子吗？

教师：又找对了，你们真是太厉害了。现在小猫都等着急了，它也想赶紧回家，小猫说自己家在小兔子家左边的第一个格子里。这次谁来？

幼儿D之前一直没有举手，教师请D来摆放并放到了正确的位置。

教师：小朋友们，你们看是不是D也放对了呢？老师就知道你一定能帮助小猫找到家的，你看小猫现在是不是特别高兴，下次一定要多多举手回答问题，你肯定能做得更棒。

分析：教师借助幼儿喜爱小动物的特点，通过帮助小动物回家的方式来调动幼儿的兴趣。由于中班幼儿已经具备了理解上下、前后、里外等方位词含义的能力，之前教师也带领幼儿进行过相关活动，具有一定的前期经验，因此幼儿能够快速理解方位词的含义，并准确找到位置。教师尊重每个幼儿，关注每一个幼儿的发展，鼓励幼儿回答问题，当幼儿回答正确后，给予幼儿积极的正强化和赞扬等反馈。

【教学片段二】

活动描述：教师提升教学难度，引入“行”的概念，使幼儿运用新的表述方式来描述方位。

教师：小朋友们，老师现在想问问大家，你们看这个棋盘格一共有几行呢？你们数一数，再来告诉我答案。

幼儿们都“一、二、三……”地数起来。

幼儿 D（用手指着，一行一行地数，最先数完，并举手）：一共 5 行。

教师：大家同意他说的吗？

幼儿 E：对，我数着也有 5 行。

教师：有没有人有不同的答案？

幼儿们又重新数了一遍，还是得出 5 行的结论。

教师：看来大家都知道什么是“行”。这个棋盘格上，横着排列的这些都叫“行”。你们能告诉老师第二行在哪里吗？

幼儿们都开始争着告诉老师答案。

教师：嗯，很棒，第二行就是这里（教师边说边用手指出来）。那第 5 行呢？

幼儿们：就是最下面的那个。

教师：大家都知道“行”的意思了吧。现在我们不说“左边”“右边”“上面”这些词语了，能换一种说法来说说棋盘格上小动物家的位置吗？老师先来说说小兔子的位置吧，小兔子在第二行的第二个格子里。你们能说说小猫在哪吗？

幼儿 F：在小兔子的左边。

教师：我们现在换一种说法，先数一数小猫在第几行啊，然后看看它在第几个格子里。我们一起来数数吧。

教师带领幼儿数完后，一起确定了小猫的位置，然后又请幼儿按照这种方式说出棋盘格上其他小动物的位置。

分析：教师自己先做示范来表述位置，使幼儿能更加清楚位置如何确定。幼儿在确定位置的过程中采用点数的方式，增加了幼儿点数的相关经验，使幼儿能掌握多种表述位置的方式，丰富了幼儿空间方位识别方面的经验，能引导幼儿运用空间方位经验解决问题。

【教学片段三】

活动描述：教师：我们现在来比赛。我们现在一共有 9 个人，分成三组，每一个小组都有一个军官、士兵和裁判。军官就要把方位说出来然后自己摆好，士兵按照军官的指令把小动物放到那个位置上，裁判负责判断他们两个人摆放的对错，最后我们看哪个小组摆得又对又快。

第一轮的军官为 A，士兵为 B，裁判为 C。A 与 B 背对彼此，裁判在中间监督检查。

幼儿 A：把小鱼放到第四行第二个格子里。（A 边说边把小鱼摆到了相应的位置上。）

幼儿 B 先根据棋盘格左侧的数字确定了第四行，又数出第二个格子，然后摆放好小鱼。幼儿 C 在中间检查 A 与 B 摆放的位置是否一致。

幼儿 A：（自己刚刚摆放好）把小熊放在第三行第八个格子里。（边说边数出第八个格子，摆放好小熊。）

幼儿 B 先根据数字确定第三行，然后从右往左数出两个格子后，把小熊放到了右边的第三个格子上。

幼儿 A（摆放好后又自顾自地摆放下一个小动物）：把小狗放到第一行第四个格子里。

幼儿 B 还在确认上一个小动物摆放的位置是否正确时，A 已经开始下一个指令。

幼儿 C：B 还没有摆呢。

教师（注意到 A 一直用一种方式表述位置，并且指令发布太快，所以就提醒 A）：你可以换一种方式表述，速度要慢一点，摆放好后可以问一下 B 是不是也完成了。裁判你也要负责提醒他们。

幼儿 A：把小猫放到小狗下面的一个格子里。(摆放好后问 B) 好了吗?

幼儿 B：好了，下一个。

分析：教师采用分组的形式使幼儿相互配合，完成相应的任务，为幼儿提供了操作、试验的机会，使幼儿能够通过自己发布指令、自己操作的方式更加深刻地判断、理解方位概念。每个幼儿的思维方式是不同的，他们在数较多格子时，采用的策略是不同的，采用从右往左数的方式表明幼儿在实际操作过程中能理解基本的数学概念，他们的思维能力得到了发展与锻炼。

此外教师鼓励幼儿采用多种方式表述方位，在激发幼儿的认识兴趣及探究欲望的同时，能够帮助幼儿学习运用观察、比较、分析的方法进行探索方位的活动。

（二）对教学活动片段的总体反思

教师利用幼儿生活中熟悉的小动物，让幼儿通过亲手操作的方式帮助小动物回家，这种方式适应了幼儿喜爱动物，乐于动手动脑、发现和解决问题的特点，进而使幼儿能够深刻理解方位词的含义。

由于幼儿只能辨别以自身为中心的左右方位，幼儿教师在设计活动时，充分考虑到了这一特点，分发给每个幼儿一个棋盘格，使每个幼儿都能站在自己的角度判断方位，使每个幼儿都有自己动手操作的机会，，顺应了中班阶段幼儿的发展特点。

教师在让幼儿分组操作时，通过让幼儿自己下指令、自己找到相应位置的方式，一方面丰富了幼儿方位认知的经验，另一方面为幼儿更进一步的方位知觉的发展提供了支架。

《3—6 岁儿童学习与发展指南》中也提出要鼓励幼儿之间的合作，教师应使幼儿运用感官，亲自动手动脑去发现问题、解决问题，并积极参与幼儿的探索活动。教师在每组幼儿活动时，采用旁观的方式观察每组幼儿在操作过程中存在的问题，并及时给予指导和建议。同时该项活动还促进了幼儿注意的发展。注意具有指向性和集中性两个特点。幼儿在完成自己的任务时，能忽略其他小组幼儿的指令，专注于自己的操作；集中性体现在幼儿在同一时间内各种心理活动都聚集在其所选择的对象上，并且将自己的所有注意力都集中于该操作上。案例中幼儿自顾自地下指令而忽略执行指令的幼儿是否已经完成操作，表现出幼儿注意的集中性。

《3—6岁儿童学习与发展指南》提出要丰富幼儿空间方位识别的经验，引导幼儿运用空间方位经验解决问题。教师设计帮助小动物回家的活动，不仅丰富了幼儿空间方位经验，还促进了幼儿思维的发展。在幼儿中期，儿童往往是在解决问题过程中一边说，一边做，语言和行动似乎总是不分离。幼儿在开始行动之前，通常只能很笼统地说大概，在行动过程中，用语言概括着每一个解决问题的动作，同时计划着下一步的行动，并且把每一次的零星结果去同他们面临的总任务对照一番。完成了动作以后的语言总是比动作开始以前要丰富些。

（三）本次教学活动中值得肯定的地方

从活动的设计上看，借助帮小动物回家这个情境，利用幼儿喜欢小动物，以及幼儿自主性不断加强的心理特点，以幼儿自己发布指令、动手操作的方式，调动幼儿主动进行方位识别的积极性，使幼儿在做中学。

在教学过程中，教师关注到幼儿的个体差异性，根据不同幼儿的性格特点，对幼儿的回答做出不同的回应，增加幼儿的自信心，使幼儿感受被别人认可的快乐。

最后教师借助组间合作的方式，为每个幼儿安排不同的角色，确保每个幼儿都能在活动中得到学习的机会，进而不断丰富幼儿方位识别的经验。

（四）本次活动需要注意和改进的地方

当幼儿在小组中相互配合出现问题时，教师并未启发幼儿自己寻找解决问题的方式，而是直接告诉幼儿应该如何做，这种方式不利于幼儿社会性的发展，因为幼儿正是在与人交往的过程中，不断发展适应社会生活的能力的。所以教师应在发现问题时，使幼儿停下来思考如何处理此类问题，主动寻找解决问题的策略。

附：教学案例使用说明

中班科学活动：帮小动物回家

（一）教学目的与用途

1. 本案例主要适用于幼儿园科学教育活动设计课程，也适用于幼儿园教育评价课程。

2. 本案例的教学目的：在了解4—5岁幼儿思维发展的基础上，创设问题情境，结合幼儿的兴趣点引导幼儿进行适宜的科学教育活动，丰富幼儿空间方位识别的经验，并使幼儿学会自己表述方位。在组织活动的过程中，既要考虑到儿童的年龄特点，也要关注到儿童的个别差异，同时要发挥教师的引导作用。

（二）启发思考题

1. 中班幼儿进行空间方位识别时的思维特点是什么？

2. 幼儿科学学习的核心是什么？

3. 教师的启发式教学在这次活动中是如何体现的？

4. 如何有效避免教师在组织活动中的高控性？

（三）分析思路

教师可以根据自己的教学目的来灵活使用本案例。这里提出本案例的分析思路，仅供参考。

1. 在使用这个案例时，要考虑到本次科学教育活动目标的制定。具体来说，要注意以下两点。首先，关注能力，淡化知识技能。具体指的是，关注幼儿空间能力的提升。关注幼儿能否运用在以往活动中积累的已有经验，并将已有经验迁移到新的问题情境中。其次，关注过程，淡化结果。目标注重幼儿在过程中的体验，是一个过程性目标。幼儿在活动中不断尝试新的表征方位的方式，在表征的过程中增加新的方位识别的经验。制定目标时要改变以往以学科需求为主线的做法，要更关注分析幼儿的兴趣点、现有经验与能力的需要。

2. 寻找内在的原因。中班幼儿科学学习发展的特点是什么？其科学学习受到的影响因素是什么？教师在其中承担的作用是什么？教师要在探寻这些问题的基础上进行深层思考。

3. 从《3—6 岁儿童学习与发展指南》和《幼儿园教育指导纲要》的角度解读这则案例。《指南》指出："幼儿的科学学习是在探究具体事物和解决实际问题中，尝试发现事物间的异同和联系的过程。幼儿在对自然事物的探究和运用数学解决实际生活问题的过程中，不仅获得丰富的感性经验，充分发展形象思维，而且初步尝试归类、排序、判断、推理，逐步发展逻辑思维能力，为其他领域的深入学习奠定基础。"因此幼儿科学领域的学习要注意引导幼儿通过观察、比较、操作等方法，使幼儿不断积累相关经验，并运用于新的学习活动中，形成受益终身的学习态度和能力。

（四）理论依据及分析

1. 幼儿心理学的理论。从幼儿心理学的角度看，幼儿方位知觉的发展主要和语词所代表的方位概念结合。幼儿 4 岁开始能够辨别前后，5 岁开始能正确地辨别以自身为中心的左右方位，并且在 5 岁时，幼儿的方位知觉有跃进的倾向。因此通过让中班阶段的幼儿自己下指令、自己找到相应位置的方式，一方面丰富了幼儿方位认知的经验，另一方面为幼儿更进一步的方位知觉的发展提供了支架。

2.《指南》中科学领域对中班幼儿的要求。"数学认知"中的目标 2 与目标 3 指出"会用数词描述事物的排列顺序和位置"以及"能使用上下、前后、里外、中间、旁边等方位词描述物体的位置和运动方向"。幼儿动手动脑的操作过程中，通过初步尝试判断、推理，进而逐步发展逻辑思维能力，为其他领域的深入学习奠定基础。因此，成人要引导幼儿通过观察、比较、操作、实验等方法，学习发现问题、分析问题和解决问题，并通过同伴合作的方式帮助幼儿不断积累经验，形成受益终身的学习态度和能力。

（五）背景信息

1. 关于本班幼儿的年龄特点和空间方位识别能力测查。幼儿科学素养的发展是随着神经系统和生理器官的成熟，在与人交往的过程中逐步实现的，它既受年龄因素制约，又存在较为明显的个体差异。

2. 教师个人的专业化水平分析。在教学活动中，儿童是主体，教师是

主导，教学水平高的教师能根据本班幼儿的特点组织适宜的教学。

（六）关键要点

1. 了解中班幼儿的科学学习发展特点，根据其特点组织适宜的科学教学活动才是解决问题的根本。在该案例分析中，这是一个特别需要注意的问题。

2. 除了关注幼儿的科学发展特点，还要关注教师的有效提问。良好的提问和回应能够激发幼儿学习积极性，同时为教学的高质量提供保证。

五、 艺术领域

案例　中班艺术活动：我家的洗衣机

摘要：本案例描述了中班幼儿绘画并制作自己家的洗衣机的艺术活动。洗衣机的制作结合绘画和手工制作两种方式，教师引导幼儿在制作过程中感受洗衣机色彩和形态的特征，培养幼儿动手能力和创作能力，鼓励幼儿大胆联想和创造；最终了解每一个幼儿的个性特性，促进每一个幼儿的发展。

关键词：中班　手绘艺术　我家的洗衣机　联想创造　个性发展

引言：艺术是人类感受美、表现美和创造美的重要形式，也是表达自己对周围世界的认识和情感态度的独特方式。每个幼儿心里都有一颗美的种子。引导幼儿艺术领域学习的关键在于激发幼儿对美的感受和体验，丰富其想象力和创造力，用自己的方式表现和创造美。幼儿对事物的感受和理解不同于成人，他们表达自己认识和情感的方式也有别于成人。成人应对幼儿独特、丰富的艺术表现给予充分的理解和尊重，不能用自己的审美标准去评判幼儿，更不能为追求结果的“完美”而把艺术活动变成对幼儿千篇一律的训练，以免扼杀幼儿的想象与创造。

（一）提取绘本教学中的片段进行分析

【教学片段一】

活动描述：手绘课上，教师要求幼儿画出自己家的洗衣机，并用画笔装饰。最后，让幼儿画出家里常洗的东西，裁剪下来，并粘贴在已制作好的洗衣机的滚筒上，完成滚筒洗衣机的制作。

活动开始前，教师首先在黑板上画出一个洗衣机，并提示性地在洗衣机上画了各种花纹，像玫瑰花、荷花、曲线花边、小鱼等。幼儿都认真地看着教师画画，讨论着自己家洗衣机的模样。

幼儿 A：我家的洗衣机是金色的。

幼儿 B：我家的洗衣机在上面放衣服，我妈妈每次把衣服放进去，我要站在凳子上才能看见里面的衣服。

幼儿 C：我家洗衣机的按钮是画在上面的方形的，不是凸出来的。

教师让大家保持安静，一会儿再讨论。

从洗衣机的形状、颜色，到洗衣机的按键和滚筒，教师边画边讲解洗衣机的构造，不一会儿，一个漂亮的滚筒洗衣机就画好了，然后让幼儿根据自己的想象画出洗衣机。

教师：大家不要看别人的，要自己画。

教师：小红，你看小明把洗衣机的按钮画成心形的、星星状的，你也可以想想自己画什么样的。

分析：案例中，幼儿专心观看教师范画，并且能说出自己家洗衣机的特征，这表明幼儿专注于自己喜欢的活动，愿意参与绘画创作，对画洗衣机感兴趣。但教师并没有抓住这个机会发展幼儿的想象；其次，教师提供范画，约束了幼儿的想象力，限制了幼儿的创作空间。《3—6 岁儿童学习与发展指南》中提到，幼儿绘画时，教师不宜提供范画，尤其不应要求幼儿完全按照范画来画。在教师已经提供了范画的情况下，即使绘画过程中一再强调，幼儿还是会模仿范画，导致幼儿在绘画时很难产生联想，阻碍了幼儿创造能力的发展。但如何让幼儿充分发挥想象力与创造力呢？案例中，教师借助小明的作品来引导小红，只能让小红转而去模仿小明，而不会有自己的想法。对中班幼儿来说，教师仅仅语言提示是不够的。教师应尽量创造条件让幼儿接触多种艺术形式和作品，如看幻灯片，外出参观看皮影戏、剪纸和捏面人等，用图画、手工制品等装饰和美化环境等。

【教学片段二】

活动描述：幼儿们开始绘画，教师指导幼儿画洗衣机。

教师走到小刚座位旁边，看到小刚画的洗衣机只用到两种颜色，并且颜色较深。

教师：小刚，你要多用一些颜色来画洗衣机，不要总是用一些深颜色、暗颜色的，这样不漂亮。

小刚：老师，在我家里，妈妈给我买的小洗衣机就是咖啡色的，我喜欢深绿色，妈妈说我可以把自己喜欢的彩纸贴在我的洗衣机上，我都用深绿色的。

教师：那你现在也可以涂点儿别的颜色呀，多涂一点儿才好看，对不对？

小刚：哦。

分析：案例中，小刚喜欢用深绿色和咖啡色绘制自己的洗衣机，但教师认为这种做法是不对的。在艺术教学中，教师应尊重幼儿自发的表现和创造，并给予适当的指导。小刚能基于观察来完成绘画是值得肯定的。艺术的表现没有绝对好坏之分，教师要尊重幼儿的兴趣和独特感受，理解他们的表现形式，耐心倾听并给予积极回应和鼓励。教师应该鼓励幼儿在创作时运用多种形状和色彩，肯定幼儿作品的优点；另外，教师在生活中应多鼓励幼儿细心观察周围的事物，为艺术活动积累经验与素材。不要用成人的眼光去评价幼儿的作品，只要幼儿作品的内容是丰富的，逻辑是合理的，就算花是绿色的，太阳是白色的，也是值得肯定的。

【教学片段三】

活动描述：教师指导幼儿绘画和剪裁所画的洗涤衣物。

教师：你画的这个是什么呀？

幼儿 A：围巾。

教师：那为什么是一团啊，都看不清楚是什么？

幼儿 A：这就是围巾。

教师：可是一点儿都不像啊，你看看老师画的围巾，是不是一下子就能看出是一条围巾啊？

幼儿 A 改掉了自己画的围巾。

教师：这个“又”字是什么啊？

幼儿 B：这是我爷爷的围巾。

教师：哦，爷爷的围巾，也可以，那你是不是要把他画得更大更好看一点儿啊？

幼儿 B：它就是这样的。

分析：教师在指导过程中，把自己的想法强加于幼儿，忽视了幼儿主观能动性。在幼儿的思维发展过程中，想象力处于中心地位。幼儿 A 画的“一团”和幼儿 B 画的“又”字，都是他们对围巾的表现形式。教师应理解他们的想法，鼓励幼儿大胆表达，让幼儿在自己的作品中表现自己的所见所想，从而更充分地促进幼儿想象力的发展。

（二）对教学活动片段的总体反思

1. 幼儿喜欢用绘画、手工制作等多种方式表现自己的所见所想。该活动中，幼儿对绘画内容表现出兴趣并提出新奇的想法。但中班幼儿的绘画水平有限，需要教师的引导和鼓励。相比于教师直接提供范画，为幼儿提供丰富的材料，如图书、照片、绘画作品等，让他们自主选择，用自己喜欢的方式去模仿或创作更加科学合理。成人在幼儿做选择时也不应做过多要求，“不准用油画棒，只能用彩笔。”“别画那么多无关紧要的，告诉你画什么就画什么。”这些否定性的话语都会销蚀幼儿创作的信心。积极情绪是创造力发展的推动力。当幼儿进入幼儿园后，以其敏感之心，很快就会明白自己哪些行为会得到老师表扬，而哪些行为会遭到责备。如果他们在没有创造性背景下的活动得到表扬，他们就会朝这方面努力，而创造能力则在该过程中被泯灭。

2. 在艺术教学中，教师应采取更加开放的教育方式：创造机会和条件支持幼儿自发的创造；提供丰富的便于幼儿取放的材料、工具或物品，支持幼儿进行自主绘画、手工；和幼儿一起绘画、制作，共同分享艺术活动的乐趣；营造安全的心理氛围，让幼儿敢于并乐于表达表现，不做过多干预或把自己的意愿强加给幼儿，在幼儿需要时再给予具体的帮助；在幼儿自主表达创作过程中，了解并倾听幼儿艺术表现的想法或感受，领会并尊重幼儿的创作意图，不用成人标准来评价幼儿作品等。

3. 在绘画、手工制作等艺术活动过程中能大胆地表现自己观察到或想象的事物。若使幼儿的思维不受限制，教师首先应该丰富自身的艺术经验，多看艺术作品，多关注一些新的艺术形式等。对于有主题的艺术课，教师要做充足的准备。这些准备不是完善自己的作品，而是寻找更多以不同形式表现的、不同作者创作的、用不同材料制作的、以不同色调为主的艺术作品，给幼儿欣赏，供幼儿自主选择。幼儿艺术创作能力的养成来源于观看和模仿，教师呈现的作品匮乏，幼儿只能相互模仿，得不到艺术的熏陶，也无法发展想象力和创造能力。

4. 教师可根据幼儿自身的生活经验，引导幼儿围绕自己构想的主题展开想象。小刚家小洗衣机的颜色是咖啡色，而小刚喜欢深绿色，所以小刚想用深绿色装饰自己的洗衣机。这些正是来源于小刚自身的生活经验，也是小刚自主创作的表现，教师应该予以肯定。教师在评价幼儿作品时也不必一味地夸奖鼓励。那什么样的作品是好作品呢？只要幼儿能讲述作品所要表达的故事，或者是他想要表现的事物，教师就应该给予肯定，并适当做些引导。此外，教师鼓励幼儿创作的最好方法就是展示幼儿的作品。教师要学会跟幼儿沟通，让幼儿学会介绍自己的作品，表达自己的想法。介绍自己作品会提高幼儿的逻辑思维能力，提高语言表达能力。鼓励幼儿介绍自己的作品并予以肯定，以及同伴之间的鼓励和相互欣赏，可激励幼儿大胆创作。

（三）本次教学活动中值得肯定的地方

本次活动的设计是比较科学合理的，活动内容也比较丰富，符合《3—6 岁儿童学习与发展指南》中对中班幼儿的发展要求。绘画与手工的结合增加了活动趣味性；洗衣机的选材贴近幼儿实际生活经验；剪、粘、画的运用锻炼幼儿动手能力；洗衣机、衣物、滚筒、按键等要素发展幼儿的想象力。

（四）本次活动需要注意和改进的地方

1. 本次活动控制有些程式化。该案例中，活动根据已设定好的流程进行。从给幼儿示范画洗衣机、花纹、衣物，包括对颜色的选择，教师都有意将其控制在自己主观制定的范围内。幼儿出现不符合要求的表现，教师立即否定。艺术的表现形式是灵活的，幼儿在艺术创作时的思路应该也是灵活的。幼儿在绘画时，教师要给他们自由绘画的时间。在这段时间里，教师借助观察法来识别有创造力的幼儿：谁很快感到疲倦；谁拿起画笔画了一会儿很快放下了；谁在聚精会神地画着；谁以一种出人意料的方式呈现了一幅画作。幼儿表现出创造力时，他是灵活的、独创的、自信的，并且有一点冒险精神。教师需要注意的是，幼儿在某种程度上都是具有创造力的，能用恰当的方法正确识别儿童的创造力，将使幼儿在创造力发展中受益匪浅。

2. 从教师指导上来看，教师缺乏对幼儿艺术作品的了解，对幼儿的指导方式也过于单一。“对”或“不对”不应作为对幼儿艺术作品的评价方式。教师要了解并鼓励幼儿表达自己的想法，就要深入地与幼儿交谈，多提问和引导幼儿。如“你为什么认为围巾是一个团呢?”“你看到谁的围巾是这样子的呀?”等等。教师鼓励幼儿表达自己画作的方式要灵活；幼儿提问时要允许他们自由表达自己的观点和想法。该案例中，教师多次否定幼儿的想法，不利于幼儿对事物的认知和创造性思维的发展。幼儿思维的特征是带有主观直觉色彩和自我中心化，随着年龄的增长，幼儿幻想中创造性思维成分随之也增多，精细性不断提高①。教师应注意对幼儿创造性思维的肯定和适当引导，培养幼儿在艺术领域的表现和创造力。

---

① 周念丽. 学前儿童发展心理学［M］. 上海：华东师范大学出版社，2007：185-189.

附：教学案例使用说明

中班艺术活动：我家的洗衣机

（一）教学目的与用途

1. 本案例主要适用于幼儿园艺术活动设计课程，也适用于幼儿园教育评价课程。

2. 本案例的教学目的：在了解 4—5 岁幼儿在艺术领域的表现与创造性发展特点的基础上，使幼儿通过绘画和手工制作的方式，表达自己的所见所想，表现自己观察到或想象的事物；在教师的引导下，产生相应的联想，从而培养创造能力。在组织活动的过程中，既要考虑儿童的年龄特点，也要关注儿童的个体差异，同时发挥教师的引导作用。

（二）启发思考题

1. 你如何看待中班幼儿创造性思维?

2. 何为教师的有效指导?

3. 教师如何引导儿童想象和创造?

4. 如何避免教师在组织活动中的程式化?

（三）分析思路

教师可以根据自己的教学目的灵活使用本案例。这里提出本案例的分析思路，仅供参考。

1. 在使用这个案例时，首先，要依据中班幼儿在艺术领域发展的特点，制定教学活动的目标。目标要概括整体，关注个体。具体指的是：了解幼儿的整体艺术表现水平，制定艺术教育活动的目标；活动指导关注幼儿个体差异，尊重幼儿个性特征，满足幼儿对美的想象和创造。其次，关注过程，淡化结果。目标注重幼儿在过程中的体验，是一个过程性目标。制定目标时要改变只注重作品呈现的结果，要关注分析幼儿对作品的理解、想象和表现。

2. 寻找内在的原因。中班幼儿在艺术表现特点是什么？其创造性发展受到的影响因素是什么？教师在其中承担的作用是什么？教师要在探寻这些问题的基础上进行深层思考。

3. 从《3—6 岁儿童学习与发展指南》和《幼儿园教育指导纲要》的角度解读这则案例。《指南》和《纲要》对艺术领域的目标表述都强调教师对幼儿想法的理解和尊重，并为幼儿理解和感受美创造机会。《指南》指出，幼儿对事物的感受和理解不同于成人，他们表现艺术的方式也是独特的，教师不能用自己的审美标准去评判幼儿；艺术教育活动的开展不能为追求结果而变成对幼儿进行千篇一律的训练。为了能够了解幼儿内心对事物的感受，《纲要》中也指出，教师应为幼儿提供自由表现的机会，鼓励幼儿大胆表达自己的情感、理解和想象，尊重每个幼儿的想法和创造，肯定和接纳他们独特的审美感受和方式，分享他们创造的快乐。

（四）理论依据及分析

1. 幼儿的认知发展理论。幼儿思维的特征是带有主观直觉色彩和自我中心化的，即幼儿在进行想象时，是从自己的角度出发的。创造性的想象是创造力发展的特征，四岁以后的幼儿已具有创造性的想象；通过非逻辑的视觉艺术可以满足幼儿创造性的想象，激发幼儿创造的欲望，加深对事物概念的理解，从而为创造力的发展打下基础。

2.《指南》中艺术领域的“表现与创造”指出，幼儿要能用绘画、捏泥、手工制作等多种方式表现自己的所见所想。因此，教师要引导幼儿发现美、感受美，激发他们表现美、创造美的情趣；鼓励幼儿大胆表达自己对美的理解和感受；尊重幼儿的创造和想象；为幼儿提供自由表现的机会，分享他们创造的快乐。

（五）背景信息

1. 关于本班幼儿的年龄特点和艺术发展能力测查。幼儿艺术的发展是随着生理和心理的成熟，在接触人、事、物的过程中逐步实现的，它既受年龄因素制约，又存在较为明显的个体差异。

2. 教师个人的专业化水平分析。在教学活动中，儿童是主体，教师是主导，教学水平高的教师能根据本班幼儿的特点组织适宜的教学。

（六）关键要点

1. 了解中班幼儿的艺术表现与创造能力，根据其特点设置适宜的艺术教育活动才是解决问题的根本。在该案例分析中，这是一个特别需要注意的问题。

2. 除了关注中班幼儿的艺术表现与创造能力，还要注意教师的有效提问。良好的提问和回应能够激发幼儿创造性的发展，同时为教学的高质量提供保证。

案例　中班艺术活动：叠“东南西北”

摘要：本案例描述了教师在中班开展手工活动，组织幼儿折叠“东南西北”的手工作品，目的在于培养幼儿的观察能力，增强他们的提问意识，使幼儿逐步养成主动思考的习惯；通过同伴之间的合作互助，促进幼儿合作意识及问题解决能力的形成和发展。

关键词：中班　艺术活动　东南西北　提问意识

引言：在《3—6岁儿童学习与发展指南》的艺术领域目标中，针对4—5岁幼儿需要达到的年龄阶段目标提出，幼儿“经常用绘画、捏泥、手工制作等多种方式表现自己的所见所想”。在幼儿自主表达创作过程中，教师不要做过多干预或把自己的意愿强加给幼儿，当幼儿遇到自己解决不了的问题并明确表达后，教师再给予具体的帮助，为幼儿创造独立创作、独立解决问题的空间，同时促进幼儿同伴之间的合作。

（一）提取艺术教学中的片段进行分析

【教学片段一】

活动描述：教师利用手工作品“东南西北”启发幼儿结合自己的生活经验为作品起名字，促进幼儿想象力和创造力的发展。

教师：在今天的折纸课上，老师为小朋友们带来了一个神奇的东西，小朋友们想不想看看它呢？

幼儿们（集体回答）：想！

教师（从身后拿出了已经叠好的“东南西北”）：小朋友们认识它吗？

幼儿A：我看我的姐姐叠过，但是我不会叠。

教师：还有其他小朋友见过吗？

幼儿都摇摇头，表示没有见过。

教师（边说边为幼儿展示“东南西北”）：小朋友们，你们看这个东西这么好看，可是还没有名字，你们能不能帮老师为它起一个名字呢？

幼儿B：我看它能打开、关上，打开、关上（边说边用手做开合的动作），特别像我们的小嘴巴，我想叫它小嘴巴。

幼儿C（幼儿B未回答完时就举起了手）：我觉得它特别像皇冠，因为它有尖尖的角。

幼儿D：我觉得它又高又尖，特别像小山。

教师：大家说的都有道理，B说它叫小嘴巴，因为它能一开一合；C说它有尖尖的角，像一个小皇冠；D说它像小山一样，又高又尖（边说边展示“东南西北”的相应特征）。老师觉得它有四个面，特别像四个方向，你们知道四个方向都是什么吗？

幼儿E（听完老师的问题就举起了手）：老师我知道，是东南西北。

教师：说得对，就是东南西北。所以我想叫它“东南西北”。那老师已经叠好的这个就叫“东南西北”了，你们待会叠的时候，也可以自己给它起名字，等你们叠好我们再用它来一起做游戏好不好？

幼儿们（集体回答）：好！

分析：《3—6岁儿童学习发展指南》明确指出，在幼儿自主表达创作过程中，不要做过多干预或把自己的意愿强加给幼儿。教师在为幼儿展示手工成品时，并没有告诉幼儿该作品的名字，而是让幼儿自己为它起名字，这种做法有利于幼儿想象力和创造力的发展。当幼儿说明自己所起名字的原因后，教师将幼儿的理由一一归纳、复述，有利于加深其他幼儿对此的理解，兼顾了幼儿之间不同的发展水平。教师为幼儿介绍活动流程，使每个幼儿对这节课的目标有大致的把握，促使幼儿更加有针对性地学习。

【教学片段二】

活动描述：教师启发幼儿自己发现问题，并将问题提出，主动寻找解决问题的办法。

教师：小朋友们，你们还有没有想问老师的问题呀？

幼儿A：老师，一会儿我可以在叠好的“东南西北”上涂其他的颜色吗？

教师：可以，你可以自己决定要怎么制作它，把它变得更漂亮。

幼儿F：老师，我现在觉得它像一朵花，待会儿我要给它涂上红色，叫它“玫瑰花”。

教师：好呀。

教师见没有人再提问题，就把手工纸分发给每一个幼儿。小朋友拿到纸后有的开始试着自己叠，有的等着教师的指导。

幼儿A（自己尝试后没有成功）：老师，这个要怎么折呀，我之前没有折过。

教师：有人会折吗？（有的幼儿摇头，有的说自己不会）那刚才为什么没有人向老师提出这个问题呢？

幼儿E：我其实觉得还挺好叠的，但是我试了，没有叠出来。

幼儿A（小声说）：我也觉得挺好叠，但就是叠不成老师那个样子。

教师：那我们一起来想想怎么样大家都能学会叠的方法。

幼儿G：老师你可以一边叠一边教我们。

幼儿C：我想到一个好办法，可以把叠的方法画下来，这样就知道怎么叠啦。

教师：因为小朋友们之前都看着图自己做过手工，所以我们可以试一下用看图的办法来叠。（教师开始为幼儿分发已经准备好的步骤图。）

分析：让幼儿自己寻找问题并提问，有利于提高幼儿的表达能力，还能激发幼儿的问题意识，使他们学会主动思考，积极表达。由于具有一定的经验积累，所以教师采用步骤图的方式呈现折叠的办法，一方面可以提高幼儿的观察能力，另一方面有利于激发幼儿的潜能，进而促进他们的想象力和创造力的发展。

【教学片段三】

活动描述：教师引导幼儿体会同伴合作在解决问题过程中的重要性，同时提高幼儿的动手能力。

教师配合着图解，为幼儿演示了一遍折叠的方法，示范完毕后，教师询问幼儿：小朋友们，你们需要老师带着你们一起叠吗？

幼儿G：不用了，我们是可以自己完成的。（然后跟自己身边的幼儿说：我们之前自己叠过，对吧。）

教师：那好吧，如果有问题就告诉老师或者身边的小伙伴，我们大家再一起来解决难题。

过了一会儿，幼儿之间开始讨论，也有的幼儿开始向老师求助。

幼儿B：老师，我的怎么也折不成。(皱着眉头，边说边摆弄自己手中还未完成的作品。)

幼儿D：老师，我也不会折啦。你看我折到这儿了，但是怎么不对呢？(边说边指着手中的步骤图。)

教师：我们来想一想为什么之前能看着图折好，这次却完成不了呢？

幼儿H：因为这个太难了。

幼儿A：有的图我都看不懂是怎么折的。

幼儿C：我知道了，因为之前都是老师带着我们先叠一遍，我们再自己看图来叠的。

教师：好啦，现在老师带着你们一起叠一遍，如果叠到你不会的那一步时，一定要认真看哦。(教师的示范讲解并没有直接告诉孩子每一步怎么折，而是先让幼儿看图自己探索。)

折叠完成后，教师告诉幼儿：如果再遇到困难，可以让同伴帮助，大家一起努力，相信一定可以完成。

分析：中班幼儿对于问题的难度没有准确的预期，而且不能正确判断自身的能力，只有在一定的问题情境中，幼儿才会发现问题。教师让幼儿在实际操作中感知任务的难易度，促进了幼儿对于难易度的认识和把握。同伴互助的形式可以使幼儿形成合作意识，并感受到合作的快乐。幼儿通过自己动手制作，能够感受到问题解决及成功完成的快乐，有利于提高幼儿的动手能力。

（二）对教学活动片段的总体反思

教师对将要讲解的内容进行简单介绍，让幼儿初步了解学习内容，促使幼儿对活动任务形成一定的计划，并对活动的难度有一定的预期。教师让幼儿根据自己的经验为折纸起名字，一方面可以据此判断幼儿的认知发展水平，另一方面可以培养幼儿的想象力，锻炼他们知识的迁移能力。接下来教师要求幼儿提问，可以培养幼儿的提问意识，促使他们学会思考，进而培养幼儿的反思性学习能力。

幼儿的问题主要是围绕“东南西北”这个成品本身展开，几乎没有一个幼儿对折叠过程提出疑问。有些幼儿拿到纸后才发现自己根本不会折，这表明学前儿童对困难预期的能力相对较弱，他们往往会过高估计自己的问题解决能力，这反映了幼儿的元认知水平相对较低。

在活动实施过程中，教师要创设相关的问题情境，儿童只有置身于实际的困难中才能真正提出问题。教师此时组织幼儿进行讨论，有利于促成幼儿对活动的反思，让幼儿自己意识到问题的成因，并用自己的语言将其表述出来，这一方面可以促进幼儿反思意识的形成，另一方面有助于幼儿语言能力的发展。

在面对幼儿的求助和发问时，教师要有意识地提醒幼儿除了可以请老师帮忙外，还可以请自己认为较能干的同伴帮忙，促进幼儿同伴之间的合作学习。教师在活动的组织和实施中要经常有意识地等一等，停一停。有反思的时间和空间，幼儿才不会沿着线性的思考方向一直盲目地向前，而会不时地停下来重新审视和打量，从而发现问题、提出问题，并最终在解决问题中享受成功的喜悦和成长的快乐。

《3—6 岁儿童学习与发展指南》中提出要为幼儿提供自由表现的机会，鼓励幼儿大胆地想象，运用不同的艺术形式表达自己的感受和体验。教师先为幼儿展示样品，让幼儿根据自己的经验和想象力为样品起名字，并说明原因，这种方式有利于培养幼儿结合作品表达自己的想法、感受和体验，不仅有助于培养他们的想象力，还能锻炼他们语言的表达能力，促进幼儿的发展。

（三）本次教学活动中值得肯定的地方

1. 折纸之前，教师让幼儿为手工作品命名，在命名的过程中又将相应的生活经验进行迁移，激发幼儿的创造力。

2. 引导幼儿提出问题，并主动寻找解决问题的办法，促进幼儿问题意识的形成，提高幼儿解决问题时的自主性。

3. 4—5 岁的幼儿处于联合游戏的阶段，引导幼儿之间的合作互助有利于幼儿形成合作意识，促进幼儿最近发展区的发展。

（四）本次活动需要注意和改进的地方

1. 当教师在问幼儿是否有问题要提出时，有的幼儿思维还处于前一阶段的命名活动当中。教师有意培养幼儿的问题意识，但是两个环节过渡太生硬，没有很好衔接，致使一部分幼儿还不能将思维转移到教师预设的环节上。所以教师可以先引导幼儿意识到提出问题的重要性，再引发幼儿关于折叠步骤的思考。

2. 教师为幼儿示范折叠步骤后，幼儿开始自己折叠，但幼儿在折叠的过程中还是会遇到问题，而且每个幼儿的问题不完全一样，所以教师可以将幼儿分组，先让幼儿以小组的形式来折叠，幼儿就可以借此机会来讨论、寻找解决问题的方法，等小组完成一个作品后，再让每个幼儿自己完成。此种方法相较于幼儿开始就自己折叠，提高了教学效率，更增加了幼儿之间团结协作的能力。

附：教学案例使用说明

中班艺术活动：叠“东南西北”

（一）教学目的与用途

1. 本案例主要适用于幼儿园艺术教学法课程，也适用于幼儿园教育评价课程。

2. 本案例的教学目的：中班阶段的幼儿精细动作发展较迅速，采用手工折纸活动一方面使幼儿的小肌肉得到锻炼；另一方面，幼儿在学习折纸的过程中可训练观察力，增强问题意识。本案例通过折纸活动引导幼儿学会思考，逐步培养幼儿的想象力和创造力，初步感受协作的作用。在组织活动的过程中，既要考虑幼儿的年龄特点，也要关注幼儿的个别差异，同时发挥教师的引导作用。

（二）启发思考题

1. 你如何看待中班幼儿折纸学习的特点？

2. 幼儿艺术领域学习的核心是什么？

3. 如何理解合作行为对幼儿发展的重要性？

4. 如何有效避免教师在组织活动中的高控性？

（三）分析思路

教师可以根据自己的教学目的来灵活使用本案例。这里提出本案例的分析思路，仅供参考。

1. 在使用这个案例时，要考虑艺术领域学习的侧重点。幼儿艺术领域学习的关键在于充分创造条件和机会，萌发幼儿对美的感受和体验，丰富其想象力和创造力，引导幼儿学会用自己的方式去表现和创造美。幼儿对事物的理解不同于成人，他们有自己独特的认识，成人应对幼儿的表现给予充分的尊重和理解，进而不断丰富幼儿的想象力和创造力。

2. 寻找内在的原因。大班幼儿艺术性发展的特点是什么？其艺术性发展受到的影响因素是什么？教师在其中承担的作用是什么？教师要在探寻这些问题的基础上进行深层思考。

3. 从《3—6岁儿童学习与发展指南》和《幼儿园教育指导纲要》的角度解读这则案例。《指南》指出："幼儿对事物的感受和理解不同于成人，他们表达自己认识和情感的方式也有别于成人。幼儿独特的笔触、动作和语言往往蕴含着丰富的想象和情感，成人应对幼儿的艺术表现给予充分的理解和尊重，不能用自己的审美标准去评判幼儿，更不能为追求结果的'完美'而对幼儿进行千篇一律的训练，以免扼杀其想象与创造的萌芽。"这段话告诉我们：艺术领域的学习不在于要求幼儿整齐划一，而在于使幼儿表达自己独特的理解与感受，在制作的过程中充分发挥自己的想象力和创造力。

（四）理论依据及分析

1. 幼儿心理学的理论。从心理学的角度看，幼儿思维的发展和思维的积极性密切相关。幼儿思维的积极性主要表现在他们好奇、爱提问题以及好动手动脑方面。成人应保护、培养儿童的这种好奇心和求知欲，注意随时启发幼儿积极思考，使幼儿从小养成勤动脑、勤思考的好习惯，时刻保持问题意识，这对于幼儿思维的发展具有积极促进作用。

2.《指南》中艺术领域对中班幼儿的要求。"表现与创造"中的目标 1 提出"经常用绘画、捏泥、手工制作等多种方式表现自己的所见所想"。所以，成人应为幼儿创设宽松、自由的创作环境，使幼儿在创作的过程中充分展现自己的想象力和个性，同时要尊重、理解并鼓励幼儿与众不同的表现方式，不要把艺术教育变成机械的技能训练。

（五）背景信息

1. 关于本班幼儿的年龄特点和艺术素养测查。幼儿艺术素养的发展是随着思维发展和生理器官的成熟，在创作的过程中逐步实现的，它既受年龄因素制约，又存在较为明显的个体差异。

2. 教师个人的专业化水平分析。在教学活动中，儿童是主体，教师是主导，教学水平高的教师能根据本班幼儿的特点组织适宜的教学。

（六）关键要点

1. 了解中班幼儿艺术领域学习发展的特点，根据其特点组织适宜的艺术领域教学活动是解决问题的根本。在该案例分析中，这是一个特别需要注意的问题。

2. 除了关注幼儿的艺术领域发展特点，还要关注教师教学环节之间的自然过渡和有效提问。自然的过渡、良好的提问和回应能够激发幼儿想象力和创造力的发展，形成问题意识，同时为教学的高质量提供保证。

第三章　大班五大领域案例

一、 健康领域

案例　大班健康活动：我不生气了

摘要：幼儿良好的心理与社会适应能力可以使其更好地适应飞速发展的社会。这是一次大班健康领域的课程活动，教师以《菲菲生气了》绘本为引线进行教学，希望通过菲菲的故事引导幼儿能将生气的消极情绪转化为健康的情绪和意识，让幼儿感受并理解菲菲的情绪，从中学习调节情绪的方法，促进同伴间友爱互助关系的形成，同时明白生气不利于身心健康，想办法赶走消极的情绪，让自己健康快乐成长。

关键词：大班　健康活动　我不生气了　身心状况　情绪安定愉快

引言：每个人都要经历从出生时的自然人逐步转化为社会人的过程。现如今在享受良好生活环境和教育条件的独生子女群体中，心理障碍、性格古怪、适应社会能力差、孤僻、抑郁等现象增多，这些都会严重影响幼儿的健康成长。《3—6 岁儿童学习与发展指南》健康领域中说到 5—6 岁的儿童应该经常保持愉快的情绪，知道引起自己某种负面情绪的原因并努力缓解，做到适度表达情绪、不乱发脾气。毫无疑问，健康是幼儿幸福快乐的源泉。所以在幼儿健康成长过程中，学会控制情绪是至关重要的。

（一）提取绘本教学中的片段进行分析

【教学片段一】

活动描述：老师在导入过程中，出示了五幅表达高兴的表情图片，幼儿都好奇地观察，在过程中，孩子们开始交头接耳。

过了不到一分钟，老师：你们来说说都是什么表情？表达了什么？哪些是高兴的表情？

孩子们（七嘴八舌）：是高兴的表情，是开心的表情，是可爱的、玩耍的……

老师总结：原来这些不同的表情都是表达开心的呀。那我们小朋友是不是知道了原来大笑、微笑、调皮的笑都是表示开心的呢？以后我们在开心的时候就可以这样笑。

教师接着：你在什么时候会感到高兴呢？你会用什么方法表示你的快乐和开心呢？

幼儿 A：出去玩耍。

幼儿 B：吃冰激凌。

幼儿 C：看动画片。

老师：你们开心的时候会怎么表示呀？

幼儿 A：哈哈大笑。

几乎班上的孩子都是这么表达的，只有几个人是拥抱爸爸妈妈、跑跳。

老师总结：原来有这么多的方法都可以表达开心。请小朋友来说说有哪些事情会让你开心，说出来大家分享一下。（幼儿又重复上述回答。）

老师总结：生活中让我们开心的事情有很多很多，我们好幸福呀！

分析：5—6 岁的幼儿大脑发育显著加速，这个阶段的幼儿观察能力较强。在片段一中，老师出示了五幅表情图片，给幼儿一分钟的时间观察，符合大班幼儿的观察特点。大班幼儿能够做到根据观察的任务，有目的地克服困难和干扰，坚持细致观察。但是图片难度的设置过于简单，仅选取几幅大笑、微笑、调皮、憨笑等简单的表情，难以满足大班幼儿对事物深层次的观察。建议在此基础上多添加一些幼儿难以区分的表情，有利于大班幼儿判断性思维的发展。从提问次数上看，教师的提问次数偏多，存在部分无效提问，如“你在什么时候会感到高兴?”“说说哪些事情会让你感到高兴?”从提问方式上看，教师应将不必要的封闭性问题换成可以让幼儿自由发挥的开放性问题。如将“哪些是高兴的表情?”换成“请小朋友来描述一下这些表情”。封闭性提问不利于幼儿发散性思维的发展，限制了幼儿创造能力的发展。在教师问完有哪些高兴的事情后，幼儿的答案千篇一律，教师可以说一个自己的例子，借此开拓幼儿的思路。但是由于教师并没有在回答中加强引导，导致幼儿的思路不够开阔。如果老师以亲身体验来感染幼儿，则可以引起幼儿的情绪共鸣，达到良好的教育效果。

【教学片段二】

活动描述：老师出示《菲菲生气了》绘本的封面，让孩子进行观察。

老师提问：有一位朋友叫菲菲，我们来看看她现在的表情是什么呢?

孩子们都回答是生气的表情。

幼儿 A：是愤怒、不开心的。

老师追问：你从哪些地方看出菲菲生气了?

幼儿们：嘴巴、眼睛。(有的幼儿安静地坐着。)

老师总结：原来生活中除了高兴的事情，还有许多让人不愉快不开心的事情，这些不愉快的事情会让我们很生气。

教师接着：是什么事情让菲菲这么生气呢? 我们来猜一猜，一起听听到底什么事情让菲菲生气了。

教师讲述故事前半段后问：如果你是菲菲，你会怎么办?

幼儿 A：不给姐姐。

幼儿 B：让姐姐玩一会儿。

幼儿 C：我会大声哭。

幼儿 D：我可以问问姐姐能不能一起玩。

老师总结：你们真聪明，想出这么好的办法。

然后又提问：可是菲菲生气了，很不开心，有什么办法可以让她开心起来，不再生气呢？

幼儿 D：可以给她吃糖。

幼儿 E：让爸爸妈妈给她抱抱。

幼儿 F：可以让爸爸妈妈给她玩具。

幼儿 G：我可以安慰她，让她别难过。

老师：我们每个人都有过生气、不开心的时候，但开心是最重要的。所以平时我们遇到不开心的事时，要想办法解决问题，使自己不再生气，做个开心的人。

老师：那菲菲到底是用什么办法让自己不生气的？

幼儿继续听故事。故事讲完之后，教师小结：我们每个人都会有不开心的时候，生气没关系，只要你像菲菲一样有办法使自己心情好起来，那你每天都会拥有好心情。

老师：你们有什么办法可以让自己高兴起来呢？（孩子们的回答和让菲菲高兴起来的方法差不多。）

老师：我们要时刻保持开心的心情，不开心的时候要想办法让自己变得开心。

分析：在这个过程中，教师希望让幼儿通过观察菲菲的表情，学会辨别情绪，理解他人的感受。4—5 岁的幼儿可以正确地从身体动作、表情来推断一个人的情绪。他们也能正确判断许多基本情绪产生的原因①。所以这个环节是符合大班幼儿年龄特点的。但是在幼儿表达如何判断情绪时，老师没有引导幼儿观察哪里，而是任由幼儿自己随机发现。其实利用这个教育契机可以使幼儿有顺序地观察，比如从眼睛到鼻子，再到嘴巴，或者相反。教师没能有效引导幼儿学习有顺序地观察情绪，使得孩子的观察能力没有得到进一步的提升。讨论如何让菲菲开心的过程是一个教育孩子如何管理情绪的过程，如果教师可以从幼儿的实际出发，围绕幼儿在园的活动，举几个不开心的例子，反而可以让幼儿从实际经验出发，找到合适的方法。由于时间有限，老师没能把握住这个环节，以幼儿为主体，引导幼儿自己

---

① 李甦. 学前儿童心理学［M］. 北京：高等教育出版社，2013：4.

找到排解负面情绪的方法。可以让幼儿说说如何让自己开心，与同伴一起分享如何化解情绪，这有助于孩子们形成开放的内心，帮助他们建立一种安全的心理环境。

【教学片段三】

活动描述：老师播放歌曲《拉钩钩》。

教师：请小朋友欣赏儿歌，并且说出歌曲中有哪些调节情绪的好方法。

教师让幼儿边听儿歌边模仿儿歌中拉钩的动作，教师在过程中也跟着儿歌一起做动作。

歌曲听完后，老师：歌曲中除了拉钩还有什么你觉得可以开心的方法？请你和同伴分享一下。

幼儿开始热闹地讨论，有的说互相抱一抱，有的说跳一跳。

老师：今天你们回到家后，可以和自己的爸爸妈妈、爷爷奶奶、姥姥姥爷分享一下你们觉得开心的好方法，让他们以后也可以保持开心的情绪好不好？

分析：老师利用儿歌《拉钩钩》作为活动的延伸部分，让幼儿在具体的游戏操作中进一步了解化解情绪的多种方法，加深幼儿对健康快乐心理的认识和理解。这个环节可以说是将化解消极情绪的部分推向了高潮。幼儿熟悉儿歌，儿歌的设置让幼儿带着明确的目的倾听。幼儿在做动作的时候，脸上是开心欢乐的表情，之前并未完全投入的幼儿也露出了笑容，真正开心起来，和同伴一起拉钩钩。活动的结尾，老师让这次活动得到了升华，幼儿在学校学习到的东西回到家后可以继续。我们总说“5 + 2 = 0”，这个环节恰恰可以避免这种现象，帮助幼儿学以致用。此环节还可以加强它的趣味性，让孩子们动起来，跳起来，让幼儿自由自在地在游戏中学习。

（二）对教学活动片段的总体分析

在《3—6 岁儿童学习与发展指南》明确提出了情绪安定愉快对幼儿的重要性。这次活动围绕绘本对幼儿展开情绪教育，活动目标为：1. 知道生活中每个人都有多种情绪的变化。2. 能够与同伴交流多种调节情绪的方法。从活动目标上看，教师整堂活动均围绕这两个目标进行，活动每一个环节都服务于目标。但是在目标的设定上不够具体，且目标应该从知识、技能与情感三方面进行设定。所以老师还应该设置一个让幼儿喜欢交流情绪，并且享受分享情绪后的喜悦心情的环节。

（三）本次教学活动中值得肯定的地方

1. 教师了解大班幼儿的年龄特点，将绘本教学与健康领域相结合，有利于幼儿的理解。情绪本身是一个比较抽象的词，结合图画书进行教育引导，会降低幼儿理解的难度。活动设计难度适宜，幼儿的参与度较高。

2. 幼儿教师尊重每个幼儿，提问尽量涉及每个幼儿。

3. 在最后一个环节，教师采用儿歌游戏的方式对幼儿进行教学。在儿歌游戏中，孩子的情绪得到了很大的释放。

（四）本次活动需要注意和改进的地方

1. 教师应该以幼儿为主体，从幼儿出发，利用生活情境中的多种经验促进幼儿的理解。利用幼儿已有经验进行教学，可以达到事半功倍的效果，在这堂课中，教师应抓住幼儿的生活实例进行引导，方便幼儿对情绪更好地掌控。

2. 在提问上仍存在问题。我们可以发现整堂活动提问次数太多，密度太大，给予幼儿思考的时间不够，不利于幼儿思维发展。教师的理答行为也有不足之处，虽然每一个提问教师都会跟着一个总结，但是总结太笼统。如有的幼儿说菲菲可以哭或者不给姐姐，老师听到这个回答后应该进行下一步引导，而不是说幼儿想出来的方法都很棒，这样对于一部分幼儿的学习是不利的。

3. 温暖、轻松的心理环境有助于幼儿形成安全感和信赖感。所以在上课时，教师不应该急于赶教学进程，而应该多关注教学过程，关注每个幼儿，接纳幼儿的差异。在情绪管理方面，教师应该以身作则，在日常生活中学会控制自己的脾气，为幼儿树立榜样。

附：教学案例使用说明

大班健康活动：我不生气了

（一）教学目的与用途

1. 本案例主要适用于学前儿童健康教育课程，也适用于幼儿园教育评价课程。

2. 本案例的教学目的：幼儿良好的身心状况是他们在社会发展立足的第一步。“身心状况”包括幼儿身体和心理两方面的发展。大班幼儿开始有了明显的消极情绪，在生活、学习中开始有了自我意识，渐渐开始产生一些不良情绪。本案例通过《菲菲生气了》绘本引导幼儿接受不良情绪，学会克服消极情绪，转变为积极情绪。通过健康教育的实施，让幼儿情绪反应适度，社会适应良好，能较快适应陌生的环境，没有过多的消极情绪体验，不断提高自我调节情绪的能力。

（二）启发思考题

1. 你如何看待大班幼儿的消极情绪？

2. 教师如何控制在教学过程中的提问次数，保证提问质量？

3. 教师如何将游戏自然地融入教学中？

4. 如何理解身心状况对幼儿发展的重要性？

（三）分析思路

教师可以根据自己的教学目的灵活使用本案例。这里提出本案例的分析思路，仅供参考。

1. 在使用这个案例时，要考虑到健康领域的定义和内容。幼儿健康领域划分为身心状况、动作发展、生活习惯与生活能力。健康领域一般在幼儿园中被广泛应用于体育运动与小班生活习惯的养成，对身心状况这一方面往往被忽视。身体状况包括幼儿体态发育、机能和心理发展的基本状况。我们都知道心理健康对于一个人的发展至关重要。一个人心理健康才能够有良好的社会性发展。心理健康是幼儿学会共同生活，与人合作，建立和谐的社会人际关系，形成良好的社会性、个性品质的基础。所以，注重健康领域中身心状况的发展尤其重要，不可忽视。

2. 寻找内在的原因。大班幼儿身心状况的发展规律是什么？其身心发展受到的影响因素是什么？教师在其中承担的作用是什么？教师要在探寻这些问题的基础上进行深层思考。

3. 从《3—6 岁儿童学习与发展指南》和《幼儿园教育指导纲要》的角度解读这则案例。《指南》和《纲要》中健康领域目标都提到了让幼儿身体健康，在集体生活中情绪安定、愉快，其中《纲要》的目标、内容与要求、指导要点均在第一条提到了情绪、心理健康。可见幼儿心理健康、情绪愉快安定对幼儿健康发展的重要性。在《指南》中还提到了要帮助幼儿学会表达情绪、调控情绪。本案例围绕《菲菲生气了》这一绘本对幼儿进行情绪的教育，如果进一步延伸，还可以做出许多适合幼儿情绪愉快安定的健康活动。

（四）理论依据及分析

1. 学前儿童心理健康的理论。学前儿童心理健康的重要标志是情绪反应适度、自我体验愉悦、社会适应良好、心理健康发展达到相应年龄组儿童的正常水平。从幼儿心理健康的标准之情绪积极向上这一维度来看，积极的情绪状态反映了个体中枢神经系统功能的协调性，也表明个体的身心处于良好的平衡状态。学前儿童的情绪具有很大的冲动性和易变性，但随着年龄的增长，情绪的自我调控能力有所增强，稳定性逐渐提高，并开始学会调控情绪。如果一个幼儿无法控制自己的情绪，则说明该幼儿的心理是不健康的。

2.《指南》中健康领域的目标明确提出了情绪安定愉快对幼儿的重要性。《指南》要求教师营造温暖、轻松的心理环境，让幼儿形成安全感和信赖感；并且保持良好的情绪状态，以积极、愉快的情绪影响幼儿。还应该帮助幼儿学会恰当表达和调控情绪，如成人用恰当的方式表达情绪，为幼儿做出榜样；生气时不乱发脾气，不迁怒于人；成人和幼儿一起谈论自己高兴或生气的事，鼓励幼儿与人分享自己的情绪；允许幼儿表达自己的情绪，并给予适当的引导，如幼儿发脾气时不硬性压制，等其平静后告诉他什么行为是可以接受的；发现幼儿不高兴时，主动询问情况，帮助他们化解消极情绪。

（五）背景信息

1. 关于本班幼儿的年龄特点和社会性发展能力测查。幼儿社会性的发展是随着生理和心理的成熟，在与人交往的过程中逐步实现的，它既受年龄因素制约，又存在较为明显的个体差异。

2. 教师个人的专业化水平分析。在教学活动中，儿童是主体，教师是主导，教学水平高的教师能根据本班幼儿的特点组织适宜的教学。

（六）关键要点

1. 情绪情感是影响学前儿童心理健康的一个重要因素。学前儿童的情绪情感带有易变换、易冲动、易传染、易外露的特点。要教会幼儿正确认识、理解引发情绪情感反应的情境，要让学前儿童学会用语言和非语言的方式表达自己的情绪情感，培养他们控制情绪、调节情绪的能力，需要教师在使用本案例时明确重点、把握重点。

2. 要注意教师的教学过程，如教师使用什么进行教学，如何调动幼儿学习的积极性，教学过程中的有效提问有哪些，哪些提问是无效的，如何为教学的高质量提供保证等。

案例　大班健康活动：我当值日生

摘要：本案例描述了进餐前教师指导幼儿做值日的生活教育片段。教师利用生活中真实的活动场景，让幼儿亲身体验为他人服务的快乐，形成集体归属感，帮助幼儿建立自信。

关键词：大班　健康　我当值日生　生活与卫生习惯　自我服务

引言：在《3—6 岁儿童学习与发展指南》健康领域中，针对 5—6 岁的幼儿在“具有良好的生活与卫生习惯”的教育建议中提出，应指导幼儿学习掌握生活自理的基本方法，提供有利于幼儿生活自理的条件。教师有责任和义务培养幼儿的生活自理能力，促进幼儿身体的健康发育。

(一) 提取生活教学中的片段进行分析

【教学片段一】

活动描述： 准备进行早餐时，教师发现今天的值日生还没有来，请幼儿自愿举手报名做今天的值日生。

教师：今天的值日生还没有到，现在有谁愿意担任今天的值日生？

六七个幼儿举起手，还有的从位子上站了起来，嘴巴里喊着“我！”“老师，选我！”“我愿意。”……此时，浩浩小手在桌上举得端端正正，安安稳稳坐在位子上，眼神中充满期待，一直在看着老师。

教师：浩浩，那你今天早上负责值日吧。

分析： 当老师问“谁愿意当值日生”时，幼儿争先恐后地举手让老师选自己，有的甚至从座位上站起来了，只有浩浩规规矩矩地坐在位子上，端正地举着手。事后老师说：“浩浩平时胆子比较小，不太愿意表现自己，也很少举手。所以当这次能看到他举手时，我心里特别高兴，毫不犹豫地就选他了。”《3—6 岁儿童学习与发展指南》提出，要充分理解与尊重幼儿发展进程中的个别差异，切忌用一把尺子衡量所有幼儿。该老师能够根据幼儿的身心发展特点因材施教，真正做到了以幼儿为本。对于缺乏自信的幼儿，老师能够关注到并适时抓住时机，增强幼儿自信。

【教学片段二】

活动描述： 浩浩给每桌的幼儿分发筷子。

浩浩开始工作了，他在每个桌子上放了一个长方形的盘子，然后手上拿了一把筷子。在发筷子前，他先是看了一眼每个桌上有几个人，接着他一双一双地按照人数数筷子，在数好筷子的数量后，将其捏在一起，用筷头在桌子上敲几下，使每根筷子都能对齐，最后他将整齐的筷子顺着长方形盘子的对角线放下去。

分析：《指南》中要求成人“不宜过度保护和包办代替，以免剥夺幼儿自主学习的机会，养成过于依赖的不良习惯，影响主动性、独立性的发展”。该案例中的老师通过安排值日生的方式，创设真实的生活活动场景，让幼儿学会自我服务、为他人服务，鼓励幼儿做一些力所能及的事情，如分发筷子，摆放盘子、毛巾等，不因幼儿做得不好或做得慢而包办代替，将教育活动渗透进一日生活当中。

《指南》中要求幼儿“具有良好的生活与卫生习惯”“具有基本的生活自理能力”。案例中的浩浩在当值日生时做的一整套动作，从摆放筷子的流程来看，先是目测有多少人，然后根据人数数筷子，包括筷子对齐，斜着放在盘子里，表明他对这些动作与行为都极为熟悉，并且已经内化成自己的动作技能，掌握了基本的生活自理技能。浩浩在接受值日的任务后，能够认真负责地完成，这也符合《指南》中对大班幼儿的要求。这个害羞的男孩在老师选值日生时举手，表现出愿意为集体做事的态度；在为全体幼儿服务时感到了快乐，这也是他具有归属感的体现。

【教学片段三】

活动描述：浩浩开始在每桌上放一块毛巾。

浩浩拿来了擦手的毛巾，他先将毛巾对折两次之后变成了一个小长方形，然后将叠好的长方形毛巾横向放置，恰好与长方形盘子并排，但是有块毛巾是竖着放置的。

教师（蹲下来指着毛巾）：你看这两块毛巾有没有什么不一样的地方？

浩浩（看了一眼旁边的毛巾）：方向不对。

浩浩把那块竖着放置的毛巾拿起来，横向地放在桌上。放完之后又飞快地看了眼教师，教师冲他点点头，给了他一个微笑，浩浩接着去做其他的准备工作去了。

分析：《幼儿园教师专业标准（试行）》（以下简称《标准》）要求教师“具有专业的理念与师德，信任幼儿，不讽刺不挖苦幼儿”①，当浩浩将毛巾摆错方向时，老师能够蹲下来，引导他自己发现错误，而不是通过说教的方式教育幼儿。让幼儿自己发现错误，通过自身的操作获得更多直接经验，这与幼儿以直接经验为主的学习方式相适应《标准》要求教师“重视自身日常态度言行对幼儿发展的重要影响与作用”，教师作为幼儿生活中

---

① 教育部教育工作司.《幼儿园教师专业标准（试行）》解读［M］. 北京：北京师范大学出版社. 2013.

的重要他人，其一言一行都会对幼儿产生影响，在浩浩摆放好毛巾后，教师给了他一个鼓励性的微笑、肯定性的点头，这种及时、正面的强化充分调动了幼儿的积极性，帮助幼儿养成积极、主动、认真、专注、敢于探究与尝试的学习品质。

（二）对教学活动片段的总体反思

在生活中学习和发展是幼儿成长的一个显著特点，以自己的生活为主要的学习对象，又以自己的生活为主要的学习途径，学习与生活相互交融，这是幼儿学习的独特之处，教师应利用生活的各个环节来为幼儿提供学习的机会。

众所周知，一日生活中蕴藏着巨大的教育价值，但这只是为教师的教和幼儿的学提供了一种可能性，最关键的是如何有效利用这些时机来进行教育、如何最大限度地发挥其价值，这都与教师的专业水平密切相关。

1. 巧妙利用时机。在发现值日生没来的时候，教师让幼儿自主选择是否成为值日生，给了幼儿相当大的自主权。对于幼儿来说，参加的活动一定要是自己喜欢的。选择浩浩当值日生，是教师在了解幼儿的基础上做出的决定，目的是给平时不自信的幼儿更多的锻炼机会。

2. 适时的观察与指导。教师观察幼儿的表现，在幼儿遇到困难时巧妙介入，并适当指导，充分体现了以幼儿为主体。

3. 充沛的情感投入。活动中的浩浩在进行自我纠正后，看向教师的那一眼，是他想得到教师的回应与肯定，教师给他一个鼓励性的微笑，让幼儿受到鼓舞。在这样的环境下，儿童会获得安全感和信任感，就会把自己的精力放在自我发展之中，而不用焦虑或刻意取悦成人①。

（三）本次教学活动中值得肯定的地方

1. 尊重幼儿发展的个体差异。该老师能够根据幼儿的身心发展特点因

---

① 叶平枝，容喜，温嘉贤. 幼儿教师日常教学非言语评价行为的现状与问题［J］. 广州大学学报（社会科学版），2011，10（03）：52.

材施教，浩浩平时可能比较胆小，不爱表现自己，但教师能够关注到他，在他需要的时候提供必要的支持。

2. 理解与尊重幼儿的学习方式和特点。将幼儿教育融入生活，提供让幼儿直接操作的机会，获得直接经验。在浩浩摆放毛巾不整齐时，教师没有斥责他，而是通过提醒，引导他自己观察，从而发现错误。

（四）本次活动需要注意和改进的地方

幼儿未能正确放置毛巾，教师看见后立马提醒幼儿，让幼儿自我纠正。实际上教师可以等待一段时间，让幼儿自己发现毛巾摆放的错误。主要有以下几点原因：

1. 教师的提醒打断了幼儿的工作节奏。本来幼儿是专注于自己的工作的，在头脑中已经建构好了关于值日生工作的完整流程。哪一步该做什么以及怎么做都心中有数，但是教师的提醒让他一下子乱了节奏。当他的错误被纠正后，有些不自信，但又渴望得到教师的表扬，他关注到了工作以外的目的。

2. 教师应充分相信幼儿。教师看到幼儿摆放位置不一致后，立即指出幼儿的错误，实际上教师应该充分相信幼儿，或许幼儿能自己发现错误。提供幼儿自己发现错误的时间和空间，是给幼儿成长最好的礼物。

附：教学案例使用说明

大班健康活动：我当值日生

（一）教学目的与用途

1. 本案例主要适用于幼儿园健康教学法课程，也适用于幼儿园教育评价课程。

2. 本案例的教学目的：在了解 4—5 岁幼儿身体发育的基础上，利用就餐时间对幼儿进行渗透式、适宜的健康领域教育活动。在组织活动的过程中，既要考虑儿童的年龄特点，也要关注儿童的个体差异，同时要发挥教师的引导作用。

（二）启发思考题

1. 你如何看待中班幼儿身体发育的特点？

2. 教师的有效性提问在这次活动中是如何体现的？

3. 幼儿健康领域学习的核心是什么？

4. 如何有效避免教师在组织活动中的高控性？

（三）分析思路

教师可以根据自己的教学目的灵活使用本案例。这里提出本案例的分析思路，仅供参考。

1. 在使用这个案例时，要考虑到本次健康教育活动目标的制定。具体要求有四个：要依据健康活动目标的原则，制定具体的健康教学活动目标；要根据幼儿健康教育的内容，制定完整的健康教学活动目标；要依据幼儿健康发展的特点，制定健康教学活动的目标；要依据幼儿身体发育的水平，制定适宜的健康教学活动目标。

2. 寻找内在的原因。大班幼儿身体发育的特点是什么？其身体发育受到的影响因素是什么？教师在其中承担的作用是什么？教师要在探寻这些问题的基础上进行深层思考。

3. 从《3—6 岁儿童学习与发展指南》和《幼儿园教育指导纲要》的角度解读这则案例。《指南》在"具有基本的生活自理能力"中的教育建议指出："指导幼儿学习掌握生活自理的基本方法、提供有利于幼儿生活自理的条件。"《纲要》中的"目标"提出："生活卫生习惯良好，具有基本的生活自理能力。""内容与要求"提出："根据幼儿的需要建立科学的生活常规，培养幼儿良好的饮食、睡眠、盥洗、排泄等生活习惯和生活自理能力。"因此，成人要帮助幼儿掌握基本的生活自理能力，促进幼儿的健康成长。

（四）理论依据及分析

1. 幼儿身心发展规律的理论。大班幼儿的生理和心理的成熟度提高，身体的动作，尤其是手的动作能力进一步发展，独立性进一步提高，决定了他们具有相应的生活自理能力。

2.《纲要》中健康领域的"内容与要求"。它提出："根据幼儿的需要建立科学的生活常规，培养幼儿良好的饮食、睡眠、盥洗、排泄等生活习惯和生活自理能力。”“指导要点”提出：“要尊重和满足他们不断增长的独立性要求，避免过度保护和包办代替，鼓励并指导幼儿自理自立的尝试。”因此，成人要注意培养幼儿的生活自理能力，放手让幼儿自己去“做”，不可包办代替。

（五）背景信息

1. 关于本班幼儿的年龄特点和基本动作能力测查。幼儿身体的生长发育是随着生理和心理的成熟，在与人交往的过程中逐步实现的，它既受年龄因素制约，又存在较为明显的个体差异。

2. 教师个人的专业化水平分析。在教学活动中，儿童是主体，教师是主导，教学水平高的教师能根据本班幼儿的特点组织适宜的教学。

（六）关键要点

1. 了解大班幼儿的身体发育特点，根据其特点组织适宜的健康教学活动是解决问题的根本。在该案例分析中，这是一个特别需要注意的问题。

2. 除了关注幼儿身体发育特点，还要注意教师的有效提问。良好的提问和回应能够激发幼儿学习生活自理行为的积极性，同时为教学的高质量提供保证。

案例 大班健康活动：丢手绢

摘要：幼儿阶段是儿童身体发育和动作发展的重要时期，跑跳、平衡能力是这一时期培养的重点。本案例教师以游戏的形式组织了一次“丢手绢”的健康活动，让幼儿在游戏的过程中身体机能得到锻炼，丰富幼儿的情绪体验，帮助幼儿学会处理游戏中的冲突。

关键词：大班 健康活动 丢手绢 身体机能 情绪

引言：身体健康是人发展的基础，儿童身心的健康发展是学前教育的出发点与立足点。《指南》健康领域对儿童的动作发展提出了具体的要求，儿童要具有一定的平衡能力，动作协调、灵敏，同时具有一定的力量和耐力。因此，提高儿童的身体素质，促进儿童身体发育和机能发展是这一时期教育的重点。

（一）提取教学活动中的片段进行分析

【教学片段一】

活动描述：大三班幼儿的户外活动时间到了，王老师组织孩子们来到了草地上。老师拿出手绢问孩子们："小朋友们玩过丢手绢吗？"孩子们大声答道："玩过。"王老师又说道："那你们告诉老师，还想玩这个游戏吗？"孩子们兴高采烈地说道："想。"

王老师组织孩子们手拉手围成一个大圆圈在草地上坐了下来。孩子们叽叽喳喳说个不停。王老师站在圆圈中间拍着手示意大家安静下来，拿出手绢说："游戏马上开始，请小朋友们注意了，坐在自己的位置上不要乱跑，以免别的小朋友跑的时候踩到你。谁想第一个丢手绢呢？"明明和小刚都很喜欢跑跳，争着要第一个丢手绢，谁也不让谁。王老师见状走了过去，对明明和小刚说："老师也很喜欢玩丢手绢的游戏呢，你们这次可不可以让老师第一个丢呀？"明明和小刚想了想，点了点头，明明对王老师说："老师，那你要快点儿丢给我。"王老师答应了，一边唱着丢手绢的儿歌一边绕着圈跑，她把手绢丢在了明明身后，明明追着老师跑了起来，游戏开始了。

分析：大班幼儿喜欢户外运动，之前已经玩过多次丢手绢的游戏。教师选择了幼儿感兴趣的游戏，既可以让幼儿通过跑的方式适当地活动身体，发展身体平衡和协调能力，又可以使幼儿保持愉快的情绪，在游戏中学会调控自己的情绪，提高适应能力。在游戏过程中出现问题时，教师及时干预，采取措施协调幼儿之间的矛盾，既解决了幼儿在游戏过程中的冲突，又保证了游戏的正常进行。

【教学片段二】

活动描述：每次有丢手绢的小朋友跑过时，小丽都会往外坐一点，同时小声说道："丢给我。"希望小伙伴能把手绢丢给自己，可是声音太低了，丢手绢的小朋友总是听不到。

王老师站在旁边看到小丽总是乱动，每次都挪到了圆圈外面，起初她走过去对小丽说："往里坐一点，别的小朋友跑起来可能不小心踩到你。"

可每次她走开了，小丽又会往外挪动，王老师有些生气，大声对小丽说："小丽，不许再乱动了，你要是再乱动就别玩了，去旁边待着吧。"

玲玲拿着手绢绕着圈跑，小朋友们拍着手唱着歌看玲玲会把手绢丢给谁。小丽又跑到了圈外，王老师没有说话，走过去直接把小丽拉回了圈里让她坐下，站在她身边看着她，小丽不敢乱动了，默默地低下了头，也没有别的小朋友丢给她手绢。

分析：小丽性格比较内向，不敢大声表达自己想参与游戏的愿望。王老师没有注意到这一点，只关注到小丽不遵循游戏规则乱动。幼儿身体控制能力差，在快跑的过程中很容易出现意外，维护游戏规则对于保证幼儿的安全十分重要，王老师为了防止意外而纠正小丽的行为并没有错。但王老师并没有注意观察小丽的行为，了解她违反规则的原因，而是直接对其加以指责，这对于小丽的身心发展是极为不利的。

【教学片段三】

活动描述：东东和乐乐平时很喜欢跑来跑去，也很喜欢玩丢手绢的游戏，他们都丢过几次手绢了，但是还想玩。轮到小红丢手绢了，东东和乐乐站起来大声喊道："丢给我，丢给我。"小红拿着手绢跑了起来，把手绢丢给了东东，东东高兴地跑了起来。乐乐看到东东拿到了手绢，生气地对东东说："哼，不跟你玩了。"王老师看见后走了过来，对乐乐说："手绢一次只能丢给一个人呀，这次先给东东，老师请东东丢给你好不好，看你们俩谁跑得快!"乐乐攥了攥小拳头说："好!"

王老师走到东东身旁，小声说："乐乐也想丢手绢，东东你等会儿把手绢丢给乐乐，大家一起玩游戏，好吗?"东东点了点头，跑到了乐乐身后，把手绢丢给了乐乐，乐乐追着东东跑了起来，游戏继续。

分析：幼儿在游戏时很容易发生冲突，合理解决同伴冲突不仅能帮助幼儿学会控制自己的情绪，不乱发脾气，还有利于幼儿掌握与同伴交往的方法，促进幼儿社会性的发展。王老师在发现幼儿之间出现冲突时，没有粗暴地制止，而是及时干预，运用沟通的方法帮助幼儿解决矛盾，既解决了问题，又促进了幼儿的发展。

（二）对教学活动片段的总体反思

户外活动是幼儿园一日生活的重要组成部分，在户外活动时间幼儿可以放松身心，开展各类游戏活动。游戏作为幼儿发展的最主要形式，对于幼儿的身心发展都有重要的价值，幼儿在参与游戏的过程中不仅锻炼了身体，身体素质得到提高，同时在游戏的过程中学会调节、控制自己的情绪。幼儿在游戏过程中有更多与教师、同伴交往的机会，有利于培养幼儿的社会适应能力。丢手绢游戏属于集体性游戏，幼儿可以共同参与，游戏中幼儿需要进行跑、蹲等动作，动作协调能力得到了锻炼。游戏过程中出现的问题和冲突给幼儿提供了问题情境，给予幼儿解决冲突的机会。

在活动中幼儿是主体，要尊重幼儿的主体地位，但幼儿各方面发展不成熟，离不开成人的帮助和支持，教师的合理干预对于活动的顺利开展具有重要意义。教师要把握好干预的时机，既不能过早干预，也不能放任问题自由发展；还要把握好干预的方式，包括语言干预和动作干预。案例中教师在幼儿因谁先丢手绢出现争执时及时干预，保证了游戏的进行，同时有效化解了一场冲突。教师干预贯穿了整个游戏过程，不同情况下教师采取了不同的干预方式。

《幼儿园教育指导纲要》中针对健康领域提出了教育建议：必须把保护幼儿的生命和促进幼儿的健康放在工作的首位。树立正确的健康观念，在重视幼儿身体健康的同时，要高度重视幼儿的心理健康；既要高度重视和满足幼儿受保护、受照顾的需要，又要尊重和满足他们不断增长的独立要求，避免过度保护和包办代替，鼓励并指导幼儿自理、自立的尝试；健康领域的活动要充分尊重幼儿生长发育的规律，严禁以任何名义进行有损幼儿健康的比赛、表演或训练等；培养幼儿对体育活动的兴趣是幼儿园体育活动的重要目标，要根据幼儿的特点组织生动有趣、形式多样的体育活动，吸引幼儿主动参与。教师组织此次游戏活动，既锻炼了幼儿的身体，又促进了幼儿的心理发展，活动的选择也考虑到了幼儿的年龄特点。

（三）本次教学活动中值得肯定的地方

1. 教师选择了适合幼儿的游戏，有利于幼儿的身心健康成长。《3—6岁儿童学习与发展指南》中大班幼儿在健康领域的发展目标主要有三个方面：身心状况、动作发展、生活习惯与生活能力。具体来说，大班幼儿应该具有健康的体态，情绪安定愉快，具有一定的适应能力。在动作发展上也有一定的要求，如具有一定的平衡能力、力量和耐力等。丢手绢游戏需要幼儿绕着圈跑动，在游戏过程中幼儿需要做蹲下、起立、捡东西等动作。教师选择了丢手绢这一幼儿感兴趣的游戏，不仅能提高幼儿参与游戏的积极性，吸引幼儿积极主动地参与到游戏中，还能锻炼幼儿的平衡能力、动作协调能力与灵敏度，提升幼儿的力量和耐力，进而提高幼儿的身体素质，促进幼儿身体健康发展。在游戏过程中，幼儿的情绪也在发生变化，教师及时关注幼儿的情绪，用恰当的方式表达自己的情绪，为幼儿做出了榜样。同时允许幼儿表达自己的情绪，并给予了适当的引导，帮助幼儿学会调控情绪，保持情绪愉悦。

2. 教师及时介入游戏，采取恰当的方式干预游戏，保证游戏的正常进行。集体性游戏开展的过程中很容易出现各种问题，比如因观点不和而引发口角，比如争抢玩具发生身体冲撞等。关于幼儿同伴冲突的研究发现，尽管冲突本身是不愉快的，或者会给幼儿带来伤害，但冲突却是幼儿学习同伴交往的重要过程，是促进幼儿社会化发展十分重要的因素。合理的教师干预对于游戏的正常进行具有重要的作用。

教师干预既需要把握好恰当的时机，不能盲目干预，又需要以科学的方式干预幼儿的游戏。案例中王老师尊重了幼儿的主体地位，没有盲目干涉游戏，而是在游戏进行出现问题时才及时干预。在游戏开始前，幼儿因为都想丢手绢而发生矛盾时进行了干预，用角色参与的方式参与了幼儿的游戏，顺利解决了这一矛盾。之后幼儿出现同伴冲突时，教师及时介入，耐心跟幼儿沟通，帮助幼儿解决了同伴冲突的问题，同时以自身作为榜样，向幼儿示范解决问题的方法，使幼儿在解决冲突的过程中得到学习。

(四）本次活动需要注意和改进的地方

教师忽略了个别幼儿的需要，只看到现象的表面。案例中小丽因为总是乱动而受到教师的斥责，但是教师只看到小丽不遵守游戏规则的行为，未能深入分析她违反规则的原因。实际上小丽只是想参与游戏，但又怯于表达，希望自己能引起其他幼儿的注意。教师的斥责只会使幼儿更加胆怯，不敢表达自己的想法，这对于幼儿的心理健康是极为不利的。教师应主动与幼儿交谈，了解幼儿的内心活动，同时满足幼儿的合理需求，做到平等对待每一个幼儿，促进幼儿的身心健康发展。

附：教学案例使用说明

大班健康活动：丢手绢

（一）教学目的与用途

1. 本案例主要适用于幼儿园教育评价课程，也适用于学前儿童游戏课程。

2. 本案例的教学目的：游戏是幼儿学习的重要形式，幼儿热衷于游戏活动，在游戏中体会成长的乐趣。本案例通过游戏的形式组织幼儿活动，鼓励幼儿积极参与游戏，在游戏中锻炼幼儿的各项身体机能和动作发展，加强幼儿团体合作的意识，培养幼儿解决冲突的能力。在组织活动的过程中，既要考虑儿童的年龄特点，也要关注儿童的个体差异，同时发挥教师的引导作用。

（二）启发思考题

1. 你如何看待大班幼儿动作发展的特点？

2. 你如何看待大班幼儿情绪发展的特点？

3. 教师的合理干预在这次活动中是如何体现的？

4. 同伴冲突对于幼儿发展有何意义？

（三）分析思路

教师可以根据自己的教学目的来灵活使用本案例。这里提出本案例的

分析思路，仅供参考。

1. 在使用这个案例时，要考虑到健康领域的定义和内容。健康是指人在身体、心理和社会适应方面良好的状态，发育良好的身体、愉快的情绪、强健的体质、协调的动作、良好的生活习惯和基本生活能力是幼儿身心健康的重要标志，也是其他领域学习与发展的基础。幼儿在身心状态上应当具有健康的体态，情绪安定愉快，具有一定的适应能力；在动作发展上要具有一定的平衡能力，动作协调、灵敏，具有一定的力量和耐力，手的动作灵活协调；生活习惯与生活能力上具有良好的生活与卫生习惯，具有基本的生活自理能力，具备基本的安全知识和自我保护能力。

2. 寻找内在的原因。大班幼儿动作发展的特点是什么？其健康发展受到的影响因素是什么？教师在其中承担的作用是什么？教师要在探寻这些问题的基础上进行深层思考。

3. 从《3—6 岁儿童学习与发展指南》和《幼儿园教育指导纲要》的角度解读这则案例。二者都对健康领域的教育目标进行了表述。《纲要》中健康领域的目标为：身体健康，在集体生活中情绪安定、愉快；生活、卫生习惯良好，有基本的生活自理能力；知道必要的安全保健常识，学习保护自己；喜欢参加体育活动，动作协调、灵活。《指南》将目标划分了三个方面，分别为身心状况、动作发展和生活习惯与生活能力，每个方面之下又进行了具体的阐述。可见二者都注重幼儿的身体和心理共同发展，还注重培养幼儿良好的生活习惯。《指南》的目标阐述更为具体。

（四）理论依据及分析

1. 儿童游戏理论。游戏是儿童学习的主要形式，游戏对于儿童发展具有重要价值，既能提高儿童身体素质，促进儿童心理健康发展，还为儿童的社会性发展提供机会。

2.《纲要》中健康领域对大班幼儿的要求：建立良好的师生、同伴关系，让幼儿在集体生活中感到温暖，心情愉快，形成安全感、信赖感；与家长配合，根据幼儿的需要建立科学的生活常规。培养幼儿良好的饮食、睡眠、盥洗、排泄等生活习惯和生活自理能力；教育幼儿爱清洁、讲卫生，注意保持个人和生活场所的整洁和卫生；密切结合幼儿的生活进行安全、营养和保健教育，提高幼儿的自我保护意识和能力；开展丰富多彩的户外游戏和体育活动，培养幼儿参加体育活动的兴趣和习惯，增强体质，提高对环境的适应能力；用幼儿感兴趣的方式发展基本动作，提高动作的协调性、灵活性；在体育活动中，培养幼儿坚强勇敢、不怕困难的意志品质和主动、乐观、合作的态度。

（五）背景信息

1. 关于本班幼儿的年龄特点和动作发展能力测查。幼儿动作的发展是随着生理和心理的成熟，在与人交往的过程中逐步实现的，它既受年龄因素制约，又存在较为明显的个体差异。

2. 教师个人的专业化水平分析。在教学活动中，儿童是主体，教师是主导，教学水平高的教师能根据本班幼儿的特点组织适宜的教学。

（六）关键要点

1. 要关注大班幼儿身心发展的阶段性特点，在了解幼儿的基础上再选择适合幼儿的游戏活动。同时要考虑游戏的趣味性，以吸引幼儿积极参与的热情。

2. 教师的合理干预在活动中至关重要，有效干预不仅能保证活动进行顺利，对于幼儿的发展也有一定的意义。

二、 语言领域

案例　大班语言活动：相反国

摘要：本案例描述了教师在幼儿园大班开展一次语言活动，通过创设“相反国”的情景，引导幼儿学习反义词。本次活动目标在于让幼儿理解反义词并且能够在日常生活中使用反义词。这个班级是刚升入大班的幼儿，在中班阶段已经有一定词汇基础了。而对于幼儿来说，他们的学习是建立在已有基础上的，并且是在游戏中学习的，因此这次“相反国”活动以游戏为主，让幼儿在游戏中认识反义词，学习反义词，既可以提高幼儿的词汇量，又为后续语言表达的丰富性做了铺垫。

关键词： 大班　语言活动　相反国　连贯表达　丰富词汇

引言： 语言是幼儿交往和表达情绪的媒介，有专家说幼儿语言能力的发展是智力发展的重要标志，也就是说语言学习对于幼儿的成长是至关重要的。《3—6岁儿童学习与发展指南》语言领域中说到5—6岁的儿童要愿意讲话并能清楚表达，会使用常见的形容词、同义词等，语言生动。老师为了让幼儿学会使用丰富的词语，创设有趣的情景，让幼儿在虚拟的情景中，通过游戏感知反义词的内涵，加深对反义词的印象，并可以在日常生活中灵活使用。

（一）提取语言主题教学中的片段进行分析

【教学片段一】

活动描述： 活动导入部分，创设情景，激发幼儿参与活动的兴趣。

教师：我告诉你们一个消息，昨天晚上有一个人悄悄来到我们大四班，给我们留下了很多礼物，电脑里、杯子里到处都是，礼物里还藏了许多小秘密。看！这就有一个大礼包呢。（此时幼儿专注地看着老师，没有一个人走神儿。）

教师掀开盖着的布，露出纸箱：下面我们来看看这里有什么。

教师打开纸箱，拿出一封信读给大家听：亲爱的大四班小朋友，你们好！我是相反国的小朋友，我们国家专门说相反的话，做相反的动作，非常有趣。我们国王让我给你们送很多礼物，我要请你们用耳朵听听、嘴巴尝尝，手捏捏、拎拎，还要仔细观察观察，你们就会发现很多的小秘密，如果谁能找到小秘密，我就会把礼物箱中的小礼物送给你们。

然后老师出示了很多材料：软硬糖、大小皮球、长短绳子、棉花和沙子……引导幼儿利用实物，在实物中找反义词。幼儿开始第一次尝试，利用实物，通过各种感官，去感受事物的形状、硬度、重量等属性。

分析： 在本次活动的导入部分，教师创设“相反国”的情境成功地吸引了幼儿的注意力，活动紧紧围绕着学习反义词展开。在整个教学过程中，教师首先是通过一封来自“相反国”的信来激发幼儿兴趣，导入主题。其次，教师是通过实物让幼儿观察，初步感知、了解反义词。好的情景创设可以充分调动幼儿的积极性，提升教学的有效性。中班以后的幼儿好奇心很强，教师采用“悄悄地”“小秘密”“来自远方的信”等具有神秘色彩的语言，吸引幼儿的目光，所以活动之初，全部的幼儿都很专注地跟着老师一起进行。从导入上看，教师的做法是成功的。再说准备的材料，教师的课前准备比较充分，材料都是幼儿生活中常见的，并且是幼儿感兴趣的。所以当出示了材料后，幼儿的反应是开心激动的，他们跃跃欲试想要拿上这些物品去发现其中的奥秘。这个环节的教师指导用语比较得体，但是出示了材料后，教师却没有引导幼儿从事物的哪些方面去观察，造成下一环节出现小问题。再就是，老师刚开始时说藏了很多礼物，但是没有让幼儿自己去教室里寻找，而是教师直接拿出材料，会让幼儿的神秘感降低，没有充分利用情景激发幼儿的探索欲。所以老师应让幼儿自主探索发现。

【教学片段二】

活动描述：幼儿进行了五分钟的自主探索。

教师（出示大小皮球）：小朋友，这是什么？它们一样吗？

幼儿们：不一样。

幼儿 A：一个大，一个小。

教师：对，它们一个大，一个小。大和小是一对意思相反的词语，所以我们叫它反义词。

接着教师请幼儿比较绳子的长短，尝软糖和硬糖的硬度，拎棉花和沙子的重量，试着说出长和短、软和硬、轻和重三对反义词。当拿出绳子的时候，幼儿们很快就说出了一根是长的，一根是短的。

教师总结：是的，它们一根长一根短，长短也是一对反义词，是相反国的国宝之一。

进而孩子也能自己说出软糖软和硬糖硬，沙子重和棉花轻。

在说到棉花和沙子的时候，幼儿 B：沙子硬和棉花软。

教师赶紧补充：你们提一提，感觉它们有什么不同。

幼儿 C（喊道）：轻重。

每次说完一组反义词，教师都会总结：轻重是一对反义词，软硬也是一对反义词。

然后教师播放课件，在课件中找反义词。首先让幼儿观察课件，引导幼儿观察，尝试说出相反的词。

教师：图片上有什么？它们一样吗？

幼儿观察尝试，并说出相反的词：厚薄、粗细、高矮、上下、胖瘦、开关、哭笑、进出、多少。老师每次都会总结这些词语，有的幼儿都会抢答了。

分析：由于大班幼儿具备一定的词汇基础，所以一部分幼儿可以轻易说出物体属性的不同，并且知道大小、长短、轻重是反义词，而班级中幼儿的发展水平不同，需要教师因材施教。知道这些词语的幼儿，教师可以让他们上台来做讲解，发展他们的语言表达能力。对于还不能说出来、不能理解反义词的幼儿，教师可以加以引导，让他们多观察幼儿园经常会出现的事物，便于理解反义词的含义。每组活动后，教师都做了总结，这是一种不利于幼儿自我发展、学习概括总结的高控行为。所以老师示范总结后，可以尝试着让幼儿自己来总结，让他们自己说出这是什么词语，教师加以引导即可。比如，一根棒子长，一根棒子短，长和短是一对反义词。教师在示范后重复几遍，让幼儿学会自己说、自己概括。在让幼儿观察的时候，教师应该对幼儿关注的重点加以引导，比如让幼儿来感受一下沙子和棉花的重量，而不是把材料摆在幼儿面前，让他们自己观察。在活动过程中，就有幼儿没有受到正确的引导，说出了沙子硬棉花软。当然软硬是它们的属性，但是和老师预期的效果是不同的，所以有时候要想让幼儿感受到老师想要的方面，就需要教师在引导用语上多加注意，不是简单说几句，而是对于幼儿可能出现的误区进行正确引导。再有就是要了解班内孩子的水平，教师有时低估孩子们的能力。比如，在第三环节让幼儿观看幻灯片时，PPT 课件的内容过于简单，有一些会的孩子，他们觉得没有新鲜感了，就玩别的了。如果增加活动难度，让幼儿从一幅图多找几对反义词，效果可能会更好。

【教学片段三】

活动描述：接着老师组织幼儿做游戏，通过游戏帮助幼儿巩固反义词，加深尝试印象。

教师请小朋友们自由结组站成两队。幼儿一听到要做游戏都十分兴奋，很快地分好组。

教师：现在我们先看一下两队的情况，哪个队的队员多，哪个队少。来，我们一起数一数吧！

教师小结：像“多”和“少”这样意思相反的词，我们也把它们叫反义词。现在我们两队开始行动。第一个游戏是学青蛙跳。规则：每队出一名小朋友，学着青蛙的样子，从起点算起，比谁跳得远。第一名得字卡“远”，第二名得字卡“近”，老师记时间。

一声令下，行动开始了。第一个游戏结束后，教师小结：小朋友谁能告诉我你跳得怎么样，得到什么字？“远、近”是一对什么词呀？

幼儿齐声道：反义词。

教师：好玩吗？接下来玩第二个游戏：穿衣服。规则：每队出一名小朋友，在一定的时间里看谁把衣服穿得又快又整齐。第一名得字卡“快”，第二名得字卡“慢”，老师记时间。

第二个游戏结束后，教师小结：第二个游戏小朋友谁愿意告诉我你把衣服穿得怎样，得到了哪个字？你们得到的“快”和“慢”这两字又是什么词呢？

最后一个环节，教师启发幼儿说出一些新的反义词，比如，好坏、前后、左右、新旧、香臭、升降。

教师：请小朋友想一想，试一试，说出老师没有说过的一些反义词。

这时候幼儿开始不那么活跃了，没有幼儿回应。

于是教师小结：今天在相反国里，我们是不是学到了很多反义词呀？其实，在我们的身边、生活中、教室里也有很多反义词等我们去观察。

分析：教师通过三个小游戏，让幼儿进一步掌握和巩固学过的反义词。这个过程中，幼儿通过游戏，在身体动作的配合下感受不同反义词的具体含义。这三个小游戏成功调动了幼儿的积极性，他们积极主动参与，让幼儿在欢快的氛围中掌握反义词，进一步锻炼和提高了幼儿的语言表达能力。但是由于人数、时间限制，不能使所有小朋友都参与进来，所以教师还可以改变策略，让幼儿当裁判、记分员等，让每个幼儿都可以参与游戏。环节最后，结合实际引导幼儿想一想身边的反义词，发现并说出更多的反义词。这个环节中，可以明显发现有些幼儿不知所措，必须经过提示才能找到。这也说明教师忽视幼儿平时生活知识的积累。面对这种问题，教师应该吸取教训，在设计活动时要考虑每一个环节是否适合幼儿。在游戏中应该把主动权交还给幼儿，让孩子在一个宽松的氛围下成长、学习。

（二）对教学活动片段的总体反思

《3—6 岁儿童学习与发展指南》语言领域明确提出幼儿应能够在讲述的时候使用常见的形容词、同义词等，语言生动。这次活动围绕着反义词对幼儿展开了语言教育，活动目标为：1. 对实物、图片的观察比较，使幼儿初步理解反义词的含义、丰富幼儿的词汇。2. 发展幼儿的观察力，想象力、口语表达能力、动作表现能力及思维的敏捷性。3. 培养幼儿积极动脑、勇于探索、敢于尝试的精神。从活动目标上看，前两个目标教师完成度比较高，但是在探索精神上可能由于没有了解清楚幼儿的知识水平，所以完成度不够。

（三）本次教学活动中值得肯定的地方

1. 教师明确了教学的重难点，将幼儿难以理解的抽象性话语转化为具体的日常事物。教师根据活动目标，将教学与幼儿喜欢的游戏有机地结合在一起，并创设了导入情境，成功地抓住了幼儿的兴趣。

2. 在讲课的时候，教师让幼儿更多地去看、去摸、去听，用这种具体的动作，让幼儿充分理解事物的本质。这说明教师清楚地知道幼儿目前正处于具体形象阶段，引导幼儿在“玩”中学，在游戏中学习。在教学的过程中，教师设计了很多环节，层层递进。

（四）本次活动需要注意和改进的地方

1. 教师指导用语仍需要加强；对于班内孩子的认知水平把握不够。

2. 无效理答语言太多；应相信幼儿，将自主性还给幼儿。

附：教学案例使用说明

大班语言活动：相反国

（一）教学目的与用途

1. 本案例主要适用于幼儿园语言教学法课程，也适用于幼儿园教育评价课程。

2. 本案例的教学目的：在了解5—6岁幼儿语言发展特点的基础上，创设情境“相反国”对幼儿进行适宜的语言教育活动。本次活动以虚拟的情景为引导，调动幼儿的学习兴趣，通过游戏让幼儿在玩中学、做中学，加深幼儿对相反词的理解并学会运用。教师在组织活动的过程中，既要考虑儿童的年龄特点，也要关注儿童的个体差异，同时要发挥教师的引导作用。

（二）启发思考题

1. 你如何看待大班幼儿语言词汇发展的特点？

2. 教学游戏化在这次活动中是如何体现的？

3. 教师如何引导幼儿理解词汇的内涵并学会运用？

4. 教师如何进行有效的理答？

（三）分析思路

教师可以根据自己的教学目的来灵活使用本案例。这里提出本案例的分析思路，仅供参考。

1. 在使用这个案例时，要考虑到本次语言教育活动目标的制定是否符合本班幼儿的年龄特点。《3—6岁儿童学习与发展指南》中要求大班幼儿应该学会在讲述中使用各种词汇，语言生动。而对小、中班的幼儿应该慎重选择本案例。

2. 寻找内在的原因。大班幼儿语汇发展的特点是什么？其语汇发展受到的影响因素是什么？教师在其中承担的作用是什么？教师要在探寻这些问题的基础上进行深层思考。

3. 从《3—6岁儿童学习与发展指南》和《幼儿园教育指导纲要》的角度解读这则案例。《指南》指出：“幼儿的语言能力是在交流和运用的过程中发展起来的。应为幼儿创设自由、宽松的语言交往环境，鼓励和支持幼儿与成人、同伴交流，让幼儿想说、敢说、喜欢说并能得到积极回应。幼儿的语言学习需要相应的社会经验支持，应通过多种活动扩展幼儿的生活经验，丰富语言的内容，增强理解和表达能力。应在生活情境和阅读活动中引导幼儿自然而然地产生对文字的兴趣，用机械记忆和强化训练的方式让幼儿过早识字不符合其学习特点和接受能力。”这段话告诉我们，语言的发展应该符合幼儿学习特点，3—6 岁幼儿是通过绘本、游戏等直观的教学方法进行学习的，幼儿在游戏中、绘本中感知语言，发展语言能力。教师在设计语言发展的教学中应该更多地采用适合幼儿的教学方法，灵活教学。

（四）理论依据及分析

1. 学前儿童语言学习与发展的理论。词汇是幼儿语言学习中的重要内容，也是幼儿语言表达的材料。幼儿词汇发展的规律表明，幼儿学习词汇就是在获得某一个或一组事物概念的基础上，将这些概念与相应的语言形式对应和固定下来①。一般而言，幼儿通过文学作品和日常生活自然而然学习词汇，通过这两种渠道，幼儿接触学习语汇，扩展词汇量，掌握语言内容。幼儿期是人掌握词汇的关键期。我们成人要在关键期重视幼儿的词汇量的培养，充分发挥幼儿语言发展的优势。

2.《3—6 岁儿童学习与发展指南》中语言领域提出：幼儿的语言学习需要相应的社会经验支持，应通过多种活动扩展幼儿的生活经验，丰富语言的内容，增强理解和表达能力。《幼儿园教育指导纲要》“内容与要求”提出：鼓励幼儿大胆、清楚地表达自己的想法和感受，尝试说明、描述简单的事物或过程，发展语言表达能力和思维能力。“指导要点”提出：幼儿语言的发展与其情感、经验、思维、社会交往能力等其他方面的发展密切相关。因此，发展幼儿语言的重要途径是通过互相渗透的各领域的教育，在丰富多彩的活动中扩展幼儿的经验，提供促进语言发展的条件。教师应该在《指南》《纲要》的指导下，注重在日常生活、教学中渗透幼儿词汇的知识，促进幼儿词汇量的发展。

---

① 周兢. 幼儿园语言文学活动［M］. 北京：中国广播电视出版社，1992：32.

（五）背景信息

1. 关于本班幼儿的年龄特点和语言发展能力测查。幼儿语言词汇的发展是随着神经系统和发音器官的成熟，在与人交往的过程中逐步实现的，它既受年龄因素制约，又存在较为明显的个体差异。

2. 教师个人的专业化水平分析。在教学活动中，儿童是主体，教师是主导，教学水平高的教师能根据本班幼儿的特点组织适宜的教学。

（六）关键要点

1. 了解大班幼儿的语言词汇发展特点，什么时期的幼儿应该学习哪类词汇，根据其特点组织适宜的语言教学活动是解决问题的根本。在该案例分析中，这是一个特别需要注意的问题。

2. 除了关注幼儿的语言发展特点，还要注意教师的有效提问和有效理答。良好的提问和回应能够激发幼儿学习语言的积极性，同时为教学的高质量提供保证。

3. 教学过程中，教师还应该设计一些游戏环节，幼儿在游戏中可以更好地学习知识、掌握知识、运用知识。

案例　大班语言活动：鼹鼠的皮鞋车

摘要：本案例描述了教师在幼儿园大班开展的一次语言活动，引导幼儿学习“鼹鼠的皮鞋车”故事。鼹鼠的皮鞋车讲的是废物利用的故事，教师组织这次语言活动，目的在于帮助幼儿理解故事内容，用自己的语言表述故事，同时让幼儿认识到废物利用的意义，增强保护环境的意识。

关键词：大班　语言活动　鼹鼠的皮鞋车　讲述故事内容　废物利用

引言：语言是交流和思维的工具。幼儿期是语言发展，特别是口语发展的重要时期。幼儿语言的发展贯穿于各个领域，也对其他领域的学习与发展有着重要的影响。为幼儿提供丰富、适宜的低幼读物，经常和幼儿一起看图书、讲故事，能丰富幼儿的语言表达能力，培养阅读兴趣和良好的阅读习惯，进一步拓展学习经验。教师选择“鼹鼠的皮鞋车”这一有趣又充满教育意义的故事，为幼儿语言的发展提供了有效的工具。

(一) 提取教学活动中的片段进行分析

【教学片段一】

活动描述：教师出示图片一，引导幼儿思考。

教师：小朋友们看，图片上是什么?

幼儿 A：是一只皮鞋。

教师：是一只什么样的皮鞋呢?

幼儿 B：是一只又臭又破的皮鞋。

教师：你们是怎么看出来的呢？大家都来说说。

幼儿 C：上面冒着臭气呢。

幼儿 D：它鞋尖都破了。

教师：如果把这只又脏又臭的破皮鞋送给你，你要吗?

孩子们纷纷摇头，笑着说不要。

教师：咱们今天就学习一个有关皮鞋的故事，大家可以看看故事里的小动物会不会要这只皮鞋。

分析：在导入环节，教师出示皮鞋图片并向幼儿提问，一步步引导幼儿思考，激发幼儿探索的兴趣，将幼儿引入到了一个故事情境中，为之后的教学奠定了基础。

【教学片段二】

活动描述：教师出示了图片二，请幼儿仔细观察图中小兔子的动作，问幼儿小兔子喜不喜欢这只皮鞋，为什么。

幼儿 A：不喜欢，因为他在用脚踢皮鞋。

教师：小兔子经过这儿，用脚踢了踢说："多脏的破皮鞋!"便蹦蹦跳跳地走开了。

接着教师出示了图片三，请幼儿仔细观察小松鼠，猜猜他喜不喜欢这只皮鞋。

幼儿 B：不喜欢，他闻到了皮鞋的臭味。

教师讲述图片内容：小松鼠经过这儿，看见了这只破皮鞋，它用鼻子闻了闻，说："多臭的皮鞋啊!"说完就跑开了。

教师出示了图片四，问：小鼹鼠也经过了这儿，大家猜猜看，他喜不喜欢这只皮鞋呢？

有的幼儿说喜欢，有的说不知道。

教师：有的小朋友说鼹鼠喜欢这只皮鞋，有的小朋友不这么认为，那咱们看看下一张图片，看看小鼹鼠是怎么做的吧。

教师出示了图片五，请幼儿仔细看图，看看小鼹鼠在做什么。

幼儿C答道：小鼹鼠拿来了水桶，他把鞋洗干净了。

教师：小鼹鼠还做了什么呢？

幼儿D答道：他还把鞋子上装上了车轮和方向盘。

教师：小朋友们观察得很仔细，那咱们再回去看看上一张图，大家觉得小鼹鼠喜不喜欢这只鞋呢？(教师重新出示了图片四。)

孩子们纷纷说道：喜欢。

教师讲述了图片四、五的内容：小鼹鼠也经过这儿，看见了这只又脏又臭的破皮鞋。想了想，笑着说："多好的一只皮鞋，我来给它打扮一下！"他拿来了水桶，把皮鞋洗得干干净净，还给它装上了四个轮子和方向盘，在鞋上画了自己的标志。小鼹鼠高兴地说："哈哈，我有一辆皮鞋车啦！"

孩子们笑了。

教师出示了图片六、七，问幼儿图片上有什么并讲述了图片的内容：第二天早上，小鼹鼠开着皮鞋车送小兔去上学，开着皮鞋车给小松鼠送去一袋新鲜的松果，他们都说小鼹鼠你的车真漂亮，我也想有一辆。

分析：教师先出示图片，请幼儿仔细观察图中的内容，再引导幼儿思考小动物们喜不喜欢这只皮鞋，说出原因。这个过程发展了幼儿多方面的能力，包括幼儿的观察能力、语言表达能力和思维发展等。

【教学片段三】

活动描述：教师结合图片完整地讲述了一遍故事内容，讲完后提出问题。

教师：小兔子看见了这只皮鞋，他是怎么说、怎么做的？小松鼠又是怎么说、怎么做的？

幼儿们：小兔子用脚踢了皮鞋，然后跑开了。小松鼠闻了闻皮鞋，也跑开了。

教师：小鼹鼠呢，他是怎么做的？

幼儿们：小鼹鼠笑着说："我来给它打扮一下吧。"

教师：那他是怎么装扮的呢？

幼儿们：他用水洗干净了皮鞋，又给他装上了车轮和方向盘。

教师：小鼹鼠用他的皮鞋车做了什么事呢？

幼儿们：送小白兔去上学，还给小松鼠送去了松果。

教师：小白兔和小松鼠都很喜欢小鼹鼠的皮鞋车，他们也想有一辆这样的车。小朋友们，你们呢，想要一辆皮鞋车吗？

幼儿们：想。

教师总结：有些破旧东西还可以利用，不要随便丢掉。我们也要像小鼹鼠那样，做个又聪明又勤快的好孩子。大家也可以想想，如果你是小鼹鼠，你会怎么装扮你的皮鞋车呢？

分析：教师又一次讲述了图片内容，帮助幼儿回忆之前看过的图片内容，巩固幼儿对图片内容的理解和记忆，同时让幼儿用自己的语言表述故事内容，发展幼儿的语言表达能力。

（二）对教学活动片段的总体反思

讲故事是幼儿语言教学中最常用的形式，故事不仅能激发幼儿的兴趣，丰富幼儿的语言，还能发展幼儿的思维能力，让幼儿体会到深刻的人生哲理。因此，故事对于幼儿的发展具有重要价值。

语言是儿童交流的重要工具，通过语言儿童可以认识世界和了解世界，通过与事物的互动促进自身成长。《3—6 岁儿童学习与发展指南》对于大班幼儿语言领域的发展目标有着详细的阐述，其中"阅读与书写准备"中提到培养儿童初步的阅读理解能力：

1. 能说出所阅读的幼儿文学作品的主要内容。幼儿在观察画面后，结合画面讨论故事内容，建立画面与故事之间的联系，同时回想教师之前讲过的故事内容，结合画面加以思考，有条理地说出故事的大致内容。案例中，教师始终注意在出示图片后引导幼儿思考故事发展的情节，同时用语言表述故事内容，在锻炼幼儿口语表达能力的同时培养幼儿描述故事内容的能力。

2. 能根据故事的部分情节或图书画面的线索推测故事情节的发展。幼儿在仔细观察图片之后对图片内容进行思考，猜想故事下一步的发展。幼儿在猜想之后能续编、创编故事，促进想象力、创造力的发展。案例中教师一步步引导幼儿观察图片，通过动物的表情、动作等推测故事内容，同时鼓励幼儿大胆猜想故事的下一步发展，发展幼儿的思维。

3. 对看过的图书、听过的故事能说出自己的看法。语言活动的意义不仅在于故事本身，更在于幼儿对故事内容的思考与得到的启示。幼儿在学习完故事之后应对故事内容有自己的看法，在思考的基础上得出自己的想法。案例中，教师讲完故事之后引导幼儿思考皮鞋车的用途，使幼儿意识到废物利用的重要性，进而在以后的生活中增强环保意识，从自身做起，爱护环境，学会废物利用。

4. 能初步感受文学作品的美。幼儿能欣赏文学作品的语言节奏和旋律，体会到作品的感染力和热情。感受文学作品的美对于幼儿的语言学习具有重要价值，只有在感受到文学作品的美之后，幼儿才会有兴趣继续学习，进而在学习的过程中提高语言能力。案例中，教师首先出示图片吸引幼儿的注意力，使幼儿产生继续学习的兴趣，进而在学习故事的过程中体会到故事的趣味性和教育意义。

（三）本次教学活动中值得肯定的地方

1. 故事选择有意义，培养了幼儿的环保意识。“鼹鼠的皮鞋车”讲述了小鼹鼠将皮鞋改造成皮鞋车的故事，内容虽然简单，但却生动有趣。教师选择这个故事作为课堂教学的内容，目标不仅在于促进幼儿语言的发展，鼓励幼儿用语言表述故事内容，还在于使幼儿体会到废旧物改造后产生的积极情感体验，培养幼儿的动手意识，使幼儿养成保护环境的习惯。这一内容拓展了语言活动的目标，促进多领域教育内容的融合，符合《纲要》中提出的领域融合思想。

2. 教师以幼儿为主体，运用提问的方式引导幼儿思考。在整个教学过程中，教师充分认识到幼儿的主体地位，先出示图片，通过开放式的提问引导幼儿仔细观察图片内容，猜想图片的内涵，并用恰当的提问一步步地鼓励幼儿用语言表述自己的想法。当代幼儿教育以幼儿为主体，教师是幼儿学习活动的支持者、合作者、引导者，教师要把握恰当的时机，引导幼儿思考。通过教师的提问和引导，幼儿观察图片更仔细，能抓住图片的重点，如“小兔子踢了踢皮鞋跑开了”“小松鼠闻了闻皮鞋也跑开了”。幼儿用语言表现出来的内容也更丰富，通过小动物的动作，如“踢”“闻”“洗”等了解小动物的内心想法，更好地理解故事内容，运用语言表达的内容也更生动，具有连贯性。合理运用提问还能提高幼儿讲述的积极性，使幼儿真正成为学习的主人。

3. 在教学中注重幼儿的情感体验，通过迁移引发幼儿的情感共鸣。教学中，教师不仅让幼儿观察图片内容，表述故事情节，还让幼儿自己感受和体会图中小动物内心的情感，如小白兔和小松鼠跑开后不在乎的心情，通过小鼹鼠得到皮鞋并将皮鞋改造过后的欣喜以及故事最后小白兔和小松鼠对小鼹鼠的羡慕之情，使幼儿将情感迁移到自己身上，引发情感共鸣，发展幼儿改造废旧物品的兴趣，帮助幼儿认识到改造的意义，鼓励幼儿在生活中多动脑动手，对身边的废旧物品进行改造，增强废物利用和保护环境的意识。

（四）本次活动中需要注意和改进的地方

本次教学的目标之一是发展幼儿的环保意识，让幼儿意识到废物利用的意义。教师在教学开始时提问幼儿“要不要这只皮鞋”，为“废物利用”这个主题奠定了基础。在教学最后，教师才又一次提到了改造废旧物，整个过程中主题穿插不明显，幼儿容易忽略这一点。

因此，教师应在讲述小鼹鼠改造皮鞋的故事时再次点明改造废旧物这个主题，结合故事情节，让幼儿能形象地理解废旧物品改造的含义。此时点明主题，更能加深幼儿的印象，教学效果也会更好。

附：教学案例使用说明

大班语言活动：鼹鼠的皮鞋车

（一）教学目的与用途

1. 本案例主要适用于幼儿园语言教学法课程，也适用于幼儿园教育评价课程。

2. 本案例的教学目的：在了解5—6岁幼儿语言发展特点的基础上，利用故事这一幼儿感兴趣的形式对幼儿进行适宜的语言教育活动。在组织活动的过程中，既要考虑儿童的年龄特点，也要关注儿童的个体差异，同时要发挥教师的引导作用。

（二）启发思考题

1. 你如何看待大班幼儿语言发展的特点？

2. 教师是如何导入这堂课的？

3. 教师是如何引导儿童对故事进行续编的？

4. 如何有效避免教师在组织活动中的高控性？

（三）分析思路

教师可以根据自己的教学目的来灵活使用本案例。这里提出本案例的分析思路，仅供参考。

1. 在使用这个案例时，要考虑到本次语言教育活动目标的制定。首先要根据大班幼儿语言发展的特点制定教育目标；其次根据幼儿心理发展阶段制定教育目标，即考虑幼儿的思维理解能力；最后根据《指南》和《纲要》的相关要求制定教育目标，力求目标科学有效。

2. 寻找内在的原因。大班幼儿语言发展的特点是什么？其语言发展受到的影响因素是什么？教师在其中承担的作用是什么？教师要在探寻这些问题的基础上进行深层思考。

3. 从《3—6岁儿童学习与发展指南》和《幼儿园教育指导纲要》的角度解读这则案例。《纲要》中指出语言能力是在运用的过程中发展起来的，发展幼儿语言的关键是创设一个能使他们想说、敢说、喜欢说、有机会说并能得到积极应答的环境。幼儿语言的发展与其情感、经验、思维、社会交往能力等其他方面的发展密切相关。因此，发展幼儿语言的重要途径是通过互相渗透的各领域的教育，在丰富多彩的活动中去扩展幼儿的经验，提供促进语言发展的条件。幼儿的语言学习具有个别化的特点，教师与幼儿的个别交流、幼儿之间的自由交谈等，对幼儿语言发展具有特殊意义。因此，教师应注意一日生活中对幼儿语言能力的培养，鼓励幼儿与他人交流合作。

（四）理论依据及分析

1. 幼儿身心发展规律的理论。幼儿身心发展的规律表明，幼儿听觉和言语器官发育逐渐成熟，正确地发出全部语音的条件已具备，幼儿期是人掌握语言的关键期。我们成人要在关键期重视对幼儿语言表达能力的培养，充分发挥幼儿语言发展的优势。

2.《纲要》中语言领域的“内容与要求”提出，创造一个自由、宽松的语言交往环境，支持、鼓励、吸引幼儿与教师、同伴或其他人交谈，体验语言交流的乐趣，学习使用适当的、礼貌的语言交往；养成幼儿注意倾听的习惯，发展语言理解能力；鼓励幼儿大胆、清楚地表达自己的想法和感受，尝试说明、描述简单的事物或过程，发展语言表达能力和思维能力；引导幼儿接触优秀的儿童文学作品，使之感受语言的丰富和优美，并通过多种活动帮助幼儿加深对作品的体验和理解；培养幼儿对生活中常见的简单标记和文字符号的兴趣；利用图书、绘画和其他多种方式，引发幼儿对书籍、阅读和书写的兴趣，培养前阅读和前书写技能；提供普通话的语言环境，帮助幼儿熟悉、听懂并学说普通话；少数民族地区还应帮助幼儿学习本民族语言。

（五）背景信息

1. 关于本班幼儿的年龄特点和语言发展能力测查。幼儿语言的发展是随着神经系统和发音器官的成熟，在与人交往的过程中逐步实现的，它既受年龄因素制约，又存在较为明显的个体差异。

2. 教师个人的专业化水平分析。在教学活动中，儿童是主体，教师是主导，教学水平高的教师能根据本班幼儿的特点组织适宜的教学。

（六）关键要点

1. 了解大班幼儿的语言发展特点，根据其特点组织适宜的语言教学活动是解决问题的根本。在该案例分析中，这是一个特别需要注意的问题。

2. 除了关注幼儿的语言发展特点，还要注意教师的引导。教师的有效引导不仅能使幼儿集中注意力，还能引发幼儿及时思考，促进幼儿思维的发展。

案例　大班语言活动：没有耳朵的兔子

摘要：本案例描述了教师在幼儿园大班开展一次语言活动，引导幼儿学习绘本《没有耳朵的兔子》，目的在于引导儿童通过阅读绘本获得复述、续编故事以及连贯表达绘本内容的能力，体验到没有耳朵的兔子从孤单、悲伤到快乐的情绪变化，并且最终认识到每一个儿童都是独一无二的，要接纳和认识自己。

关键词：大班　语言活动　没有耳朵的兔子　连贯表达　认识自己

引言：3—6 岁是儿童语言发展和自我意识形成和发展的重要时期。在这个时期，儿童的自我意识总体上呈快速发展的态势，但个别差异也相当显著，并受到家庭、幼儿园、同伴等多方面的影响。作为教师，有责任给幼儿积极的影响，帮助幼儿形成良好的口语理解和表达能力，且形成积极的自我意识，从而促进幼儿心理的健康发展。

（一）提取绘本教学中的片段进行分析

【教学片段一】

活动描述：教师在教学活动准备阶段进行了一些简单的提问。

教师：提到兔子你们会想到什么？

幼儿 A：会蹦会跳。

幼儿 B：爱吃萝卜、耳朵长。

教师：如果是一只没有耳朵的兔子，你们有什么感受呢？

幼儿 C：有点怪怪的。

教师：今天老师给你们讲的是没有耳朵的兔子。

幼儿 D：没有耳朵的兔子！

教师：接下来我们来看看书里讲了什么。故事开始了，有一只兔子生下来就与别人有点不一样，天生没有耳朵，可是它也有它的本领啊。你们谁能马上告诉我它有什么本领？

幼儿集体：跑步。

分析：提问最能够反映幼儿教师教学能力和教学水平。提问是一门科学，是一种教学艺术，是提高教学质量的有效手段，也是教学过程中的一个重要环节。好的提问能调动幼儿的学习积极性，发挥幼儿的想象力、创造力。总体看来，该名教师的提问较为有效，其中开放性提问有三次，低效提问一次。开放提问比如“提到兔子你会想到什么？”等。另外，提问的类型相对不足，主要是描述提问和假设性提问，比如“如果是一只没有耳朵的兔子，你们有什么感受呢？”但是缺乏一些开放性提问和反诘性提问以及追问。作为大班教师，要适当增加一些反诘性提问，比如“兔子的耳朵都是长长的吗？”等问题，进一步促进儿童进行思考。另外，在提问上，留给幼儿思考时间少，急于让幼儿解答。

【教学片段二】

活动描述：在绘本阅读过程中，教师注意到一名男幼儿举手，并给予他鼓励。

教师：好了，我们来看下咱们的 PPT 吧。(引导幼儿看 PPT）小朋友知道这是什么意思吗？这幅画谁看懂了？把图画中的内容说出来。

坐在距离老师较近的位置上的幼儿 A 举起了自己胖乎乎的小手。

教师：来，老师看到你举手了，我很高兴你能举手，到老师这里来。

幼儿 A 害羞地走到了前面，用比较低的声音说道：他跳得很高。

教师：这是它的内容吗？

幼儿 A 思考了一下，把绘本上的字读了出来：“我跳得很高。”

教师：对，让我们一起来说得更完整一点。

幼儿 A：没有耳朵的兔子说：“我跳得很高。”

教师：你回答得真完整，老师给你点赞。

分析：《3—6 岁儿童学习发展指南》中明确强调要尊重儿童，关注每一个儿童的发展。在语言活动中，该教师关注到幼儿的表现，并且给予一定的积极鼓励，促进儿童成长。在幼儿 A 的回答不够完善的情况下，老师对他进行了一定的引导，帮助儿童完整回答问题，并且给予积极的正强化和赞扬等反馈。

【教学片段三】

活动描述：绘本阅读过程中教师引导儿童描述绘本中的内容。

教师展示了一张 PPT，这张 PPT 中的小兔子低着头，脸上呈现出悲伤沮丧的神情。

教师开始提问：小朋友，图中的小兔子怎么了？

幼儿 B：老师，它很孤独。

教师：你从哪里看出来的？

幼儿 B：因为它低下头，它好孤独，要是没有家人陪我玩，我也会感到孤独。

教师：嗯，它低下头，一个人坐在那里。

分析：从提问上看，老师的提问更加多样，增加了一些提问形式，如追问等。例如，在幼儿回答道小兔子很孤独后，教师又立即进行了追问"你是从哪里看出来的"，促进了儿童进一步思考及思维的进一步成熟。从这一片段看出，教师在这里为幼儿的语言练习和表达创造了良好的语言环境，这些符合《幼儿园教育指导纲要》中语言领域的要求："幼儿教师要为幼儿创造一个自由、宽松的语言交往环境，支持、鼓励和吸引幼儿与教师等进行交谈，体验到语言交流的乐趣。"另外，根据《3—6 岁儿童学习与发展指南》："语言是一个符号系统，儿童对语言的获得包括对语音、语义和语法的理解和表达。"在这堂课中，幼儿 B 前期的经验让她获得了孤独的情绪体验，看到绘本中低着头的小兔子形象，自然地回答出"它很孤独"。在教师的有效提问之后，幼儿会进行回答，对于幼儿的回答如何回应在很大程度上反映出教师的专业化水平和能力。大多数情况下教师会以言语的方式进行回应，在该活动中，教师采用重复幼儿的回答来回应，但值得注意的是，重复不应是简单再说一遍，而应是从语气上加重个别词句，帮助幼儿进一步获得有价值的信息。教师重复幼儿的话“嗯，它低下头，一个人坐在那里”，显然没有达到让幼儿进一步思考的目的。教师可以让该幼儿回忆之前没有家人陪他玩的场景，同时也能吸引更多幼儿参与到话题讨论中来，引发幼儿积极思考，知道孤单的时候该怎么办，应该帮助那些孤单的同伴等。

【教学片段四】

活动描述：绘本活动的扩展。老师利用情境“没有耳朵的兔子发现了一个鸡蛋”进行语言环境创设，为幼儿的语言表达创造环境。老师将绘本PPT播放到“没有耳朵的兔子发现了一个鸡蛋后，它会怎么做”，然后让小朋友进行绘本故事的续编。

教师：它发现这个鸡蛋后会怎么做呢？

幼儿A：它会把它吃掉。

幼儿B：它会跟生下的小鸡做朋友。

教师：等鸡蛋变小鸡跟它成为朋友，这个蛮奇特的，为什么要跟它成为朋友呢？

幼儿B：因为它很孤独。

教师：有些小朋友会觉得它不舍得吃，它想跟生下的小鸡做朋友，你们觉得这么想有没有道理？

幼儿集体：有。

教师：你们看这么多画面，它在干什么？

幼儿七嘴八舌地说，和鸡蛋一起洗澡、看电视、看书、爬山……

幼儿E：它做什么都要跟鸡蛋在一起。

教师：这个小朋友说的一句话你们听到了吗？这句话很有水平，老师都不一定能说出来，再说一遍。

分析：《3—6儿童学习与发展指南》指出，语言表达是以一定的语言内容、语言形式以及语言运用方式进行交流的行为，是幼儿园语言学习与发展的主要表现之一。《指南》要求5—6岁幼儿要能够与他人讨论问题，敢在众人面前说话，并能有序、清楚、连贯地讲述一件事情。此阶段幼儿处于抽象逻辑思维萌芽阶段，能通过画面概括出图画书反映的本质，有一定概括能力并且语言运用流畅连贯。不同幼儿达到某一阶段水平的时间有早有晚，幼儿 E 的概括能力在同龄幼儿中发展水平较高。老师给予了及时、高度以及正面的评价，让该幼儿认识到自己的能力，培养幼儿的积极性和自信心，为其他幼儿树立榜样。

（二）对教学活动片段的总体反思

语言能力是一种综合能力，幼儿语言的发展与其情感、思维、社会参与水平、交流技能、知识经验等方面的发展是联系在一起的。绘本阅读是帮助儿童语言发展的最有效形式之一。《3—6 岁儿童学习与发展指南》关于培养幼儿阅读理解能力，主要包括以下三方面目标：

1. 幼儿在阅读中，能通过细致观察逐渐读懂图画书的内容。即学习观察图画书的关键画面形象，能够从中发现人物、动作、背景；学习观察关键情境变化，将之串联起来理解故事情节；观察关键细节表情，敏锐观察图画书中的细节。该活动中，教师讲到没有耳朵的兔子坐在跷跷板上这一画面时，对幼儿进行引导，使幼儿能够观察关键表情和图画中细节，感受到绘本主人公的情感变化。

2. 幼儿在观察图画书的基础上，进一步理解图画书内容。幼儿能够用口语讲出画面内容或重点内容，会逐渐理解故事的发展进程。该活动中，老师鼓励幼儿大声、流利、迅速地讲述绘本中图画所传达的含义，并反复练习。

3. 幼儿在阅读文学作品中，能根据故事部分情节或画面的线索猜想故事情节的发展，或续编，或创编故事，对看过的图书、听过的故事发表自己的看法，初步感受文学语言的美。该活动中教师对幼儿逐步引导，鼓励幼儿对后续故事进行大胆猜想，培养幼儿的想象力、创造力。

（三）本次教学活动中值得肯定的地方

1. 绘本选择上符合大班儿童的年龄特征，在提问上采用了由易到难的层层递进式。整个活动中，教师能够围绕目标进行，结构层次清晰，教态自然。

2. 利用角色游戏的形式拉近师幼距离。教师利用“没有耳朵的兔子”的角色拉近了教师与幼儿的距离。教师能够关注整体，照顾个别，鼓励幼儿发言，说出自己的想法，在幼儿回答问题后积极回应，努力使每个幼儿获得成功和满足感。

（四）本次活动需要注意和改进的地方

1. 从教师提问与回应上看，应该增加提问的类型，提高提问有效性和回应的质量。在幼儿园集体教学中，教师提问与回应的质量直接影响幼儿的学习效果和教学目标的实现。恰当、适宜的提问可以引导幼儿积极思考，有效支持和推动幼儿深入学习和探究；同样，积极、有效的回应可以激起幼儿的学习热情和探究欲望，使提问的作用得到充分发挥。

总体来看，本次活动在提问活动设计上存在一些问题，比如封闭性问题多，开放性问题少；随意性问题多，科学性提问少。提问的类型较为单一，主要是描述性提问为主，假设提问和追问所占的比重不大，这在大班的活动设计上是不太合理的。另外，留给儿童思考的时间较短，应适当给儿童留出一些思考时间。

从整个活动过程来看，教师对幼儿的回应还是较积极的。不论是一些非言语回应还是言语回应。总而言之教师要在适当的时候，采取恰当的回应方式，例如重复回应、随机追问、反向提问、概括总结等。

2. 从活动的总体控制上看，存在教师的高控制性。在活动开始前，教师要求幼儿好好表现，积极举手发言，在无形中给幼儿造成了较大的心理压力。整个活动都以教师为主导，教师对整个活动的控制程度较高，难以最大程度上调动幼儿的主动性和积极性。

附：教学案例使用说明

大班语言活动：没有耳朵的兔子

（一）教学目的与用途

1. 本案例主要适用于幼儿园语言教学法课程，也适用于幼儿园教育评价课程。

2. 本案例的教学目的：在了解5—6岁幼儿语言发展特点的基础上，利用绘本这种独特的文学形式对幼儿进行适宜的语言教育活动。在组织活动的过程中，既要考虑儿童的年龄特点，也要关注儿童的个体差异，同时要发挥教师的引导作用。

（二）启发思考题

1. 你如何看待大班幼儿语言发展的特点？

2. 教师的有效性提问在这次活动中是如何体现的？

3. 教师如何引导儿童对故事进行续编？

4. 如何有效避免教师在组织活动中的高控性？

（三）分析思路

教师可以根据自己的教学目的灵活使用本案例。这里提出本案例的分析思路，仅供参考。

1. 在使用这个案例时，要考虑到本次语言教育活动目标的制定。具体包括：要依据语言活动目标的原则，制定具体的语言教学活动目标；要根据幼儿语言教育的内容，制定完整的语言教学活动目标；要依据幼儿语言发展的特点，制定语言教学活动的目标；要依据幼儿语言能力的发展，制定语言教学的活动目标。

2. 寻找内在的原因。大班幼儿语言发展的特点是什么？其语言发展受到的影响因素是什么？教师在其中承担的作用是什么？教师要在探寻这些问题的基础上进行深层思考。

3. 从《3—6岁儿童学习与发展指南》和《幼儿园教育指导纲要》的角度解读这则案例。《指南》指出，语言是交流和思维的工具。幼儿期是语言发展，特别是口语发展的重要时期。幼儿语言的发展贯穿于各个领域，也对各领域的学习与发展有着重要的影响；幼儿在运用语言进行交流的同时，也在发展着人际交往能力、理解他人和判断交往情境的能力、组织自己思想的能力。通过语言获取信息，幼儿的学习逐步超越个体的直接感知。语言发展是智力发展的基础。因此，幼儿语言的培养关系到孩子今后的可持续发展。

（四）理论依据及分析

1. 幼儿身心发展规律的理论。幼儿身心发展的规律表明：幼儿听觉和言语器官发育逐渐成熟，正确地发出全部语音的条件已具备，幼儿期是人掌握语言的关键期。我们成人要在关键期重视对幼儿语言表达能力的培养，充分发挥幼儿语言发展的优势。

2.《纲要》中语言领域的“内容与要求”提出，鼓励幼儿用清晰的语言表达自己的思想和感受，发展语言表达能力；创造一个自由、宽松的语言交往环境，支持、鼓励、吸引幼儿与教师、同伴交谈，体验语言交流的乐趣；提供普通话的语言环境，帮助幼儿熟悉、听懂并学说普通话。“指导要点”提出，语言能力是一种综合能力，幼儿语言的发展与其情感、思维、社会参与水平、交流技能、知识经验等方面的发展是不可分割地联系在一起的，语言教育应当渗透在所有活动中。

（五）背景信息

1. 关于本班幼儿的年龄特点和语言发展能力测查。幼儿语言的发展是随着神经系统和发音器官的成熟，在与人交往的过程中逐步实现的，它既受年龄因素制约，又存在较为明显的个体差异。

2. 教师个人的专业化水平分析。在教学活动中，儿童是主体，教师是主导，教学水平高的教师能根据本班幼儿的特点组织适宜的教学。

（六）关键要点

1. 了解大班幼儿的语言发展特点，根据其特点组织适宜的语言教学活动是解决问题的根本。在该案例分析中，这是一个特别需要注意的问题。

2. 除了关注幼儿的语言发展特点，还要注意教师的有效提问，良好的提问和回应能够激发幼儿学习语言的积极性，同时为教学的高质量提供保证。

三、 社会领域

案例 大班社会活动：团结起来力量大

摘要：大班幼儿需要掌握一定的人际交往技能，其中合作能力是最为重要的能力。本案例希望借助于绘本《蚂蚁搬豆》，让大班幼儿们懂得团结的力量；并且进一步借助于“小小气球难不倒我”的活动，让大班幼儿在逼真的情境中学会处理同伴冲突、获得成功和欢乐的情绪体验，以促进大班幼儿人际交往能力的发展。

关键词：大班 社会活动 团结起来力量大 社会人际交往

引言：《3—6 岁儿童学习与发展指南》针对 5—6 岁的幼儿在社会领域需要达到的目标中提出，幼儿要“能想办法吸引同伴和自己一起游戏。活动时能与同伴分工合作，遇到困难能一起克服”。众所周知，5—6 岁是幼儿合作能力发展的重要时期。因此，培养大班幼儿的合作能力是很有必要的，既能为幼儿终身发展奠定必要的基础，又培养了幼儿适应社会发展所需要的能力。

（一）提取绘本教学中的片段进行分析

【教学片段一】

活动描述：宋老师借助于绘本《蚂蚁搬豆》帮助幼儿懂得团结的意义。

教师：今天啊，宋老师给大家带来了一群好朋友，小朋友们想不想认识一下他们啊？

幼儿们：想。

教师（使用鼠标翻动 PPT 呈现一张小蚂蚁的照片）：大四班的小朋友们认识这个好朋友吗？

幼儿 G：老师，我认识它，这是小蚂蚁，咱们操场上有好多的蚂蚁窝呢。

教师：小朋友回答得真好，不但回答出了它的名字，还充满了好奇心，是个爱观察的小朋友，老师给你一个赞。

教师：今天来我们大四班做客的是小蚂蚁先生。小朋友们观察一下小蚂蚁先生的形态，哪位小朋友可以说一下小蚂蚁长什么样子？你在哪里遇到过小蚂蚁先生呢？

幼儿开始进行讨论，过了一分钟，有小朋友开始举起小手。

幼儿 W：我看到小蚂蚁先生有着长长的触角，两只大大的眼睛和四条腿，它的颜色是棕色的。

幼儿 K：老师，我前天和沈紫薇在操场看到的蚂蚁是黑色，所以蚂蚁的颜色应该是黑色的。

教师：好，现在有两名小朋友认为蚂蚁的颜色是黑色的，一个小朋友认为蚂蚁的颜色是棕色的，那么小朋友们，你们认为蚂蚁是什么颜色的？同意黑色的举手（全班 28 名幼儿除了幼儿 W，其他人都认为蚂蚁是黑色的）。

教师：难道所有的蚂蚁都是黑色的吗？

幼儿针对这个问题，开始讨论。

教师（切换 PPT 呈现出了一组蚂蚁的图片，有红蚂蚁、褐色蚂蚁，还有一只草绿色的蚂蚁）：小朋友们看看这些蚂蚁的颜色，都是黑色吗？

幼儿们好奇地看着这些图片。

教师（引导幼儿回到主题）：好了，小朋友们，我们继续来看看小蚂蚁先生今天遇到了什么。（其他小朋友们还在思考有关蚂蚁的颜色问题，有些走神儿。）

教师（翻动 PPT 呈现蚂蚁先生遇到了一块蛋糕的场景）：小朋友们看一下，蚂蚁先生遇到了什么问题？（PPT 上写着：这样一块大蛋糕，我要把它搬回去，储藏到冬天。但是怎样搬回去呢？）

幼儿 C：蚂蚁先生遇到了蛋糕，但是不知道怎样搬回去。

教师：啊，原来蚂蚁先生遇到了蛋糕，但是不知道如何搬回去？小朋友们想想有什么办法可以帮助蚂蚁先生把蛋糕搬回家呢？

幼儿们开始讨论，有的说找个小车自己拉回去，有的说回去找小伙伴一起搬运回去，还有的说自己吃掉。

教师（继续呈现 PPT，蚂蚁先生叫来了自己的伙伴，然后顺利地将蛋糕搬走了）：蚂蚁先生最终借助同伴的力量将蛋糕搬回去了，他真的好聪明啊，知道借助同伴的力量，我们也要向蚂蚁先生学习这种团结的精神。

分析：《3—6 岁儿童学习与发展指南》的社会领域明确指出，在幼儿的社会化发展中有两个重要的方面：社会适应和人际交往。其中人际交往是社会领域中的首要目标，人际交往针对大班幼儿的要求是“有自己的好朋友，也喜欢结交新朋友”。在本次教学活动中，宋老师为我们带来了蚂蚁先生，在教学引入环节中大班幼儿也比较愿意结交这位新朋友。当幼儿 K 对于蚂蚁是棕色的这个答案不太满意之时，勇于将自己的疑惑说出来，这种行为符合大班幼儿在人际交往中的要求：知道别人的想法有时和自己不一样，能倾听和接受别人的意见，不能接受时会说明理由。

学者刘晶波指出幼儿的社会领域可以分为三个方面：指向自我、指向他人以及指向社会文化。其中指向他人的社会教育内容主要涉及人际认知、人际情感和人际交往①。在本次教学活动设计中，宋老师关注到了社会领域中的关键经验，并且尝试借助于“小蚂蚁搬豆豆”的故事，为幼儿创设良好的人际交往经验。事实上绘本中的小蚂蚁也是幼儿的化身，通过这个故事可建构幼儿的换位思考能力。学者劳拉指出，换位思考能力的出现是儿童角色意识进一步成熟的表现，并且换位思考能力可以更好地解决社会交往中的困难②。

本次宋老师的教学活动中还涉及一个科学领域问题，多数大班儿童认为蚂蚁的颜色是黑色的，针对这一错误的科学认知，宋老师借助于搜集的不同颜色的蚂蚁图片，让大班幼儿形成认知冲突，进而帮助大班幼儿建构较为科学和合理的概念。

【教学片段二】

活动描述：宋老师带领大班幼儿进行“小小气球难不倒我”的游戏，

---

① 刘晶波，张俊. 幼儿园社会领域教育精要——关键经验和活动指导［M］. 北京：教育科学出版社，2015：10.

② （美）劳拉·E. 贝克. 儿童发展［M］. 南京：江苏教育出版社，2014：356.

进一步体验友谊和合作的快乐。

老师（总结之前绘本教学中提到的合作的重要性后开始进行游戏活动）：今天宋老师要带你们玩个有趣的游戏，游戏的名字叫作“小小气球难不倒我”。现在大四班小朋友们全体起立，听从老师的指令，将小板凳全部放到科学区中。

幼儿在教师的帮助下，将所有的小板凳都搬到了科学区，留出来一大块空地。

老师（在助手的帮助下将28组气球放到了空地上，每一个气球上都标有1—5数字，数字重复出现）：好了，小朋友们，我来说一下游戏的规则：小朋友们听从老师的指令，将与数字对应的气球踩爆，主要是一些日常的数字，还有部分数字的加减运算。

教师（准备开展游戏，刚开始只说数字，之后增加难度）：好了，小朋友们我们开始第一轮的比赛，请小朋友们将所有数字是4的气球踩爆。

幼儿们开始找到标有4的气球，之后分别再找标有3和1的气球。

这时候突然听到一个幼儿说：我们可不可以进行合作，咱们只踩每一组的1和5，刘羽琦和沈腾亚去踩剩下的。其他小朋友们接受了这样的建议，有的小朋友提出自己负责计算，其他人负责找到答案。

在这样的安排下，他们小组最先完成任务，并且获得了教师的赞扬和奖品。

分析：在这个教学片段中，宋老师利用游戏的方式帮助大班幼儿懂得团结与合作的重要性。社会领域的活动多是融合在其他领域进行的，本片段的教学活动中也融合了科学领域的相关关键经验。

那位小朋友提出可以采用分工合作的方式，有的负责计算，有的负责踩气球，然后进行合作，最终取得胜利，在这样的游戏过程中幼儿可以充分体验到自主及自信。

在这名小朋友们提出合作的建议之后，另外一名小朋友主动承担起了进行计算的任务，这种行为符合“活动时能与同伴分工合作，遇到困难能一起克服”的精神要求。

学者刘焱认为：“游戏是婴幼儿社会性交往的主要形式，也是他们社会性发展的重要途径。”① 本次教学活动设计中主要的社会关键经验是“合作”，大班幼儿在游戏的过程中需要掌握合作这种重要的交往技能。此外游戏还可以提高儿童社会性问题的解决能力。在本段教学片段中，采用常规的方式很难完成任务，一名大班幼儿提出了自己的意见，还让其他幼儿采纳了这样的意见并主动承担了相应的责任，这样的过程可以更好地促进大班幼儿的合作能力以及人际交往水平的提升。

（二）对教学活动片段的总体反思

《3—6 岁儿童学习与发展指南》对于合作以及人际关系等方面提出了具体的要求。幼儿的社会性主要是在日常生活和游戏中通过观察和模仿潜移默化地发展起来的。从总体教学上看，宋老师的教学活动符合这些精神。

游戏作为幼儿生活的重要方式，对于幼儿的社会性发展有着重要的作用。本次游戏借助于“小小气球难不倒我”的情境创设，可以更好地促进大班幼儿懂得合作的价值，并且帮助幼儿进一步掌握社会交往的技能，培养儿童解决社会性问题的能力。

（三）本次教学活动中值得肯定的地方

1. 本次教学活动中，教学设计基本符合大班幼儿的心理发展水平。

2. 对于大班幼儿认为蚂蚁是黑色的错误认识进行了纠正，并且借助于不同颜色的蚂蚁，引发大班幼儿原有的认知冲突，促进其对这一概念的认识。

（四）本次活动需要注意和改进的地方

1. 在本次教学目标的预设与生成的冲突上，宋老师的处理存在不合理之处。针对教学中提到的蚂蚁颜色的问题，宋老师并没有进行较好的衔接，而是强行开展之后的教学活动。其实可以将蚂蚁颜色的问题布置为下次科学活动的内容，让幼儿查阅相关资料进行准备。

---

① 刘焱. 儿童游戏通论［M］. 北京：北京师范大学出版社，2006：190.

2. 本次教学中的提问偏多于封闭式提问。建议增加开放式提问。但是值得肯定的是在提问中宋老师使用了反诘形式，更好地引发了幼儿的思维的冲突，进而促进了幼儿思维的发展。

附：教学案例使用说明

大班社会活动：团结起来力量大

（一）教学目的与用途

1. 本案例主要适用于幼儿园教育评价课程，也适用于儿童发展心理学课程。

2. 本案例的教学目的：大班是进行合作训练的最佳时期，事实也证明幼儿之间能够合作。本案例通过绘本学习和引导幼儿参与活动，让幼儿加强合作意识和社会性意识，培养其主动交往、协同合作的团结精神和与人沟通、和睦相处、共同生活的社会能力。在组织活动的过程中，既要考虑儿童的年龄特点，也要关注儿童的个别差异，同时要发挥教师的引导作用。

（二）启发思考题

1. 你如何看待大班幼儿社会性发展的特点？

2. 教师的有效性提问在这次活动中是如何体现的？

3. 当教学的预设与生成产生冲突时，教师该如何处理二者的关系？

4. 如何理解合作行为对幼儿发展的重要性？

（三）分析思路

教师可以根据自己的教学目的来灵活使用本案例。这里提出本案例的分析思路，仅供参考。

1. 在使用这个案例时，要考虑到社会领域的定义和内容。幼儿社会领域的学习和发展过程是其社会性不断完善并奠定健全人格基础的过程，其核心是逐步引导幼儿学会共同生活，与人合作，建立和谐的社会人际关系，形成良好的社会性、个性品质。所以，人与人的合作和社会适应性是幼儿社会学习的主要内容，也是其社会性发展的基本途径。

2. 寻找内在的原因。大班幼儿社会性发展的特点是什么？其社会性发展受到的影响因素是什么？教师在其中承担的作用是什么？教师要在探寻这些问题的基础上进行深层思考。

3. 从《3—6 岁儿童学习与发展指南》和《幼儿园教育指导纲要》的角度解读这则案例。虽然《指南》和《纲要》中的社会领域目标在表述上不完全一样，但对其内涵进行细致的比较就会发现两者的一致性程度很高。《纲要》社会领域除了在“目标”部分提出了五个目标之外，还在“内容与要求”部分指出教师“应该做什么、怎样做、最终希望达到什么结果”，将一些比较具体的目标表述出来。最终希望达到的结果就是对幼儿学习与发展的期望，换句话说，也就是“目标”。而《指南》对目标进行了更高层次的分类概括，它将社会领域的所有目标归纳为“人际交往”与“社会适应”两部分，提纲挈领，条理更加清晰，重点更加突出，更好地反映了幼儿社会领域的学习与发展的实质，即在交往中学交往，在适应中学适应。

（四）理论依据及分析

1. 幼儿心理学的理论。从心理学的角度看，人际交往有以下基本功能：交流与沟通；组织共同活动；形成和发展人与人之间的关系；增进人们之间的相互了解。人际交往的这些功能对幼小儿童来说更具有特殊的意义。

2.《指南》中社会领域对大班幼儿的要求。“人际交往”中的目标 2 指出：“能与同伴友好相处：能想办法吸引同伴和自己一起游戏；活动时能与同伴分工合作，遇到困难能一起克服；与同伴发生冲突时能自己协商解决；不欺负别人，也不允许别人欺负自己；知道别人的想法有时和自己不一样，能倾听和接受别人的意见，不能接受时会说明理由。”因此，幼儿社会领域的学习与发展过程是其社会性不断完善并奠定健全人格基础的过程。幼儿在与成人和同伴交往的过程中，不仅学习如何与人友好相处，也在学习如何看待自己、对待他人，不断发展适应社会生活的能力。良好的社会性发展对幼儿身心健康和其他各方面的发展都具有重要影响。

（五）背景信息

1. 关于本班幼儿的年龄特点和社会性发展能力测查。幼儿社会性的发展是随着生理和心理的成熟，在与人交往的过程中逐步实现的，它既受年龄因素制约，又存在较为明显的个体差异。

2. 教师个人的专业化水平分析。在教学活动中，儿童是主体，教师是主导，教学水平高的教师能根据本班幼儿的特点组织适宜的教学。

（六）关键要点

1. 在幼儿的学习中，“社会”是一个综合的学习领域。社会学习往往融合在各种学习活动中，并渗透于幼儿一日生活的各个环节。并且，社会学习具有潜移默化的特点，尤其是社会态度和社会情感的学习，往往不是教师直接“教”的结果。幼儿主要通过在实际生活和活动中积累的有关的经验和体验来学习。教师要注意通过环境影响和感染幼儿。

2. 除了关注幼儿的社会性情感发展特点，还要关注教师的有效提问。良好的提问和回应能够激发幼儿学习的积极性，同时为高质量的教学提供保证。

案例　大班社会活动：不一样的我

摘要：本案例的社会领域活动“不一样的我”旨在帮助大班幼儿更好地认识自我、评价自我，进而增强大班幼儿的自尊、自信和自立意识。游戏“镜子中的我”可以让幼儿们进一步加深对自我的认识，进而接纳自我和认识到每一个儿童都是独一无二的，最终获得自我效能感。

关键词：大班　社会领域　不一样的我　民族多样性　自我评价意识

引言：一般而言，社会性发展包括社会认知、社会情感和社会行为三个方面。在社会情感中认识民族的多样性和获得早期民族自豪感对于儿童的社会性发展有着重要的奠基作用。另外《3—6 岁儿童学习与发展指南》中明确提出，大班幼儿要知道自己的民族，知道中国是一个多民族的大家庭，各民族之间要互相尊重，团结友爱。作为大班教师需要明确《指南》中的教育目标和教育要求，并且最大限度地培养儿童的民族自豪感。

（一）提取绘本教学中的片段进行分析

【教学片段一】

活动描述：教师借助于图片让儿童认识中国人，认识到中国是一个多民族的国家。

教师（弹奏《龙的传人》的曲调）：刚才小朋友们听到老师弹奏的曲子了吗？有谁知道赵老师刚才弹奏的曲子是什么？

幼儿 A：老师，我和妈妈去超市时听到过这个，妈妈当时告诉我这是《龙的传人》。

教师：琪琪回答得真棒，竟然记得这样清楚。这首曲子是《龙的传人》，小朋友们，我们是龙的传人吗？

教师（开始播放 PPT 并展示了第一个汉族的小男孩）：小朋友们看看这是谁？他在干什么？

教师随后展示了满族小女孩、壮族小男孩、蒙古族骑马小男孩的图片，并且告诉幼儿这些都是中国人。

教师：刚才我们认识了许多不同民族的中国人，有满族人、壮族人、蒙古族人等，他们都是中国人。（说罢，展示了美国的一个金发的小女孩）小朋友们看看这是中国人吗？她和我们有什么不同？（说着又出现了一个中国小女孩图片）

幼儿 H：赵老师，她的眼睛颜色和我们不同，我们的眼睛是黑色的，她的是蓝色的。

教师：对，两个小女孩的眼睛颜色不同。小朋友们看看还有哪些不同？

幼儿们在教师的引导下依次回答了皮肤和头发颜色、鼻子等是不同的。

分析：对于大班幼儿而言，社会性的发展将会直接影响幼儿进入学龄期的发展。幼儿的社会性发展对于儿童的影响是一生的，这一点从《3—6 岁儿童学习与发展指南》以及《幼儿园指导纲要》等国家政策文件中都可以看出。

《3—6 岁儿童学习与发展指南》明确指出，大班幼儿要知道自己的民族，知道中国是一个多民族的大家庭，各民族之间要互相尊重，团结友爱。

在本次教学活动中，赵老师基于这一要求，利用不同民族的照片，让幼儿们认识到图片中的汉族、满族、藏族和蒙古族等都是中国人，我们是一个多民族的大家庭，进而让幼儿获得民族多样性的体验。

另外，认识不同民族的中国人可以更好地促进大班幼儿形成对于中国人这一上位概念的前经验，进而促进幼儿的思维发展。学者林崇德认为，概念的获得建立在丰富的早期经验之上，是儿童思维的发展和不断改造①。学者李季湄等指出，概念的获得，对于幼儿而言将是一个哥白尼式的发展，在学前期后期，幼儿基于之前的丰富经验积累，思维发展开始从原有的具体形象思维向抽象思维发展②。在本次教学活动中，赵老师借助了不同的图片和汉字。幼儿园禁止识字教育，但是在这里教师是借助于图片让大班幼儿建构汉字与图片实物之间的关系，属于前识字经验积累。

在提问方式上，赵老师主要使用了封闭式提问，这种方式不太符合大班幼儿思维发展的特点，建议多增加一些开放式提问、追问以及反诘性提问。值得肯定的是教师采用了追问的方式，并且尝试构建认知策略中的因果关系，进而帮助大班幼儿获得推理的能力。学者杨玉英认为："幼儿的推理能力是随着儿童年龄发展起来的，其中 5 岁组的儿童基本上可以进行推理，并且处于推理的二级水平：借助于教师的提示，适当运用展开式进行推理进而获得对于事物本质的前经验认识。"③

【教学片段二】

活动描述：教师带领小朋友一起进行"镜子中的我"集体教育活动。

教师（让一名小女孩来到了镜子前，然后问道）：你看到了什么？

幼儿 K：老师，我看到了一个小女孩。（小女孩动，镜子中的小女孩也在动，小女孩感到很神奇，愉快地在那里尝试。）

教师又请其他幼儿来到镜子前，幼儿们对着镜子手舞足蹈，感到充满了乐趣。

---

① 林崇德. 发展心理学［M］. 北京：人民教育出版社，2009：214-215.

② 李季湄，冯晓霞.《3—6 岁儿童学习与发展指南》解读［M］. 北京：人民教育出版社，2013：35-36.

③ 杨玉英. 3—7 岁儿童推理过程发展的初步研究［J］. 心理科学，1983，(01)：12-13.

教师：小朋友们你们看到了什么，镜子中的小朋友们有什么不同呢？

幼儿依次回答长相、身高、肤色、性别、发型、穿着等答案，并充分体现出了观察的成功感与快乐身体姿态。

分析：大班幼儿的自我意识处于发展的早期阶段，因而帮助幼儿认识自我、感受自我的独特性和进行自我评价，对于儿童自尊自信的发展具有重要意义。我国学者杨丽珠等认为，幼儿的自我意识发展是一个系统化发展的过程，包含自我评价、自我体验、自我控制三个部分，对于大班幼儿而言，自我评价以及自我情绪体验是至关重要的部分①。

在本次教学活动中，赵老师借助于“镜子中的我”游戏更好地促进了幼儿的社会性水平和认知的发展。在游戏的过程中，赵老师让幼儿根据镜子中的发现分享观察的结果，让儿童懂得分享。

学者刘晶波等认为，“儿童的社会化发展中第一个层级便是指向于自我的心理需要，这是生物进化的本能结果。”② 一般而言，个体首先获得的是对于身体的自尊，主要表现在体能以及外貌上。借助于该游戏活动，幼儿可以更好地认识自我的外貌特征，进而为幼儿获得较高的自我评价奠定基础。

（二）对教学活动片段的总体反思

学者刘晶波等认为，幼儿的社会化过程是渐进的和持续的，并且开始于自我的社会化③。一般而言，大班幼儿已经开始有了基本的自我意识，并且尝试构建出主体我以及客体我之间的分离。对于大班幼儿而言，自我意识的获得对于个体发展有着重要的意义。儿童在 3 岁已经开始了自我概念的发展，这一点体现在幼儿玩玩具的时候，总会提到“这是我的”或者有“我是个男孩”等。

---

① 杨丽珠，吴文菊. 幼儿社会性发展与教育［M］. 大连：辽宁师范大学出版社，2000：20.

② 刘晶波，张俊. 幼儿园社会领域教育精要——关键经验和活动指导［M］. 北京：教育科学出版社，2015：04-05.

③ 刘晶波，张俊. 幼儿园社会领域教育精要——关键经验和活动指导［M］. 北京：教育科学出版社，2015：04-05.

另外《3—6 岁儿童学习与发展指南》中明确指出，大班幼儿要知道自己的民族，知道中国是一个多民族的大家庭，各民族之间要互相尊重、团结友爱。在个体的社会化过程中除了指向自我、指向他人之外，还有指向社会文化。我国是一个多民族的国家，多民族文化造就了多样的民族特色，但是多民族的国家有一个共同的特征和“民族符号”，在社会教育中不可避免地需要进行对于所处文化的核心经验、知识、文化、民俗以及习俗等方面的认知与继承教育。

在本次教学活动中，赵老师基于这一要求，利用不同民族的照片，让幼儿们认识到图片中的汉族、满族、藏族和蒙古族等都是中国人，我们是一个多民族的大家庭，从而获得所处文化地区的“中国文化”核心经验。另外，借助于不同民族的中国人，可以更好地帮助幼儿获得类属概念“中国人”，进而促进幼儿思维从具体形象思维向抽象思维发展。

（三）本次教学活动中值得肯定的地方

在本次教学过程中赵老师的总体教学设计较为合理，并且围绕着《指南》以及儿童社会领域的关键经验（诸如“民族文化”关键经验和“多民族”核心素养）进行具体教学设计。在教学的过程中使用了不同的儿童认知策略，例如，在帮助大班幼儿获得“中国人”这一概念的过程中使用了比较和归纳认知策略。皮亚杰指出，儿童初步获得比较和归纳的认知策略，是儿童思维发展开始成熟化的重要标志。在这里教师关注到大班儿童的最近发展区，基于儿童日常生活的经验，然后使用比较和归纳的认知策略作为支架帮助大班儿童进一步获得“中国人”这一抽象名词的所属概念和类概念，进而理解“中国人”和“美国人”之间的差异性，最终获得更高层级的概念。另外，对比和因果认知策略的使用，也将进一步促进大班幼儿思维发展。

（四）本次活动需要注意和改进的地方

第一，在提问关于美国人和中国人之间的区别时，除了使用追问以及封闭性回答之外，建议适当增加一些反诘性提问。例如，在提到美国人和中国人的外貌是不是只有肤色的不同时，可展示一个美籍华人照片，然后让儿童与原有的“中国人”初始概念进行对比，进而发现自己归纳的“中国人”概念是不符合这个美籍华人的，从而帮助大班幼儿进行错误概念的修正，引发更高层级水平的思维发展。

第二，要帮助那些形成错误概念的大班幼儿纠正原有的错误概念，具体可以采用诱导启发法，一步步引导，从而引发原有的认知冲突，最终不断修正概念。

附：教学案例使用说明

大班社会活动：不一样的我

（一）教学目的与用途

1. 本案例主要适用于幼儿园社会教育课程，也适用于儿童发展心理学课程。

2. 本案例的教学目的：在充分了解5—6岁大班幼儿的心理发展的基础上，利用游戏和集体教育活动形式，帮助大班幼儿形成民族自豪感和自我评价等社会核心经验。

（二）启发思考题

1. 你如何看待大班幼儿社会化发展中的自我意识发展？

2. 你是如何看待“文化拟态”的？

3. 教师在本次活动中使用了哪些认知策略？除此之外还有哪些认知策略？

4. 在本次教学活动中，该名教师使用了哪些提问类型？这些提问方式符合大班幼儿的心理发展特点吗？

（三）分析思路

教师可以根据自己的教学目的来灵活使用本案例。这里提出本案例的分析思路，仅供参考。

1. 在使用这个案例时，要考虑到本次社会教育活动目标的制定。具体要求有四个：要依据社会教育活动目标的原则，制定具体的教学活动目标；要根据大班幼儿社会教育的内容，制定完整的社会教学活动目标；要依据幼儿社会心理发展的特点，制定相应的教学活动目标；在进行社会教育活动目标的确定中，需要关注到每一个大班儿童的最近发展区，从而制定出适宜的活动目标。

2. 寻找内在的原因。大班儿童的社会心理发展特点是什么？大班儿童关于社会文化的关键经验有哪些？此阶段大班儿童的自我意识发展处于什么水平？在教学活动中，教师需要从哪些方面获得儿童现有的社会经验和关键经验？教师需要使用哪些教学活动组织策略，构建怎样的师幼关系？

3. 从《3—6 岁儿童学习与发展指南》和《幼儿园教育指导纲要》的角度解读这则案例。《指南》指出，幼儿社会领域的学习与发展过程是其社会性不断完善并奠定健全人格基础的过程。并且在“具有初步的归属感”的目标中指出大班幼儿需要“知道自己的民族，知道中国是一个多民族的大家庭，各民族之间要互相尊重，团结友爱”。大班幼儿的归属感已经从家庭和幼儿园层面扩展到了国家层面，在大班阶段应开展社会教育活动，不断增强儿童的民族自豪感和民族认同感，深化爱国主义意识。

（四）理论依据及分析

1. 幼儿身心发展规律的理论。儿童的社会心理发展存在不平衡性和差异性，在社会教育活动中要关注到这一特点。

2.《纲要》中社会领域的“内容与要求”提出，人际交往和社会适应是幼儿社会学习的主要内容，也是其社会性发展的基本途径。幼儿在与成人和同伴交往的过程中，不仅学习如何与人友好相处，也在学习如何看待自己、对待他人，不断发展适应社会生活的能力。“指导要点”提出：运用幼儿喜闻乐见和能够理解的方式激发幼儿爱家乡、爱祖国的情感，激发幼儿的民族自豪感。

（五）背景信息

1. 关于本班幼儿的年龄特点和社会心理发展能力测查。儿童的社会心理发展存在差异性和不平衡性，每一个大班幼儿在获得“中国人”的初始概念上是存在差异的，在教学活动组织中要给予儿童一定的时间进行思考。

2. 教师个人的专业化水平分析。教师的专业水平对于儿童的发展有着重要的影响，尤其是儿童发展早期阶段，儿童的“向师性”会表现得愈加明显。因而教师在教学中要注意自己的言行和举止，不断进行自我学习，不断提升自我专业性，实现教师自我的专业化水平成长。

3. 提供丰富的同伴交往和同伴互动氛围。大班幼儿与同伴之间的交往无论在频率还是层面上都有了较为成熟的发展，同伴对于幼儿有着显著的影响，并且在大班阶段，同性交往要多于异性互动，因而要关注到每一位儿童的同伴交往和同伴活动水平，并且进行适度诊断，提供适宜的同伴交往氛围。

（六）关键要点

1. 了解大班幼儿的社会性发展特点，根据其特点组织适宜的社会教学活动。只有认识和了解到大班儿童的心理发展水平才可以更好地进行教学活动设计，这也是在进行任何的教育活动的“原点”所在。

2. 儿童的社会性发展是受到诸多因素影响的，幼儿自身作为内部的因素是外界因素进行干预和引导的重要基础，因此要认识到每一名幼儿的不同之处，认识到儿童的“社会心理发展模式”，关注到儿童自身的气质和情绪表现，从而更加具有针对性地进行教学引导和干预，最终实现高质量的活动目标。

四、 科学领域

案例 大班科学活动：神奇的连接

摘要：本案例描述了教师在幼儿园大班开展的一次科学活动。教师通过创设问题情境，引发幼儿思考，并引出了“连接”这一数学概念。教师提供了许多材料让幼儿自主选择并探究连接的秘密。《纲要》中也提及，科学教育应密切联系幼儿的实际生活，把身边的事物作为科学探索的对象。希望可以通过此次的连接活动，提高幼儿对周边事物的关注度，激发幼儿更强烈的探索欲。

关键词： 大班　科学活动　神奇的连接　探究意识

引言：《3—6 岁儿童学习与发展指南》的科学领域中提到 5—6 岁的儿童应该在探究中认识事物和现象，大班幼儿具备敏锐的观察力，可以发现常见物体的结构与功能之间的关系，能够探索发现常见事物之间的关联。相信这次活动可以使幼儿的发散性思维增强，动手动脑的积极性提高。

（一）提取科学主题教学中的片段进行分析

【教学片段一】

活动描述： 活动开始，教师先创设了一个问题情境，引出什么是连接。伴随着《一同去郊游》的音乐，教师在教室里创设了郊游的场景，带小朋友去郊游，在郊游的路上，有一条大河挡住了去路。

教师：小朋友们，请你们想个办法，让我们顺利过河吧。

孩子们七嘴八舌地讨论起来，最后决定用椅子搭桥过河。然后教师引入了“连接”这一概念。

教师进行了小结：一个一个相互连在一起就叫连接。我们刚才搭的桥就是用了连接的方法，桥是用一个个椅子连接起来的，桥又把河两岸连接了起来。

孩子们对连接充满了兴趣，然后老师出示操作材料，引起幼儿探索的兴趣。

教师：今天，老师带来了一些材料，请小朋友玩连接的游戏，看看你是用什么方法将它们各自连接起来的。第一次探索——对需要和不需要辅助材料的连接进行分类。请小朋友将每一种材料都连一连，连的时候可以告诉身边的小朋友，你是怎么连的。

在这个过程中教师重点引导幼儿在操作中感受需要和不需要借助辅助材料的连接。接下来幼儿主要通过简单的操作，感受物体间连接的各种方法。有的幼儿连接纸筒，他先是将夹子都夹在纸筒上，然后又拿了一个纸筒比画着，比画后他将夹子都拿下来，将两个纸筒靠在一起，用夹子夹住，就这样一个纸筒一个纸筒连着夹成一串，并说“这是蜈蚣”。

分析：首先教师创设情境作为导入，通过观察现场孩子们的积极反应，可以看出导入环节比较成功地吸引了幼儿的注意力。在这个环节，大部分幼儿可以做到积极思考，相比谈话或者其他导入更加有童趣性。教师的课前准备也比较丰富，环境布置材料贴近自然。教师抓住了幼儿喜欢户外玩耍的心理设置了本次导入，是一个比较成功的开端。还有就是在出示材料的时候，不同材料比较多，同种材料较少，不利于幼儿根据同种材料想出不同的连接方法，有的幼儿也想用毛线，因为毛线被其他幼儿拿走了而产生了消极情绪。所以，教师应该在课前考虑周全，照顾到幼儿的方方面面。在活动中教师的引导较少，比如有的幼儿遇到困难，教师如果引导一下，可能幼儿的思维就开阔了。最后就是活动时间相对较短，不到十分钟的自由操作对于有些思维不是很敏捷的孩子来说有些短，教师应该根据本班幼儿的认知水平特点灵活改变教学时间。

【教学片段二】

活动描述：幼儿展示环节。

教师：请小朋友来说说连接的是什么物体，是怎么连接的。

老师分别请连接物品不同的幼儿介绍自己的连接经验。幼儿用了纸筒、布、纸条、珠子、线、夹子、回形针、别针、彩链等不同的物品。可以看出，有的物品必须使用辅助物进行连接，有的物品自己就能连接，但是幼儿不能很好地说出这个规律。

教师总结：我们是不是通过刚刚的连接知道了纸筒、布、珠子本身是不能连接的，需要借助辅助物，而纸、线、夹子，还有一些物品本身是可以连接的呀？

幼儿齐声说：是的。

此时班里幼儿积极性高涨，老师又说：我们在操作中发现了一个有趣的现象，有的物体连接需要辅助物，有的物体连接不需要辅助物，现在我们来分一分，看看除了老师说的物品之外，还有哪些是不需要辅助物哪些是需要辅助物进行连接的。教师引导幼儿进行分类，重点鼓励幼儿说说为什么有的物体不需要辅助物就能连接，幼儿通过操作和观察了解了不需要辅助物就能连接的物体本身的特征。

分析：这个环节是幼儿的个人展示时间。因为材料种类比较丰富，所以当幼儿展示的时候，每个幼儿的关注度都很高，大部分幼儿在看，仅有一两个幼儿在低头玩手。如果此时老师可以发现这一现象，走到幼儿身边摸摸他的脑袋，就可以及时将幼儿的注意力拉回来。在幼儿讲述的时候，我们可以发现幼儿的讲述能力不是很强，仅有一两个幼儿可以有逻辑地清晰表达出来，剩下的幼儿只能用断断续续的语言进行表达。教师遇到这种情况应该先做示范，让幼儿学习如何完整清晰地表达。抓住机会进行教育引导是对老师的敏锐观察力的考验。在最后部分，老师引导幼儿进行分类，在这个过程中，如果老师说的少一点，让幼儿自主分类，效果可能更好。因为幼儿主导分类才是幼儿自己的分类，这样能更直接地增加幼儿的经验，幼儿在分类中能进一步地感受不需要辅助物就能连接的物体的特点。

【教学片段三】

活动描述：

教师：今天老师还带来了一些生活中的物品，它们需要找到自己的伙伴才能用，请小朋友帮帮忙，帮它们连接起来，使它们成为有用的物品。

操作前老师提出要求：连接时要认真观察它们是怎样连接起来的，连接处藏着什么秘密。把发现的秘密告诉小朋友和听课的老师。然后幼儿开始操作探索，教师重点引导幼儿在操作中发现物体间连接部分的特殊结构。幼儿在操作中对物体连接处的秘密很感兴趣，他们在连接时认真观察，有的小朋友对瓶子与瓶盖的连接很感兴趣，还有的发现塑料杯中有一个过滤网，有的小朋友发现了物体大小不一样无法匹配这个规律。

幼儿A：老师，滤网不能放在大杯子里。

教师追问：为什么？

幼儿说：因为杯子比较大，过滤网比较小，会掉下去。

在这个环节中，有的幼儿将笔的各个零部件连接组合起来；有的连接风车；有的连接各种杯子……他们发现了很多连接处的秘密，很高兴地和老师、同伴交流着自己的发现。轮到幼儿分享自己的探索发现时，教师请个别幼儿向大家介绍自己的探索发现，鼓励幼儿用完整的语言进行表述。最后，教师出示了几种不同的瓶子与瓶盖，与幼儿分享不同螺纹的瓶盖，考虑到时间有限，这一部分没有让幼儿操作，而是亲自演示。在这个环节中，幼儿的注意力开始分散。之后，教师布置了课后作业让小朋友们自由探索连接的秘密。

分析：当教师让幼儿自己连接的时候，课堂很安静，每个幼儿操作得很认真，这种科学探索的活动十分适合专注度明显提高的大班幼儿。在老师让幼儿说连接秘密的时候，幼儿的发言很积极，他们能将自己在连接中发现的秘密告诉大家。延伸活动时，老师选择用螺纹连接的不同物体，让幼儿比较，引导幼儿理解有螺纹的瓶盖也并不是都能与瓶子连接在一起，还要通过很多因素的匹配才行。在活动的后半段，幼儿的注意力开始分散，因为教学时间已经超过了30分钟，对于部分大班幼儿来说时间过长，无法集中精神全神贯注地参与活动。教师结束得过于仓促。在匹配不同瓶盖的环节教师采用自己操作的方式进行教学，这一部分如果能让孩子来操作，效果会更好。还有，教师在这种科学探索活动中应该在最后环节尝试让幼儿进行自我及他人评价。让幼儿根据自己的学习状态给自己评价几颗星，并让他们说出评价的理由和调整、改进的方法及策略，这样可以促进幼儿自我的审视与肯定。他人的评价可以帮助幼儿学会关注他人，尊重他人，接纳他人给予的评价，促进幼儿自我成长。

（二）对教学活动片段的总体反思

《3—6岁儿童学习与发展指南》科学领域明确提出幼儿应能够在探究中认识周围事物和现象。这堂活动围绕着“连接”对幼儿进行了科学教育，在设计活动目标时教师抓住了幼儿的兴趣点，所以对幼儿有很大的吸引力。

（三）本次教学活动中值得肯定的地方

1. 教师准备材料比较丰富，材料也贴近幼儿的生活。《纲要》指出：科学教育应密切联系幼儿的实际生活进行，要把身边的事物与现象作为科学探索的对象。教师提供的物品是常见且幼儿经常接触的，便于幼儿思维更好地发展。

2. 教师根据大班幼儿的年龄特点和实际发展水平来设计本次科学探究

活动，三个目标也比较完整地实现了。

3. 在本次活动中，教师的指导语是值得肯定的。每一个环节教师都在引导幼儿自己去探索，幼儿的积极性也很高，达到了预期效果。

（四）本次活动需要注意和改进的地方

1. 在师幼互动时，由于班内孩子数量较多，教师做不到面面俱到，比较关注眼前的幼儿，后排的部分幼儿更多是在听。这个问题需要教师加以关注，结合实际情况去解决。

2. 教师需要对那些不能够说完整话的幼儿进行教学引导，帮助幼儿用语言清晰完整地表达自己的想法。

附：教学案例使用说明

大班科学活动：神奇的连接

（一）教学目的与用途

1. 本案例主要适用于幼儿园科学教育活动设计课程，也适用于幼儿园教育评价课程。

2. 本案例的教学目的：生活中“连接”是无处不在的，这堂活动可以让幼儿了解什么样的事物可以连接，什么样的事物不需要辅助就可以自己连接，在动手操作中学会自主探究，增强幼儿的科学探究能力。

（二）启发思考题

1. 你如何看待大班幼儿科学探究的特点？

2. 幼儿是如何进行科学探究的？

3. 材料的有效投放在这次活动中是如何体现的？

4. 教学过程中，幼儿是以什么形式学习的？

（三）分析思路

教师可以根据自己的教学目的来灵活使用本案例。这里提出本案例的分析思路，仅供参考。

1. 在观察的过程中，孩子们会产生多种想法，萌发创造意识，所以在科学活动中引导幼儿进行科学观察是非常关键的环节。老师在引导幼儿观察时，不要将思维局限在观察本身，还应该引导幼儿发现更多神奇的事情，采用多种策略引导幼儿通过观察、猜想、实验、分析、归纳等方法，产生好奇心理，从而大胆想象，找到解决问题的多种策略。

2. 寻找内在的原因。大班幼儿科学学习发展的特点是什么？大班幼儿探索的主要渠道是什么？其科学学习受到的影响因素是什么？教师在其中承担的作用是什么？教师要在探寻这些问题的基础上进行深层思考。

3. 从《3—6 岁儿童学习与发展指南》和《幼儿园教育指导纲要》的角度解读这则案例。《指南》在科学领域教育要求中提出：要引导幼儿接触自然环境，使之感受自然界的美与奥妙，激发幼儿的好奇心和认识兴趣；结合和利用生活经验，帮助幼儿认识自然环境，初步了解自然与自己生活的关系；为幼儿提供观察、操作、试验的机会，支持、鼓励幼儿动手动脑大胆探索；引导幼儿利用身边的物品和材料开展活动，发现物品和材料的多种特性和功能。鼓励幼儿用语言、非语言的方式表现成果并与他人交流分享。

（四）理论依据及分析

1. 幼儿创造力与环境互动的理论。幼儿创造力是在与环境互动的过程中逐渐发展起来的。我们所说的创造氛围包括安全的心理氛围和开放的活动环境。安全的心理氛围是指教师和幼儿之间应该是一种平等的对话关系，是教师让幼儿自由提问、发表自己不同见解的心理氛围，它让幼儿知道知识是在自己的探究之后在讨论中形成的。创设与科学活动相适宜的开放的教育环境，能使幼儿在选择、决定、动手、观察发现中产生创造的动机，获得表现的机会和条件。环境可以起到促进幼儿探究的作用，所以教师要通过教育环境的创设来诱发幼儿的积极行为。如放置一些磁铁、铁钉、别针、木棒、纸片、塑料等物品，使幼儿在操作中产生浓厚的兴趣。俗话说实践出真知，只有让幼儿自己亲身进行实践、探究，通过自己动手动脑才可能发现、理解。

2.《3—6 岁儿童学习与发展指南》科学领域的教育建议中明确提出，要支持和鼓励幼儿在探究的过程中积极动手动脑寻找答案或解决问题。如，鼓励幼儿根据观察或发现提出值得继续探究的问题，或者成人提出有探究意义且能激发幼儿兴趣的问题，如皮球、轮胎、竹筒等物体滚动时都走直线吗？怎样让橡皮泥球浮在水面上？等等。支持和鼓励幼儿大胆联想、猜测问题的答案，并设法验证；支持、引导幼儿学习用适宜的方法探究和解决问题，或为自己的想法收集证据。本次活动教师通过创设问题情境引出"连接"这一概念，鼓励幼儿动手操作、动脑思考去解决问题，让幼儿明白什么样的物品是不需要借助外界进行连接的，什么样的物品是必须通过连接物进行连接的，并且在实践中让幼儿理解连接的含义与作用。最重要的是引发幼儿关于动手操作的探索意识。

（五）背景信息

1. 关于本班幼儿的年龄特点和科学素养测查。幼儿科学素养的发展是随着神经系统和生理器官的成熟，在与人交往的过程中逐步实现的，它既受年龄因素制约，又存在较为明显的个体差异。不同的幼儿发展可能会有比较明显的差别，这考验着教师的教学能力。

2. 教师个人的专业化水平分析。在教学活动中，儿童是主体。教师是主导者、引导者，针对本班幼儿的学习特点设计教学活动，并且因材施教，促进全体幼儿的全方面发展。

（六）关键要点

1. 了解大班幼儿的科学学习发展特点，创设问题情境，引发幼儿的思维发展，让幼儿开动脑筋，通过动手操作、动脑思考解决问题，并产生一系列科学探究。

2. 除了关注幼儿的科学发展特点，还要关注教学材料的有效投放。丰富的教学材料可以与幼儿产生良好的互动，所以在教学中投放适宜的材料对于幼儿认知思维的发展有着重要的作用。

案例 大班科学活动：春游"后遗症"——寻找水的魔力

摘要：本案例描述了教师在幼儿园大班开展的一次科学活动。教师通过引导幼儿动手操作实验材料，使幼儿通过实验活动获得主动学习科学知识以及积极思考与探索的能力，体验动手操作的乐趣，并最终理解水的浮力。

关键词： 大班　科学活动　动手操作　科学实验　水的浮力

引言： 3—6 岁是儿童各个方面发展的关键期，是人一生成长经历中的重要时期。在这个特殊的时期，儿童开始出现好奇心，对身边事物充满新奇感。幼儿园教师可以通过组织科学实验活动，鼓励幼儿观察分析，引导幼儿主动思考，帮助其养成主动学习的好习惯。

（一）提取科学活动中的片段进行分析

【活动片段一】

活动描述： 此活动发生在大五班幼儿集体春游后。教师和幼儿们观察到小河的水很清，可以看见水底的石头，幼儿们提出“为什么石头在水底”的问题，就此教师组织了一次科学活动。

“六一”是小朋友最开心的一天，这天幼儿园组织了一场“说走就走”的春游，教师和幼儿们一起来到公园。公园真美，各种颜色的花都开了，地上的小草也绿油油的。这时，思思指着小河里的石头说：小河的水真清啊，我都看见石头了。小紫疑惑地看着水下的石头，瞪着大大的眼睛问于老师：于老师，为什么石头在水下面？思思也问于老师一个问题：于老师，树叶怎么在水上？于老师告诉他们这是因为水有浮力，有的东西可以浮在水面上。即使于老师做出了解释，幼儿们还是很疑惑。

为了解决幼儿心中的疑惑，于老师打算组织一次关于水的浮力的探究实验，让小朋友自己动手参与实验。活动开始之前，于老师准备好一个很大的透明的长方形鱼缸，还有不同的物品，有春游带回来的沙子、不同大小的石头、树叶、橡皮、白纸等。

分析：《3—6 岁学习与发展指南》指出，幼儿园教师应经常带幼儿接触大自然，亲近大自然。支持幼儿在接触大自然、生活事物和现象中积累有益的直接经验和感性认识。案例中教师带领幼儿到公园春游，幼儿多了一次亲近自然、认识自然、感受自然的机会，幼儿不仅可以丰富关于大自然的知识，还能促进其观察能力的提高。

《幼儿园教育指导纲要》指出，幼儿园教师应引导幼儿接触自然环境，使之感受自然界的美与奇妙，激发幼儿的好奇心和认识兴趣。案例中的幼儿小紫在公园游玩的过程中经过细心观察，透过清清的河水发现石头在水底，并产生疑惑——为什么石头在水底？幼儿思思发现问题——树叶为什么在水上？该教师进行解答，但是幼儿没有明白。为了让幼儿们清楚准确地明白其中奥秘，该教师组织了一次科学实验。幼儿的积极性被大大地调动，更积极主动地观察与思考。

【教学片段二】

活动描述：在科学活动过程中，教师关注到有的幼儿出现疑问，并给予教学支持，引导儿童大胆思考。

于老师组织幼儿们将小椅子围成一个圈，轻声地对幼儿们说：小朋友们，昨天咱们去春游，你们都看见什么了？幼儿们七嘴八舌，有的说：我看见石头和树叶。有的说：沙子！还有的幼儿说：清清的河水！石头在水底！于老师笑着说：小朋友们，今天我们要和这些小伙伴做一个玩水的游戏，游戏的名字就叫“沉与浮”。沉就是把一样东西放进水里会落到水底；浮就是漂在水面上。如果我们把石头和树叶分别放到水里会怎么样？你们猜猜看？小紫说：石头会沉。思思说：树叶会浮。于老师说：小朋友有的说会沉，有的说会浮，我也不清楚，现在请两位小朋友上来，每人选一样物品放到水里，看看会发生什么，然后把你看到的结果告诉老师。

过了一会儿，于老师问一个幼儿：刚才你和谁玩了，看到了什么？幼儿回答：刚才我和石头玩了，它沉到了水里。随后，于老师问另一个幼儿：刚才你和谁玩了，看到了什么呢？幼儿回答：刚才我和树叶玩了，它浮在水面上。于老师总结：我们把石头沉到水里这种现象叫沉，把树叶浮在水面上这种现象叫浮。小朋友们，你们会把你的发现用身体动作表现出来吗？幼儿们回答：能！于老师请小朋友做一做。于老师说：小朋友真能干，在玩中发现了沉浮现象，现在老师要把这个发现用标记记录下来（说着于老师出示标记），老师用竖线表示水的深度，箭头表示物体，当物体浮在水面上时，箭头朝上。当物体沉到水里的时候，箭头朝下。我们用向上的箭头↑表示上浮，向下的箭头↓表示下沉。

分析：《纲要》指出，学习科学的过程应该是幼儿主动探索的过程，幼儿园教师要让幼儿运用感官，动手动脑去发现问题、解决问题。要鼓励幼儿之间的合作，并积极参与幼儿的探索活动。案例中的教师为了解决幼儿的疑惑，设计并开展科学实验活动，在活动中，教师鼓励幼儿主动参与科学实验，动手操作实验。幼儿通过操作获得丰富的直接经验，促进幼儿主动探索、主动思考的能力的养成，使幼儿手脑并用、大胆探索。

张文军、刘洪玉认为幼儿园教师应支持幼儿主动探究科学现象，通过学习认识科学现象[①]。案例中的教师在科学实验中鼓励幼儿动手操作实验，使得幼儿感知并了解沉浮现象，最终幼儿认识了沉与浮。该教师还尝试鼓励幼儿设计沉浮标记，有利于幼儿创造力和想象力的提高。

【教学片段三】

活动描述：科学实验过程中教师引导儿童思考水的浮力。

于老师出示记录纸，把刚才的发现用标记记录下来。于老师对幼儿说：小朋友们，那其他东西在水里会怎样呢？每人可以选一种物品放到水里，看看会发生什么，把你的发现用标记记录下来，然后我们一起来看看小朋友的记录情况。幼儿记录情况：石头沉，树叶浮，白纸浮，瓶盖浮，空饮料瓶浮，沙子沉，橡皮沉。于老师总结：像石头、沙子、橡皮沉到水里这种现象叫沉；像树叶、白纸、瓶盖、空饮料瓶浮在水面上，这种现象叫浮。

于老师出示标有“浮”和“沉”标记的两个纸盒子，说：小朋友都很聪明，大家在玩中了解了这些物品在水中是沉还是浮，现在它们也要回家了，可是它们家的门牌改了。这两个盒子就是它们的家，有没有小朋友知道，这分别是谁的家，请小朋友分组合作帮它们找到属于自己的家吧。幼儿们很快就分好组了，他们一边讨论一边把物品放进对应的盒子。

于老师总结：水有一种神奇的魔力，向上的力量叫浮力，当我们的物体比较轻时，就会被托起来，浮在水面上；如果物品很重，就会沉下去。在我们生活中还有许多东西，大家不知道它在水中的特性。小朋友回家以

---

① 张文军，刘洪玉. 学前儿童健康教育与活动指导［D］. 上海：华东师范大学出版社，2014：08.

后可以和爸爸妈妈一起探索我们周围还有一些什么东西在水里沉还是浮，把你们的发现用相机或者画画的形式记录下来，和老师、小朋友一起分享，好吗？

分析：《指南》指出，幼儿园教师应支持幼儿与同伴合作探究与分享交流，引导他们在交流中整理、概括自己探究的成果，体验合作探究和发现的乐趣，如一起讨论和分享自己的问题与发现。案例中的教师通过让幼儿自己动手操作实验，观察浮与沉的现象之后进行分组游戏，幼儿在小组活动中，体验了合作的乐趣，促进了探索能力的发展。

《纲要》指出，教师应鼓励幼儿用绘画、照相等多种方式来表现和记录自己的探索过程或研究结果，表达发现的愉快并与他人分享。案例中的教师在实验结束时，鼓励幼儿积极发现生活中的科学现象，并与父母一起探索其中奥秘，学会用画画或者照相的方式记录下来，与他人分享。

王春燕、秦元东、黎安林认为幼儿园的科学教育应成为引导和促进幼儿学习的活动和过程①。幼儿科学教育的核心价值在于使幼儿能够“乐学”和“会学”，科学教育目标的构成应以幼儿探究解决问题的思维过程和发展进程为线索。在整个实验的过程中，所有幼儿都全神贯注地积极参与其中，没有出现走神儿现象，并且玩得非常开心，他们乐意参加沉与浮的小实验，同时知道哪些东西放到水里是沉的，哪些是浮的，并能对其分类。能用↑↓记录结果，表示上浮和下沉。可见，幼儿们不仅认识了浮与沉的现象，而且学会标记浮与沉的现象。这是该科学活动最值得学习的地方。

（二）对教学活动片段的总体反思

幼儿科学学习的核心是激发探究兴趣，体验探究过程，发展初步的探究能力。成人要善于发现和保护幼儿的好奇心，充分利用自然和实际生活机会，引导幼儿通过观察、比较、操作、实验等方法，学习发现问题、分析问题和解决问题；帮助幼儿不断积累经验，并运用于新的学习活动，形

---

① 王春燕，秦元东，黎安林. 探究·体验·发现——幼儿园健康教育理论与实践［M］. 南京：南京师范大学出版社，2010，07.

成受益终身的学习态度和能力。《3—6 岁儿童学习与发展指南》也对幼儿科学探究提出两点建议：

1. 经常带幼儿接触大自然，激发其好奇心与探究欲望。如，为幼儿提供一些有趣的探究工具，用自己的好奇心和探究积极性感染和带动幼儿；和幼儿一起发现并分享周围新奇、有趣的事物或现象，一起寻找问题的答案；通过拍照和画图等方式保留和积累有趣的探索与发现。

2. 真诚地接纳、多方面支持和鼓励幼儿的探索行为。如，认真对待幼儿的问题，引导他们猜一猜、想一想，有条件时和幼儿一起做一些简易的调查或有趣的小实验；容忍幼儿因探究而弄脏、弄乱、甚至破坏物品的行为，引导他们活动后做好收拾整理；多为幼儿选择一些能操作、多变化、多功能的玩具材料或废旧材料，在保证安全的前提下，鼓励幼儿拆装或动手自制玩具。

（三）本次教学活动中值得肯定的地方

1. 科学活动选择的材料简单易操作，符合大班幼儿的年龄特点，同时教师在提问上采用了由容易到困难的层层递进式。整个实验活动中，教师能够围绕主题进行，结构层次清晰，教态自然。

2. 利用科学实验的形式，儿童获得亲身体验，并与同伴互动合作。教师能够关注到个别幼儿的疑惑，引导儿童主动思考。此外鼓励幼儿主动发现问题，动手操作实验材料验证自己的想法，在幼儿得出结论后积极回应，使每个幼儿能够获得进步与成长，值得学习。

（四）本次活动需要注意和改进的地方

1. 从科学探究场地上看，应该选择更为严谨的场所，提高实验的科学严密性，增强实验科学性。在此次科学活动中，教师没有事先制定合理科学的计划，只是简单地组织儿童操作材料并且进行观察。教师其实可以鼓励和引导幼儿学习做简单的计划和记录，并与他人交流分享。如和幼儿共同制定调查计划，讨论调查对象、步骤和方法等，也可以和幼儿一起设法用图画、箭头等标识呈现计划。

2. 从教师提问上看，教师可以通过提问等方式引导幼儿思考并对事物进行比较观察和连续观察。在此次活动中，教师直接提问次数多，引导提问次数较少。提问类型中，封闭性问题多，开放性提问较少。

3. 从观察方法的学习上看，教师应该有意识地引导幼儿观察周围事物，学习观察的基本方法，培养其观察与分类能力。如支持幼儿自发的观察活动，对其发现表示赞赏。引导幼儿在观察和探索的基础上，进行简单的分类、概括，如根据运动方式给动物分类，根据生长环境给植物分类，根据外部特征给物体分类等。此次活动中，教师只是让儿童进行简单观察，并没有明确科学的观察方法。

附：教学案例使用说明

大班科学活动：春游“后遗症”——寻找水的魔力

（一）教学目的与用途

1. 本案例主要适用于幼儿园科学教学法课程，也适用于幼儿园教育评价课程。

2. 本案例的教学目的：在了解 5—6 岁幼儿年龄发展特点的基础上，掌握 5—6 岁幼儿生活经验，利用科学实验这种独特的学习形式对幼儿进行适宜的教学引导。在组织活动的过程中，既要考虑儿童的年龄特点，也要关注儿童的个别差异，同时要发挥教师的引导作用。

（二）启发思考题

1. 你如何看待大班幼儿科学学习特征？

2. 教师的有效性提问在这次活动中是如何体现的？

3. 教师是如何引导儿童对实验现象进行观察的？

4. 组织活动时如何有效调动儿童的积极性？

（三）分析思路

教师可以根据自己的教学目的来灵活使用本案例。这里提出本案例的分析思路，仅供参考。

1. 在使用这个案例时，要考虑到本次科学教育活动目标的制定。具体要求有四个：要依据科学活动目标的原则，制定具体的科学教学活动目标；要根据幼儿科学教育的内容，制定完整的科学教学活动目标；要依据幼儿科学发展的特点，制定科学教学活动的目标；要依据幼儿科学能力的发展，制定科学教学的活动目标。

2. 寻找内在的原因。大班幼儿科学发展的特点是什么？其科学发展受到的影响因素是什么？教师在其中承担的作用是什么？教师要在探寻这些问题的基础上进行深层思考。

3. 从《3—6岁儿童学习与发展指南》和《幼儿园教育指导纲要》的角度解读这则案例。《指南》指出："幼儿的科学学习是在探究具体事物和解决实际问题的过程中，尝试发现事物间的异同和联系的过程。幼儿在对自然事物的探究和运用数学解决实际生活问题的过程中，不仅获得丰富的感性经验，充分发展形象思维，而且初步尝试归类、排序、判断、推理，逐步发展逻辑思维能力，为其他领域的深入学习奠定基础。幼儿科学学习的核心是激发探究兴趣，体验探究过程，发展初步的探究能力。成人要善于发现和保护幼儿的好奇心，充分利用自然和实际生活机会，引导幼儿通过观察、比较、操作、实验等方法，学习发现问题、分析问题和解决问题；帮助幼儿不断积累经验，并运用于新的学习活动，形成受益终身的学习态度和能力。"这段话告诉我们，科学发展是智力发展的基础。因此，幼儿探究能力的培养关系到孩子今后的可持续发展。

（四）理论依据及分析

1. 幼儿身心发展规律的理论。幼儿身心发展的规律表明，幼儿的思维特点是以具体形象思维为主，因此应注重引导幼儿通过直接感知、亲身体验和实际操作进行科学学习，不应为追求知识和技能的掌握，对幼儿进行灌输和强化训练。

2.《纲要》中科学领域的"内容与要求"提出，幼儿园教师应引导幼儿接触自然环境，使之感受自然界的美与奇妙，激发幼儿的好奇心和认识兴趣。

（五）背景信息

1. 关于本班幼儿的年龄特点和科学发展能力测查。幼儿科学的发展是随着思维发展的成熟而成熟，在与探索事物的过程中逐步实现的，它不受年龄因素制约，但是存在个体差异，与儿童性格特点有关。

2. 教师个人的专业化水平分析。在教学活动中，儿童是主体，教师是主导，教学水平高的教师能根据本班幼儿的特点组织适宜的教学。

（六）关键要点

1. 了解大班幼儿的科学领域的发展特点，根据其特点组织适宜的科学教学活动才是解决问题的根本。在该案例分析中，这是一个要特别需要注意的问题。

2. 除了关注幼儿的科学发展特点，教师的积极提问也是激发幼儿主动学习的重要手段，同时为教学的高质量提供了保证。还应关注科学实验的场地选择的合理性、幼儿观察方法的科学性与有效性，不应漫无目的，随意观察。

案例　大班数学活动：数字球赛

摘要：本案例描述了教师在幼儿园大班开展数学活动，引导幼儿进行“数字球赛”，目的在于通过游戏的形式吸引幼儿参与的兴趣，在游戏的过程中帮助幼儿掌握10以内数的加法，提高幼儿数的运算能力，同时培养幼儿对数学的探索热情。

关键词：大班　数学活动　数字球赛　加法　运算能力

引言：3—6岁是儿童认知发展的重要阶段，是儿童发展的关键期，这一时期儿童各方面能力的培养对于儿童以后的发展至关重要。幼儿通过运用数学解决实际生活中的困难，不仅能获得丰富的感性经验，充分发展形象思维，还可以在解决问题的过程中积累经验，为其他领域知识的学习奠定基础。教师应利用幼儿喜爱游戏的特点，设置教学性游戏，使幼儿在游戏的过程中掌握知识，既享受游戏的乐趣，又提高数学运算能力。

（一）提取教学活动中的片段进行分析

【教学片段一】

活动描述：教师带着大班的孩子来到了操场上，大家一起摆好了小球门、计分的黑板和装着球的球筐。教师让大家自动分成两队：大球队、小球队，每队分别选出了一名裁判。教师向大家讲解了游戏规则：两个球门上分别贴了数字 6 和 7，队员必须找到自己队的球，足球有大有小，球上数字相加之和对应球门上的数字方可射门（大球队球门数字为 6，队员需找到大球中数字相加之和为 6 的球；小球队球门上数字为 7，队员需找到小球中数字相加为 7 的球），射门成功即得 1 分。队员射门后需回到队伍中，下一名队员再出发，依次进行。

教师讲完规则后游戏开始，两队孩子排成两列站在了白线后，口哨响第一名队员出发。大球队的小 A 和小球队的小 B 跑向了球筐，他们在球筐中翻找着球，小 A 找到了一个球上写着 4 + 2，他拿出了球，将球踢进了球门，但是他踢的是小球，孩子们大喊："你踢错了，应该踢大球！"裁判问教师该不该给他记分。小 B 找到 4 + 3 的小球，踢进了球门，裁判给他记了 1 分。教师喊了暂停，游戏暂时停止。

分析：教师提供的球有大球和小球，幼儿在计算数字和之前必须先找到正确的球，否则计算就是没有意义的。小 A 拿错了球，但计算的数字和却是正确的，可以看出游戏有一定的难度，规则设置容易使幼儿产生混乱。

【教学片段二】

活动描述：教师组织孩子们围成圈坐在了地上，说：咱们一起聊聊刚刚的游戏吧，你们觉得有什么问题吗？

大球队的裁判说道：刚刚小 A 那个球进了，但他踢的是小球队的球，我怎么给他计分啊？

教师听后问幼儿：你们觉得该不该记分呢？怎么记啊？

小 C 说道：分开记，大球的记上面，小球的记下面。

教师问幼儿：你们觉得这样可以吗？

孩子们大声答道：可以！

教师告诉大家游戏继续，游戏重新开始。大球队的小 D 找到了 3 + 3 的大球，他踢向球门，球没进，队员们急得大喊：“快回来重新踢啊！”小 D 把球放回了球筐，跑回了队伍中。队员小 E 找到了刚刚那颗球，踢进了球门，裁判在黑板上画了一条竖线，代表 1 分。小球队的小 F 把 3 + 4 的小球踢进了球门，裁判记了 1 分，队友小 G 把 5 + 2 的大球踢进了球门，裁判在分数后面又写了个 1。孩子们大喊：“错啦，写在下面！”裁判擦掉了 1 分，写在了黑板的第二栏。

孩子们高兴地大声呼喊，但有的孩子仍然会算错，找到数字相加不等于 6 或 7 的球踢向球门。

分析：教师在游戏过程中出现问题后暂停了游戏并组织大家讨论，更改了游戏规则，不管大球还是小球，只要踢进了就可以得分。这一规则更简单清晰，能使幼儿的注意力集中在算数上，而不是用来找球，更符合这次活动的目的。

【教学片段三】

活动描述：游戏进行了几个回合后，教师告诉孩子们：咱们今天就玩到这里，回教室去喝点水。好多孩子表示还想玩，教师安慰大家：过几天还可以出来玩。

教师再次请幼儿围成圈坐在了操场上，她拿出了刚刚踢过的球，上面既写了 3 + 4，也对应着画了 7 个点。教师拿着这个球问道：谁愿意告诉我，刚刚是怎么计算的？

小 B 举起了手，教师问他：你是怎么算出来的呢？

小 B 说道：我是一个一个数的。

教师说道：小 B 是这样数的，他是用手指一个一个点着数的，谁还有别的方法吗？

小 F 举手说：我有。

教师请他讲讲自己的方法。小 F 指着球上的数字和点说道：我先数上面的点，是 3 个，然后数下面有 4 个点，再把它们加起来一共就有 7 个点。

小 E 说道：我就直接看那个球上的数字，然后用手指头算。

分析：教师在游戏结束后组织幼儿讨论总结比赛中的算法，可以看出大多数幼儿仍需依赖于球上的点进行计算，有的幼儿需要从 1 数到 7；有的则是先数 3 个，再数四个，然后把它们相加；较少幼儿可以直接算出数字之和。

（二）对教学活动片段的总体反思

数的运算是幼儿数学教育中的重要部分，幼儿在这一时期形成的运算能力不仅能帮助幼儿解决生活中经常遇到的运算问题，还能为其今后的数学学习奠定良好的基础。因此，培养幼儿的运算能力在这一时期尤为重要。《3—6 岁儿童学习与发展指南》在数学认知中感知和理解数、量及数量关系方面提出了具体的要求：

1. 幼儿在数学活动中，能初步理解量的相对性，即大小、多少、高矮、粗细等量的特征，并能使用相应的词汇描述这些特征。在本次活动中，教师将球队分成了大球队与小球队，在球门数字的设定上分别设置了 6 和 7，帮助幼儿理解大小、多少，使幼儿在游戏中了解量的特征及相对性。

2. 幼儿在实际情境和操作（如合并或拿取）中，理解加和减的实际意义。幼儿在数学启蒙之前，加或减对于他们来说只是抽象的名词。通过数学探究及教师的引导之后，幼儿逐渐形成了一定的数学意识，理解了一些数概念。大班幼儿主要是具体形象思维，需要通过具体的物体来理解一定的数概念，因此教师应设置具体的情境，帮助幼儿理解数概念。活动中教师组织开展了一次数字球赛，幼儿积极参与，在亲自拿球的过程中理解了加法的含义。

3. 幼儿能通过实物操作或其他方法进行 10 以内的加减运算。幼儿思维的具体形象性决定了幼儿操作物体的具体性，只有通过实物的操作，幼儿才能真正理解物体的加减，并在操作的过程中掌握加减运算能力。教师通过开展数字球赛，鼓励幼儿根据数字选择对应的球，使幼儿在拿球的过程中进行思考，提高了幼儿的数学运算能力。

4. 幼儿能用简单的记录表、统计图等表示简单的数量关系。幼儿不仅能理解数量关系，学会加减运算，同时可以简单记录表示数量之间的关系。活动中教师提供了记录板，有专门的幼儿作为记录人员，幼儿以自己的方式记录球赛中的得分数，在记录中幼儿的能力得到了提升。

（三）本次教学活动中值得肯定的地方

1. 教师设置的题目符合孩子的年龄特点，难度适中。大班的孩子已经具备了初步的运算能力，10 以内的数字加法基本可以完成。教师考虑到了班里孩子发展水平不齐，使每个孩子都能参与到游戏中，特意选择了 6 和 7 的加法运算，难度保持在中等水平，既不会过于简单，使孩子失去兴趣，也不会过于难，导致幼儿无法参与到活动中。题目设置的形式也值得借鉴，在球上既画点也写数字，便于幼儿选择常用的方法去运算，也便于幼儿将直观的点和抽象的数字联系在一起。对于那些发展水平稍低的幼儿来说，通过点数可以得出结果，同时对应到数字，更便于理解数字加法的含义，提高运算能力。

2. 采用游戏与教学相结合的方式，更能吸引幼儿参与的兴趣。游戏是幼儿的天性，幼儿乐于并善于游戏。一般的数学教学在室内进行，教师给孩子提供一些教具，为孩子示范并让孩子自己操纵。案例中的教师做出了创新，将游戏与教学相结合，既吸引了幼儿的兴趣，使幼儿能主动参与到游戏中，又在游戏中开展了教学，帮助幼儿将数的运算运用到了实践中，在游戏中发展了幼儿的运算能力。这种创新使教学目标拥有了多样性，显性目标是提高幼儿的运算能力，隐性目标则是发展幼儿的认知，如幼儿在游戏中运用到的注意力、感知、思维和言语；有利于发展幼儿的社会性，为幼儿提供与同伴合作的机会，发展幼儿的社会能力；有利于幼儿产生积极的心理体验，如对游戏本身的高度兴趣性体验、射门成功后产生的胜任感，促进幼儿的心理健康发展。

3. 教师与幼儿总结讨论游戏中的问题，锻炼幼儿的思维能力，促进了游戏更好地进行。教师在每轮游戏结束后组织幼儿讨论游戏过程中遇到的问题，这实际上要求每个幼儿回忆刚结束游戏的画面，思考刚发生的问题，在此基础之上提出问题并讨论，这个过程是幼儿运用思维解决问题的过程。幼儿思维的发展是一个具体到抽象的过程，教师引导幼儿回忆之前的画面并思考，促进幼儿思维从具体到抽象的转化，发展幼儿的思维能力。同时，游戏过程中出现了问题，及时解决这些问题才能保证帮助幼儿明确游戏规则，使游戏得以顺利地进行，完成教育目的。

（四）本次活动需要注意和改进的地方

在游戏刚开始的时候，教师规定大球队的球员只能踢大球，踢小球是不允许的，导致很多幼儿把注意力放在了找球上，对数的运算投入的注意力相对减少了，有的幼儿为了赶紧得分没有仔细算数就将球踢进了球门，这违背了教育的初衷，也拖慢了游戏的进程。

因此，教师应该提供一样大小的球，或是不对球的大小做区分，只要能将数字运算结果对的球踢进球门即可得分，这样既便于幼儿明确游戏规则，也能使幼儿将更多注意力放在数的运算上，而不是忙着找球，裁判在计分时也不会产生混乱，更符合教育目标。

附：教学案例使用说明

大班数学活动：数字球赛

（一）教学目的与用途

1. 本案例主要适用于学前儿童数学教育课程，也适用于幼儿园教育评价课程。

2. 本案例的教学目的：在了解5—6岁幼儿发展的阶段性特点基础上，利用有趣的活动形式引导幼儿开展数学活动。在活动组织的过程中，既要考虑儿童的年龄特点，也要关注儿童的个别差异，同时要发挥教师的引导作用。

（二）启发思考题

1. 你如何看待大班幼儿数学探究的特点？

2. 教师是如何设置题目的？

3. 教师如何完善游戏规则使活动更好地进行？

4. 教师如何与幼儿讨论总结游戏中的问题？

（三）分析思路

教师可以根据自己的教学目的来灵活使用本案例。这里提出本案例的分析思路，仅供参考。

1. 在使用这个案例时，要考虑到本次教育活动的内容。具体要求如下：要根据学前儿童数学教育的任务、内容和思维发展的特点，制定本次活动目标。

2. 寻找内在的原因。学前儿童数学认知是如何发展的？如何吸引儿童数学探究的兴趣？采用哪种方式能帮助幼儿提高运算能力？教师在其中发挥什么样的作用？教师要在探寻这些问题的基础上进行深层思考。

3. 从《3—6 岁儿童学习与发展指南》和《幼儿园教育指导纲要》的角度解读这则案例。《指南》指出，幼儿的数学学习是在探究具体事物和解决实际问题中，尝试发现事物间的异同和联系的过程。幼儿在对自然事物的探究和运用数学解决实际生活问题的过程中，不仅能获得丰富的感性经验，充分发展具体形象思维，而且初步尝试归类、排序、判断、推理，逐步发展逻辑思维能力，为其他领域的深入学习奠定基础。幼儿的思维以具体形象为主，教师应注重引导幼儿通过亲身感知和实际操作进行数学学习，不应为使幼儿尽快掌握知识而对幼儿进行灌输式训练。

（四）理论依据及分析

1. 幼儿思维发展阶段性理论。幼儿思维发展主要分为以下几个阶段：直觉行动思维（0—3 岁）、具体形象思维（3—6 岁）、抽象思维（6—11 岁）。大班幼儿思维以具体形象思维为主，这一阶段幼儿的思维更多受到具体事物的形象和动作的影响。教师要把握好这一阶段幼儿思维发展的特点，采用适当的教育方式。

2.《指南》中数学领域的“目标及具体要求”。在数学认知中应引导幼儿初步感知生活中数学的有用和有趣；感知和理解数、量及数量关系；感知形状与空间关系。因此，成年人应当根据具体的教育目标，采用适合幼儿年龄特点的方式开展教育活动，帮助幼儿提升探究能力，产生对数学探究的浓厚兴趣。

（五）背景信息

1. 关于本班幼儿的年龄特点和数学素养测查。幼儿数学素养的发展是随着神经系统和生理器官的成熟，在与人交往的过程中逐步实现的，它既受年龄因素制约，又存在较为明显的个体差异。同一班级幼儿年龄及成熟程度存在差异，只有了解幼儿的发展程度之后才便于更有针对性地开展教学。

2. 教师个人的专业化水平分析。在教学活动中，儿童是活动的主体，但儿童的发展离不开教师的帮助和引导，教学水平高的教师能根据本班幼儿的特点组织适宜的教学。

（六）关键要点

1. 了解大班幼儿发展的阶段性特点，同时考虑儿童之间的个体差异，将两者结合制定发展目标和活动内容。

2. 教师要灵活变换教学形式，勇于走出教室，以更加开放的活动形式吸引幼儿参与的兴趣，同时注意及时解决活动中出现的问题，不断完善活动内容，使活动真正起到促进幼儿发展的作用。

五、 艺术领域

案例　大班艺术活动：快乐的小鱼

摘要：海底世界生活着许多新奇的生物，儿童往往会被这些吸引，对海底世界充满好奇和向往，其中鱼是儿童最熟知并喜爱表现的对象之一。本案例描述了教师在了解大班幼儿的年龄特点后，以“快乐的小鱼”为主题开展的一次美术活动。本次活动目的在于通过图片展示帮助幼儿认识不同的鱼以及它们的形状特征、色彩变化，让幼儿了解到海洋生物正在受到环境污染，激发幼儿保护环境的意识，培养幼儿不乱扔垃圾的习惯，并通过绘画发展幼儿的创造力，培养幼儿对艺术的热爱。

关键词：大班　美术活动　形状、色彩变化　保护环境　创造力

引言：艺术教育的目标在于培养幼儿感受美、表现美和创造美的能力。5—6 岁幼儿的有意想象和创造想象都处于初步发展的阶段，也存在着明显的个体差异。因此，艺术活动中教师需要注意幼儿的自主性，发展其表现力和创造力，鼓励幼儿大胆表达。

（一）提取美术活动中的片段进行分析

【教学片段一】

活动描述：活动开始教师使用图片导入，先展示了几种常见的鱼，如金鱼、鲨鱼等，幼儿都能说出它们的名字。

随后，教师展示出一些不常见的鱼：有没有小朋友认识这些鱼呀？现在我们请认识它们的小朋友，帮老师告诉大家这是什么鱼。

每位幼儿介绍完鱼的名称，教师都会说“谢谢你”。

展示亲嘴鱼时，幼儿 A 说：它们是在打架！

教师笑着回应他：它们在打架啊，我以为它们是友爱呢，谢谢你告诉我一个新鲜的事。

分析：教师和幼儿交流时比较尊重幼儿，使幼儿积极、乐于表达。教师与幼儿处于平等的地位，有利于为幼儿创设一个轻松的语言环境，从而激发他们表达和创作的信心。如案例中教师尊重幼儿对亲嘴鱼“在打架”的认识，没有纠正幼儿，也用“以为它们是友爱”来告诉幼儿亲嘴鱼也许并没有打架，保护了儿童的想象力，没有以成人的认知要求儿童。幼儿间存在个体差异，对事物有不同的认知和想象，在日常活动中，教师需要认真倾听，洞察幼儿的内心世界，尊重他们的想法，并及时给予正面积极的回应。

【教学片段二】

活动描述：教师用 PPT 播放了一些海洋污染和小动物无家可归的照片，用提问的方式引导幼儿思考保护环境。

但教师提问大部分属于封闭式问题，如“大海里有什么”“小动物们开心吗”“如果不扔垃圾会怎么样”等。

为了使本案例与美术活动联系起来，教师让幼儿思考怎么才能让“大海妈妈”开心，没有人回答，教师提出建议：请大家把小鱼画下来，把照片送给大海妈妈。

分析：本案例中的师幼互动主要由教师发起，表现为教师提问、幼儿回答，且问题多为封闭式问题，这类问题即使幼儿不知道答案，也很容易揣测教师的意图，从而回答出教师预设的“标准答案”。活动中教师的提问应该包含一些开放式问题，并且要根据幼儿的年龄适当增加难度，采用递进式的提问，逐步激发他们的兴趣，使其进入积极状态。

【教学片段三】

活动描述：绘画前，教师再次放出一张海底世界的图片，并让幼儿想一想，小鱼的头、身体、尾巴是什么样的。

教师：小鱼的头是什么形状的?

幼儿齐声说：三角形。

一名幼儿提出还有五角星的，教师告诉他五角星的是海星，小鱼是三角形的。绘画过程中，很多幼儿照着PPT上的图片画。

全班幼儿画完之后，一一上前展示，并介绍自己画了什么。几乎每个孩子画的鱼都是三角形的，大部分没有颜色和线条的变化，但他们很多不只画了鱼，还画了海洋里的其他生物，如海星、海豚等。有的幼儿说不出自己画了什么，教师没有鼓励他大胆地表达，而是有些敷衍地说：他讲不出来，那大家看看就行了，画得挺好的，咱们看下一个吧。

分析：案例中教师在绘画前先给幼儿看了海底世界的图片，并在整个绘画过程中都用PPT演示了图片，导致很多幼儿照着图片画，并没有进行自己的绘画创作，最终画出的海洋生物种类、形态相似。除了提供类似范画，教师还提问了幼儿鱼的头、身体、尾都是什么样的，并明确点出小鱼的头是三角形的。因此，几乎所有的孩子画出的鱼都是老师“要求”的三角形。实际上在教师一开始展示的图片中，鱼的形态是多种多样的，有椭圆形、三角形、长条状等。教师并没有抓住这一点，鼓励幼儿回忆都有什么形状的鱼以及幼儿想象中的海底世界是什么样的。幼儿自主表达创作过程中，教师不应做过多干预或把自己的意愿强加给幼儿，而应在幼儿需要时再给予具体的帮助。

（二）对教学活动片段的总体反思

美术教育活动可以发展幼儿发现自然环境、日常生活美的能力，培养幼儿对艺术作品的审美情趣，从而促进幼儿的表现力和创造力的发展。根据《3—6 岁儿童学习与发展指南》和《幼儿园教育指导纲要》，我们对本案例中的活动目标、过程及师幼关系等方面进行分析。

1. 大班幼儿已经积累了一定的生活经验，喜欢自然界中的事物，乐于参与艺术活动，有自己比较喜欢的活动形式和主题。教师可以带领幼儿多接触大自然，认真观察自然界中的现象或事物的特征，如案例中小鱼的不同形状、颜色变化等细节。本案例中幼儿已经认识部分海洋生物，对这一活动主题感兴趣并对未知的海底世界充满好奇，教师通过展示不常见的鱼类激发幼儿参与活动的兴趣，有助于活动的开展。

2. 幼儿与成人的思维方式不同，对事物的认知有很大差异，即使是同年龄段的幼儿间也存在着个体差异，其表达或作品中都蕴含着丰富的想象。如案例中一名幼儿认为亲嘴鱼在“打架”，教师没有否定他，尊重并保护了幼儿的想象力。对事物的正确认知并不是艺术活动的绝对标准，教师需要运用多种手段和策略引导幼儿认识周围世界。

3. 5—6 岁的幼儿可以独立进行绘画创作，能用多种工具、材料表现自己的想象，且乐于与他人交流、表达自己的创作意图等想法。教师需要创设轻松、自由的环境供幼儿进行绘画，不作过多干预，并鼓励幼儿积极表达。案例中教师提供了绘画时间和交流机会，但仍需注意在艺术活动中保护幼儿的想象力，尊重幼儿，支持幼儿充分表达。

（三）本次教学活动中值得肯定的地方

1. 在活动的导入环节中，师幼处于平等地位，教师尊重幼儿的表达，对每位幼儿的回答都给予积极回应，并在每位幼儿发言后都说“谢谢你”。艺术活动中幼儿的想象力对其表达与创造有着至关重要的作用，教师尊重幼儿对事物的不同的认识，没有以成人的“正确答案”纠正幼儿，保护了幼儿的想象和表达欲望。

2. 本案例中活动以认识不同形态的鱼作为导入，由常见的鱼类到不常见的鱼类，符合幼儿最近发展区。将活动重点进一步引申到海洋环境受到污染，由浅入深，与活动的认知、情感态度目标相对应，结构清晰。

（四）本次活动需要注意和改进的地方

1. 活动过程中教师提问以封闭式提问为主，有效师幼互动较少。教学活动中，教师需要通过提问来激发幼儿兴趣，启发他们的思维，引导幼儿积极主动参与，因此，提问的有效性对活动目标的完成有很大影响。总体来看，本案例中教师提问以封闭性提问居多，幼儿表达不同观点想法的机会较少。教师提问要把握幼儿的最近发展区，有一定的探究性，从而为幼儿思维活动的发展提供条件。

2. 绘画过程缺乏对幼儿想象力的激发，幼儿表达能力锻炼不足。在作品展示环节，教师让幼儿介绍自己画了什么，大部分幼儿都只说自己画的海洋生物名称，如鱼、海星、海豚。教师可以鼓励幼儿说说自己的创作意图、喜欢的小动物、绘画的感受等。《3—6 岁儿童学习与发展指南》也对大班幼儿提出艺术领域的目标，包括愿意和别人分享、交流自己喜爱的艺术作品和美感体验。对于不会介绍自己作品的幼儿不能一带而过。教师首先要肯定幼儿的作品，表达自己对作品的感受，具体评价幼儿作品的特别之处，适当地鼓励幼儿，或通过简单的提问，逐步引导幼儿说出自己的想法。

3. 教师不宜提供范画或规定绘画内容。《3—6 岁儿童学习与发展指南》对艺术领域提出了教育建议，幼儿绘画时，不宜提供范画，特别不应要求幼儿完全按照范画来画。活动中教师虽然没有要求幼儿照着图片画，但在绘画过程中展示的 PPT 在一定程度上影响了幼儿，且明确指出鱼“应该”是三角形的，不利于幼儿的表现和创造。

本案例中教师设定了“帮助幼儿了解鱼类不同的形状特征、色彩变化”这一目标，却没能将这一目标贯穿整个美术活动。这种虎头蛇尾的现象在很多活动中都存在。有些教师设置的导入环节非常生动，但在开发幼儿创造力时却要求幼儿“整齐划一”。在本次案例中，可以让幼儿运用多种感官，从不同层次观察不同鱼的形态、色彩，还可以关注鱼的线条变化等，结合生活中的已有经验，创造自己的海底世界。教师不应把“认识”环节与“绘画”环节割裂开，还要将教学活动与幼儿的日常生活联系起来，从而帮助他们发现和感受生活中的美，表达美、创造美。

附：教学案例使用说明

大班艺术活动：快乐的小鱼

（一）教学目的与用途

1. 本案例主要适用于幼儿园美术教学法课程，也适用于幼儿园教育评价课程。

2. 本案例的教学目的：在了解 5—6 岁幼儿表现与创造力发展的基础上，利用幼儿感兴趣的主题对幼儿进行适宜的美术教育活动。在组织活动的过程中，既要考虑儿童的年龄特点，也要关注儿童的个别差异，同时教师需要引导幼儿积极表达和创造。

（二）启发思考题

1. 如何看待大班幼儿的表现与创造力特征?

2. 幼儿美术教育活动实施过程中需要注意什么?

3. 教师如何提问可以在鼓励幼儿表达的同时实现活动目标?

4. 如何有效避免教师忽视幼儿在艺术活动中的主动性和创造性?

（三）分析思路

教师可以根据自己的教学目的来灵活使用本案例。这里提出本案例的分析思路，仅供参考。

1. 在使用这个案例时，要考虑到本次艺术教育活动目标的制定。幼儿艺术教育的目标包括感知美、欣赏美、表现美和创造美的能力，教师需要根据这几方面，结合活动主题制定活动目标，以幼儿的已有经验为基础，引导他们观察身边的自然环境、社会生活，发现和欣赏艺术作品中的美，并能够以多种形式积极表现，发挥想象，展开创造。

2. 寻找内在的原因。大班幼儿观察和知觉发展的特点是什么？其表现力和创造力受到的影响因素是什么？活动各个环节设计是否合理？教师在活动中是否起到了引导作用？教师要在探寻这些问题的基础上进行深层思考。

3. 从《3—6 岁儿童学习与发展指南》和《幼儿园教育指导纲要》的角度解读这则案例。《指南》指出，在幼儿自主表达创作过程中，不做过多干预或把自己的意愿强加给幼儿，在幼儿需要时再给予具体的帮助。教师应了解并倾听幼儿艺术表现的想法或感受，领会并尊重幼儿的创作意图，不简单用“像不像”“好不好”等成人标准来评价；幼儿绘画时，不宜提供范画，特别不应要求幼儿完全按照范画来画；肯定幼儿作品的优点，用表达自己感受的方式引导其提高。

总之，幼儿艺术教育中要充分发挥幼儿的自主性，教师作为引导者和启发者，需要激发幼儿的兴趣，尊重幼儿的自由创造，鼓励幼儿积极想象，对幼儿的作品给予充分的肯定，从而保护幼儿的表达欲望，实现艺术教育活动的目标。

（四）理论依据及分析

1. 幼儿心理学相关理论。幼儿创造性指其所具有的创造性人格特质与创造性思维过程，强调幼儿在活动中的主体性和能动性。因此，在幼儿艺术活动中，教师需要注意充分鼓励幼儿的主动创造。大班幼儿的有意想象进一步发展，可以围绕一定主题进行有一定目的性的活动，让创造性想象的水平不断提高，可以不按照老师的范画进行绘画。因此，教师可以对幼儿进行适当的引导，而非提供样本让幼儿模仿，为幼儿提供良好的创造环境，丰富其想象力。

2.《纲要》中艺术领域的“教育要求与指导要点”。“教育要求”指出：“提供自由表现的机会，鼓励幼儿大胆运用不同的艺术形式表达自己的经验、感受和体验。为幼儿创造展示自己作品的条件，引导幼儿相互交流、理解和欣赏。”

“指导要点”指出：“艺术活动是一种情感和创造性活动。幼儿在艺术活动过程应有愉悦感和个性化的表现。教师要理解并积极鼓励幼儿与众不同的表现方式，注意不要把艺术教育变成机械的技能训练。”

（五）背景信息

1. 本班幼儿的年龄特点和表达创造能力测查。活动主题与幼儿日常生活相联系，结合幼儿最近发展区和个体差异开展活动。

2. 教师个人的专业化水平分析。在教学活动中，儿童是主体，教师是主导，教学水平高的教师能根据本班幼儿的特点组织适宜的教学。

（六）关键要点

1. 了解大班幼儿的艺术性发展特点和美术活动的核心，根据其特点组织适宜的艺术教学活动才是解决问题的根本。艺术活动中要以幼儿为主体，关注幼儿自由表达和创造。

2. 关注教师的有效提问。封闭式提问和开放式提问相结合，以激发幼儿进一步思考和表达兴趣为根本，才能更为有效地实现活动目标。

案例　大班艺术活动：蟹壳与脸谱

摘要：京剧是我国的优秀传统文化，京剧脸谱具有独特的魅力和价值。教师设计本次美术活动“蟹壳与脸谱”，目的在于帮助幼儿初步接触脸谱，通过认识、设计和绘画，引导幼儿欣赏京剧脸谱的不同色彩、线条和图案，培养他们欣赏美和表现美的能力，并强化“对称”这一概念。在动手的过程中，激发幼儿对京剧这一传统文化的兴趣，发展其民族自豪感及热爱祖国的情感。

关键词：大班美术活动　京剧脸谱　认识、设计和绘画　传统文化

引言：幼儿艺术教育不仅包括接触自然环境、社会生活，还包括感知和欣赏艺术作品中的美。5—6 岁幼儿在生活中接触京剧脸谱较少，认识不同形式的艺术作品，了解其表现形态，可以发展幼儿多方面的审美情趣，帮助幼儿形成良好的欣赏美和表现美的能力，同时激发幼儿的民族自豪感，促进幼儿良好个性品质的形成。

（一）提取美术活动中的片段进行分析

【教学片段一】

活动描述：教师用 PPT 展示不同的京剧脸谱，请幼儿说说脸谱人物和我们的脸上有哪里不一样。

幼儿 A：他们脸上很花。

教师：他们脸上很花，画了很多什么呀？

幼儿 A：画了很多花。

教师重复了幼儿 A 的答案后，请另一名幼儿回答。

幼儿 B 在自己脸上比画着说：有的脸上是黄色，有的脸上是绿色，有的是红色，脸上有各种花纹。

教师：这个小朋友很棒，她说了很多。

幼儿 C 指着自己的眉毛：他的眉毛是这样的。

教师：这里有个什么。

幼儿 C 没回答，其他幼儿说：弯弯的眉毛。

教师：对，弯弯的眉毛。脸谱的颜色很鲜艳，有夸张的花纹。

分析：教师在提问之后，不仅对幼儿当前回答进行评价，还根据幼儿回答进一步提问，如幼儿回答脸谱“脸上很花”后，教师引导幼儿思考花脸谱上画了什么，可以看出教师具有一定的理答策略，并注意启发幼儿细致观察和表达。但教师的评价方式较为单一，如幼儿回答“画了很多花”，教师只是简单重复了她的答案，而没有给出具体的评价。大部分幼儿回答后，教师都采取了简单肯定或重复的方式进行理答，不能达到加强幼儿印象的效果，也就无法进一步激发幼儿探索和表达的欲望。

【教学片段二】

活动描述：教师播放 PPT 图片，向幼儿介绍不同颜色的脸谱代表不同的含义：红色的脸代表比较忠诚勇敢的人；黑色脸代表说话粗声粗气，但又很正直的人；金色和银色指的是神话里的人物；白色脸指比较狡猾的人；蓝色的脸指的是非常勇敢的勇士。

教师：现在你们知道它们的意思了吗？

全体幼儿：知道啦。

教师：那谁来说一说它的意思。（PPT 播放红色脸谱）

幼儿 A：是很勇敢的人。

教师又问了幼儿 B 黑色脸谱的含义，幼儿 B 没有回答出来，教师直接说出了“黑色脸谱代表说话粗声粗气、正直的人”。

分析：在认识脸谱含义这一环节中，教师利用 PPT 播放不同颜色的脸谱，描述它们所代表的不同含义。但教师对多媒体的利用并不充分，只是简单叙述了脸谱的不同含义，有很多幼儿无法清晰记忆，未能将不同颜色的脸谱和不同的含义相对应联系起来。此时幼儿仍处于具体形象思维阶段，需要利用具体的形象、动作与抽象概念进行联系。在这一环节，教师可以运用多媒体，展示一些幼儿熟知的卡通人物和京剧人物形象，并使用视频等影像资料，使多种信息同时呈现，刺激幼儿的视觉听觉感官共同探索，从而激发幼儿的活动兴趣，使其主动加入到活动中去，而非被动接受教师给予的概念。

此外，教师对无法回答出问题的幼儿没有进一步引导启发，而是直接告知答案，可能会挫伤幼儿的活动积极性，使幼儿认为是否认真参加活动并无区别，导致幼儿在以后的活动中缺乏自信，不敢表达。同一年龄段的不同幼儿具有个体差异，在记忆、语言表达、动手能力等各方面都有所不同，需要教师因材施教，引导、鼓励幼儿接受短板、利用长处补齐短板。

【教学片段三】

活动描述：教师拿出一个螃蟹壳，请幼儿猜猜螃蟹壳和脸谱有什么关系，又展示了一个教师提前画好脸谱的蟹壳，幼儿好奇并纷纷发出“啊”的声音表示惊讶。

随后，教师播放了自己画螃蟹壳的视频：老师拿到螃蟹壳，先想一想在它的眼睛、嘴巴、额头上准备画什么样的花纹。

教师根据视频，仔细描述了自己画蟹壳的过程，并提醒幼儿注意不要被蟹壳扎到手。此外，她还在画眼睛和脸上的花纹时，多次提出了“对称”这一概念，告诉幼儿脸谱的左右两边一样就是对称。

但教师并没有准备供全班幼儿可用的蟹壳，而是在观看视频的时候，让幼儿伸出手指学老师所画的“海浪”花纹。

分析：教师根据本班幼儿已有的“对称”概念设计本次活动，利用图片、视频强化幼儿对“对称”的认识和理解。脸谱上的对称图案非常具象地向幼儿展示了这一概念，符合大班幼儿的认识方式和思维水平。

蟹壳是幼儿熟知的事物，在蟹壳上画脸谱很容易激发幼儿的兴趣。教师提前录制好视频，并详细讲解画脸谱的步骤，让幼儿进一步直观地了解脸谱的构成。但教师提前并没有准备足够数量的蟹壳供幼儿绘画，仅仅让幼儿在观看视频的同时用手指“作画”，无法让他们真实体验在蟹壳上画脸谱的乐趣，也就没有很好地实现活动目标，这是本次活动的一个遗憾。

（二）对教学活动片段的总体反思

培养幼儿对艺术作品的审美情趣，促进幼儿的表现力和创造力，是幼儿艺术教育活动中的重要内容。根据《3—6 岁儿童学习与发展指南》中目标和教育建议，对本案例进行分析。

京剧脸谱不是幼儿生活中常见的事物，幼儿艺术教育除了要结合自然环境、日常生活，还要感知艺术作品中的美。京剧脸谱是我国优秀的传统文化之一，需要继承和发扬，因此活动主题符合大班幼儿年龄特点。艺术源于生活而高于生活，通过认识不同形式的艺术作品，了解其表现形态，可以发展幼儿多方面的审美情趣，帮助幼儿开阔视野。

艺术活动中教师需要注重幼儿的主体性，尊重其独特的审美感受和对艺术的兴趣。案例中教师通过播放京剧脸谱图片引发幼儿的兴趣，并在提问过程中引导幼儿观察脸谱上不同的花纹、颜色运用，探索脸谱的美。线条、色彩等视觉艺术具有直观性，更容易吸引幼儿主动参与到活动中，而非被动接受教师给予的概念。

幼儿能够在老师的引领下，说出各种不同颜色的脸谱代表不同的含义。艺术作品中的一些抽象概念，如案例中不同脸谱的含义，对幼儿来说不易理解和记忆，需要教师运用一定的教学技巧。教师可以充分利用多媒体教学，结合幼儿已有经验，如已知的京剧人物等，加深幼儿的印象。

发现美、感知美是艺术活动的基础，应在此基础上引导幼儿表现美、创造美。实际绘制、表演等方式更容易被幼儿接受。掌握简单的艺术技术能提高幼儿的审美能力。案例中教师播放用蟹壳绘制脸谱的视频，生动形象地展示了绘制过程，很大程度上增强了幼儿参与活动的热情。如果活动中增加幼儿制作脸谱的环节，或由此拓展为主题系列活动，进行京剧表演等，则可以更好地激发幼儿的兴趣和表现力。

（三）本次教学活动中值得肯定的地方

1. 教师有一定的理答策略，能够根据幼儿回答进行合理追问。发展性理答可以启发幼儿进一步细致观察和思考，给予幼儿积极的鼓励，增强表达的意愿和信心。

2. 教师不仅利用 PPT 播放不同颜色的脸谱图片，而且通过一个生活中的实物——蟹壳，成功吸引了幼儿的注意力，激发了幼儿的兴趣，并运用预先准备的绘制视频，更加生动、形象地展示了脸谱的制作过程，潜移默化地将“对称”这一概念刻画在幼儿脑海中。

（四）本次活动需要注意和改进的地方

1. 活动过程中教师理答方式单一，多采用简单肯定或机械重复这类诊断性理答，无法给幼儿留下深刻印象或启发他们进一步探索。教师在活动中应多使用激励性理答和发展性理答，采用追问、探问等方式，鼓励幼儿大胆表达。表扬幼儿要做到言之有物，针对幼儿的回答做出具体的评价和表扬。如果幼儿回答不上来不要直接带过说出答案，可以适当降低问题难度，或给出一些小提示启发幼儿思考。

2. 仅展示脸谱图片叙述其不同含义对大班幼儿来说过于枯燥。5—6 岁的幼儿仍处于具体形象思维阶段，需要利用具体的形象、动作与抽象概念进行联系。京剧脸谱并非幼儿生活中常见的事物，教师口述这种教学方式不利于记忆理解，有些幼儿此时开始走神儿，活动兴趣减退。在这一环节，教师可以通过声光色等不同形式，使多种信息同时呈现，同时刺激幼儿的视觉听觉感官，帮助幼儿认识抽象的艺术作品。比如，展示一些幼儿熟知的卡通人物和京剧人物的视频，配以讲解，便于幼儿理解不同颜色脸谱的不同含义，从而激发幼儿的活动兴趣，主动加入到活动中去，而非被动接受教师给予的概念。

3. 活动整体缺少幼儿动手实践环节。《指南》要求教师提供丰富的材料，如图书、照片、绘画或音乐作品等，让幼儿自主选择，用自己喜欢的方式去模仿或创作，成人不做过多要求。本次活动中教师显然没有做到为幼儿提供丰富、充足的材料这一要求。

教师可以不用蟹壳作画，生活中还有很多幼儿常见且适合画脸谱的材料，如纸盘的背面、葫芦等。采用较小的材料绘制脸谱，教师可以请全体幼儿共同用自己画的脸谱布置教室；也可以用稍大的材料绘制脸谱，这样能够让幼儿带上自己亲手画的脸谱；还可以拓展为京剧表演等活动，这样可以激发出幼儿更多的兴趣，帮助他们更好地了解京剧、深刻理解不同颜色脸谱代表的不同含义，培养幼儿对于我国的传统文化的热爱，并激发他们的民族自豪感。

附：教学案例使用说明

大班艺术活动：蟹壳与脸谱

（一）教学目的与用途

1. 本案例主要适用于幼儿园艺术教学法课程，也适用于幼儿园教育评价课程。

2. 本案例的教学目的：在了解5—6岁幼儿思维发展和表现能力的基础上，结合幼儿已有的生活经验进行适宜的美术教育活动。在组织活动的过程中，既要考虑儿童的思维特点、活动主题的特殊性，也要关注儿童的个别差异，同时要发挥教师的引导作用。

（二）启发思考题

1. 如何看待幼儿美感教育的核心？

2. 幼儿美术教育活动实施过程中需要注意什么？

3. 幼儿美术活动中教师如何进行有效理答？